大众传播/反馈/信源/信宿/意义/象征符/编码与解码/媒介/
5W模式/纽科姆对称模式/格伯纳模式/赖利夫妇系统模式/信息论/控制论/
代表性大众传播学人物/杜威/香农—韦弗/勒温/
拉扎斯菲尔德/哈罗德·拉斯韦尔/
西奥多·阿多诺/威尔伯·施拉姆/卡尔·霍夫兰/罗杰斯/

马尔库塞/瓦尔特·本雅明/
马歇尔·麦克卢汉/
斯图亚特·霍尔/
沃尔特·

李普曼/祝建华/哈罗德·英尼斯/

法兰克福学派/伯明翰学派/传播政治经济学派/技术-控制论学派/结构主义符号/

媒介事件/知识沟/上限效果/媒介决定论/社会顺从理论/数字鸿沟/

议程设置/时滞/沉默的螺旋/创新扩散/涵化分析/社会学习理论/第三人效果/

两级传播/休眠效果/一面提示与两面提示/选择性接触/使用与满足/免疫效果

芝加哥学派/
哥伦比亚学派/
多伦多学派/

新闻学基础词条

毛湛文　梁悦悦◎主编
黄家圣　崔　洁◎副主编

把关人/拟态环境/大众传播功能说/预防接种理论/框架/

法兰克福学派/伯明翰学派/传播政治经济学派/技术-控制论

生产型受众/媒介使用者/媒介素养/用户/社会参与论/

大众/公众/容器人/单向度的人/群体的再发现/受众商品/传媒接近权/

雷蒙德·威廉斯/
詹姆斯·凯瑞/丹尼斯·麦奎尔/
马克思·霍克海默/

媒介生态学/消费社会/文化规范论/媒介规范论/

公共领域/观念的自由市场/媒介依存症/

信息茧房/潜网/信息社会/刻板印象/内爆/

人民日报出版社
北　京

图书在版编目（CIP）数据

新闻学基础词条 / 赵丽芳等主编 . — 北京：人民日报出版社，2022.4
新闻传播学基础词条系列教材
ISBN 978-7-5115-6274-6

Ⅰ. ①新… Ⅱ. ①赵… Ⅲ. ①新闻学－高等学校－教材
Ⅳ. ① G210

中国版本图书馆 CIP 数据核字（2019）第 277350 号

书　　名：新闻学基础词条
XINWENXUE JICHU CITIAO
丛书主编：赵丽芳　钟进文
本书主编：毛湛文　梁悦悦

出 版 人：刘华新
责任编辑：梁雪云
版式设计：九章文化

出版发行：人民日报出版社
社　　址：北京金台西路 2 号
邮政编码：100733
发行热线：(010) 65369509　65369527　65369846　65369512
邮购热线：(010) 65369530　65363527
编辑热线：(010) 65369526
网　　址：www.peopledailypress.com
经　　销：新华书店
印　　刷：涞水建良印刷有限公司
法律顾问：北京科宇律师事务所　010-83622312

开　　本：880mm×1230mm　1/32
字　　数：236 千字
印　　张：11
版次印次：2022 年 4 月第 1 版　　2022 年 4 月第 1 次印刷

书　　号：ISBN 978-7-5115-6274-6
定　　价：46.00 元

编者的话

新闻学长期以来饱受是否有学的争议，中西不同文明之下的新闻业发展也呈现出不同路径，新闻理论自身的内容体系也一直处于开放与变动之中。如何审视新闻学应有的知识图景？本书选择用关键词汇编和阐释的方式，试着勾连时间和空间的视野，以此描绘世界新闻传播业与中国新闻传播业的经纬。书中的词条在吸收研究者有关新闻学的研究成果基础上，以史引论、史论结合、以点带面、点面结合，对新闻史的关键节点、代表性媒介，对新闻理论的重要名词、代表性观念，给予简明扼要的梳理。

本书沿袭“集百家之言”的编写理念，不但引入了部分新闻史学界专家、学者的经典教材与研究论文，而且关注到互联网环境下一些理论概念所发生的新变化。本书编写的目的是帮助新闻学的初学者在纷繁复杂的新闻传播历史事实和理论脉络中抓住重点，掌握新闻史论学习中那些必知的核心概念，建立有关新闻学的初步的知识地图。

有《新闻传播学词典》等珠玉在前，本书编写虽可从前人杰出的成果中获得宝贵的经验借鉴，也因此备感压力。本书根据历史和理论两大向度，分为三个篇章。第一章为“世界新闻业历史”，第二章为“中国新闻业历史”，这两章既有宏观历史的梳理，也有微观媒介历史的介绍；第三章为“新闻学理论”，这一章除了摘取新闻学的基础概念外，特别关注了新媒体环境下新闻职业理念发生的一些新变化。全书词条共计 178 个。

黄家圣、崔洁、高山、王子薇、何竞祺、符诣、邓淑蓉、曹语晗、王子月等同学，参与了本书的编辑和写作，承担了大量基础工作；赵行知、黄荣、代宁等同学参与了书稿的后期文字校对。这些同学均曾在中央民族大学就读硕士研究生或本科，其中不少人已经奔赴了新的学府或岗位，在此感谢他们为词条编撰所付出的辛苦努力！同时，也向书中引用的学术文献和网络资源的作者们，表示诚挚的谢意——感谢他们前期的研究与探索，为本书编撰提供了重要参考和帮助！

囿于编者的学识水平，书中仍难免有错漏与不足之处，敬请广大读者批评指正。

目录
CONTENTS

第一章 世界新闻业历史

第二章 中国新闻业历史

第三章 新闻学理论

第一章

世界新闻业历史

一、人类早期新闻传播活动

（一）莎草纸（Cyperus papyrus）

莎草纸是古埃及早期的书写材料，也是人类史上重要的纸质传播媒介（孙宝国，2005）。纸莎草生长在尼罗河畔，外皮薄而坚韧，茎内有网状木髓，古埃及人常用其网状木髓制成莎草纸，用芦苇茎做笔杆写字。迄今为止，考古学家已经发现了使用埃及文、希腊文、拉丁文、阿拉伯文及希伯来文等六种语言符号书写的莎草纸书卷。公元前2000年，埃及统治者普遍使用莎草纸传布文字条令，记录各种信息（郑超然，2000）。

莎草纸和软笔的使用推动了埃及精细的象形文字的出现，还有利于埃及政治组织的发展。“以石头和象形文字为核心的知识垄断，受到莎草纸的挑战。……埃及莎草纸和软笔日益普及，僧侣书写体和职业抄书人也同时出现。文字和思想因此而世俗化。……僧侣阶级的地位日益重要。”（哈罗德·伊尼斯，2003）公元前670年，埃及港口向希腊开放，莎草纸的进口和流通推动了公元前7世纪希腊抒情诗的勃兴。随着罗马帝国向东方的扩张，源源不断的莎草纸带动了罗马图书馆的繁荣，“同时，罗马帝国官僚机构的发展，以及它对广袤国土进行行政管理的成功，都有赖于莎草纸的供应。这种媒介的偏向是显而易见的。莎草纸被官僚机构垄断”（哈罗德·伊尼斯，2003）。

8 世纪，更易长期保存的羊皮纸逐渐取代了莎草纸。

（二）约翰·古登堡（Johannes Gutenberg）

1. 人物生平

约翰·古登堡（1398—1468），德国美因茨工匠，金属活字排版印刷技术的发明者。古登堡早年从事过雕版印刷工作，1450 年前后，他用铜模铸造出了以铅、锡、锑合金为材料的活字，并形成了由拣字、组版、填空、齐行和印刷还字等步骤组成的活版印刷工艺。他还制成了能够代替纯手工操作的木制的、靠螺旋在印版上加压力的印刷机。他用活字印刷机印出了《拉丁文文法》《四十二行圣经》《教堂课读》等重要书籍。

2. 历史功绩

其一：古登堡印刷术促进了西方的思想解放运动。

马克斯·韦伯（Max Weber）在比较中国的活字印刷术和古登堡印刷术的差异时曾指出：“中国很早便有了印刷术，但专为印刷而设计并且只有通过印刷才可能制成的印刷品，特别是报纸和期刊，最早仅出现于西方。”（马克斯·韦伯，1988）而正是古登堡印刷术的上述特征，使其在西方社会发展过程中扮演了促进思想解放的重要角色。陈力丹曾指出：“如果没有 16 世纪开拓世界市场、文艺复兴运动对于信息传播需求的急速升温，可能古登堡这位普通的印刷业主的发明也会遭到毕昇的境遇。但是，古登堡是幸运的，他客观上成了自由交流思想的化身，因为印刷术使得信息得以规模化地传播，禁锢信息的政策遭遇到公开化的威胁。”（陈力丹，2007）换言之，古登堡印刷术的发明和应用为人们大量而迅速地复制信息创造了条件，原先为奴隶主、封建主或是教会上层垄断的文化知识得以扩散开来，新思想和新信息得以面向公众广泛传播。

其二：古登堡印刷术为现代新闻传播奠定了技术基础。

在新闻方面，近代报刊首先出现在德国，正得益于德国是最早发明和采用印刷技术的国家，这就为定期报刊的出现提供了技术基础。一些印刷商在出版书籍的同时开始印刷出版记事性的小册子，记述近期发生的大事，“这些内容说不上什么时效性，但对一般读者来说仍不失为新鲜的信息，从而带有某种新闻性”（程曼丽，2004）。在这些小册子中，比较著名的有1482年奥格斯堡发行的《土耳其侵犯欧洲新闻》、1943年西班牙发行的《哥伦布发现新大陆记》、1508年奥格斯堡发行的《巴西探险记》等，其出版可被视为印刷新闻传播的萌芽。

（三）《每日纪闻》（*Acta Diurna*）

1. 历史沿革

《每日纪闻》是罗马时期公告式的官方公报。公元前59年，尤利乌斯·恺撒（Gaius Julius Caesar）当选为罗马执政官，下令每日公布元老院及公民大会的议事记录，并用尖笔书写在罗马议事厅外一块涂有石膏的特制木板上，称为“阿尔布（Album）”，后来称之为《每日纪闻》。公元前44年，恺撒遇刺身亡，他的养子盖乌斯·屋大维（Gaius Octavius Thurinus）继任。公元前 27 年，元老院授予屋大维“奥古斯都”（意为至圣至尊）的尊称，使其成为罗马的最高统治者，奴隶制的罗马共和国从此转变为罗马帝国。公元前 6 年，屋大维恢复了《每日纪闻》，一直到 330 年迁都君士坦丁堡为止。

2. 主要内容

在尤利乌斯·恺撒统治时期，《每日纪闻》主要公布每日元老院及公民大会的议事记录，多为政府要事，具有很强的政治性。当时罗马贵族派与民主派斗争激烈，作为政府机构“喉舌”的《每日纪闻》创设之初的目的就是争取舆论支持、扩大政治影响，是一种政治斗争工具（郑超然，2000）。屋大维恢复《每日纪闻》后，该手写报时断时续刊布会议记录、帝国政事、宗教祭祀、贵族的婚丧嫁娶、战争消息等。除此之外，公报在写到布告牌上后，还会由书记员抄写多份，颁发给各地要人和驻军首长，其传播范围也随着罗马帝国版图的不断扩张而越来越广。

3. 历史价值

人类的信息传播活动在进入手写传播时期之后，占主导地位的传播形式有两种：官方公报和新闻信，《每日纪闻》就属于官方公报的一种（程曼丽，2004）。有学者认为，“罗马帝国之所以能统治辽阔疆域与它有一个发达的，包括《每日纪闻》在内的传播系统有关系，而其灭亡，部分原因是《每日纪闻》的停办，传播组织远远落后于军事、商业、行政等社会组织的发展，传播无法协调复杂的活动，往往是‘一言不到，全军溃败’，也可以看出传播对社会的整合作用”（郑超然，2000）。

（四）威尼斯手抄小报（Venice Gazette）

15 世纪资本主义生产方式在威尼斯萌芽，造船、纺织、玻璃等行业日益发达，手工工场林立，这也使得与商品销售、各地物价、来往船期相关的信息受到当地手工业主、商人、航海界人士的关心。在此背景下，威尼斯开始出现收集、抄写、出售相关信息的人，手抄小报也随之形成。

有资料认为，1536 年威尼斯已有专门采集消息的机构和贩卖手抄小报的人。1563 年同土耳其发生战争期间，威尼斯政府也曾发行过手抄小报。手抄小报不定期发行，沿街兜售，每份售价为一个铜币。由于当时威尼斯的铜币被称为“格塞塔”（Gazetta），后来这种小报流传到德国、英国、法国以及欧洲的其他城市后，亦被称为威尼斯格塞塔（Venice Gazette）。Gazette 一词，也由此成为欧洲各国早期报纸的名称。

1566 年，定名的小报开始出现，被称为“手抄新闻”（Notizie Scritte）。此类小报除了刊载商品行情外，也刊载政局变化、战争和灾害消息等会对商贸活动产生影响的信息。

手抄小报和新闻书一般被学界视为近代报刊的雏形，“这两种传播样式的出现，标志着古代新闻传播开始向近代新闻业过渡。由于它们的出现，人类的新闻传播活动发生了质的变化：新闻传播的规模扩大了，从特定的对象（宫廷和贵族）转而面向整个社会，专门采集和发布新闻的机构出现了，从事这项活动的行业队伍逐渐形成了。这就为近代新闻传播业的诞生奠定了基础”（程曼丽，2004）。

二、世界现代新闻业的诞生与发展

（一）廉价报刊（Penny Press）

廉价报刊又称“便士报”，产生于19世纪30年代前后，因为购买报纸只需要1便士（美分），故称便士报，是在欧美出现的一些面向大众的通俗而廉价的报刊。其特征是大众化、商品化、机器化，一些学者称之为“机器的、群众的”报刊样式（程曼丽，2012）。

1. 廉价报刊产生的背景

廉价报刊产生的根本原因在于工业革命的爆发和资产阶级民主革命的开展。生产力的发展、城市规模的扩张、社会阶级的分化、政治的民主化进程、广告市场的发展以及技术的革命性变化，都是其产生的历史条件。

2. 廉价报刊的主要特点

廉价报刊的主要特点包括六点：其一，政治上标榜独立，不受制于某个党派；其二，经济上自主经营，不依赖政府或政党津贴；其三，读者对象为平民大众，又称大众化报纸；其四，内容上注重地方新闻、社会新闻以及各种消闲趣味性新闻；其五，形式上文字通俗、版面活泼、可读性强；其六，经营上完全商业化，大量刊登广告并以此来降低售价、扩大发行，进而赢得更多广告（陈力丹，2007）。

3. 美英两国的廉价报刊代表

以美国为例，进入 19 世纪后，随着印刷技术的多次改进和印刷成本的显著下降，在 1830 年的费城，首次出现了每份报纸只售货币最小单位 1 美分的《美分报》（*Cent*）。19 世纪 30 至 50 年代纽约四家成功的美分报的创办和竞争，是美国大众化报刊发展初期的主要事件。

1833 年 9 月 3 日，本杰明·戴（Benjamin Day）在纽约创办的《太阳报》（*The Sun*）是首家成功的 1 美分日报。该报为四页小报，其主要特点包括四点：其一，内容上注重富有人情味的社会新闻、公众关心的本地新闻以及耸人听闻的黑幕新闻；其二，写作上注重戏剧化、故事化，文字通俗易懂；其三，版面上灵活，内容煽情；其四，发行上首创街头零售方式、售价低廉，从而吸引了大批"普通人读者"（陈力丹，2002）。《太阳报》的问世标志着"廉价报刊的正式诞生"，是西方新闻传播史上的一场革命性变革。

1835 年 5 月 6 日，詹姆斯·贝奈特（James G. Bennet）创办了纽约《先驱报》（*The Herald*）。纽约《先驱报》起初只是模仿纽约《太阳报》，不久便在内容和质量上超越了纽约《太阳报》，成为当时美国报道面最广、报道速度最快、发行量最大以及"世界上最耸人听闻、最黄色和刺激性最强的报纸"（李彬，2005）。

1841年4月10日，霍勒斯·格里利（Horace Greeley）创办纽约《每日论坛报》（*Daily Tribune*）。鉴于当时社会各界对纽约《先驱报》的“道德战争”，具有空想社会主义思想的格里利决定创办一家高雅且有思想的美分报。卡尔·马克思（Karl H. Marx）于1851年至1862年应该报邀请，与弗里德里希·恩格斯（Friedrich Engels）合作，以马克思的名义为该报撰稿10年。其主要特征包括三点：其一，编辑完善，印刷精美，报价低廉；其二，面向大众但不掩饰政治立场；其三，注重全面报道，拒绝刊登虚假、堕落广告与色情凶杀新闻（李磊，2008）。

1851年9月18日，亨利·雷蒙德（Henry J. Raymond）和他的两位伙伴创办纽约《每日时报》（*Daily Times*），1857年去掉了报名中的“Daily”。该报在风格上有意模仿《泰晤士报》，对开4页、风格庄重，主张客观报道，国际新闻尤其丰富，出版两个月发行量就达到2万份。

英国廉价报刊的出现是英国报刊全面大众化的起点。英国便士报的早期创办者们大多以为只要降低报价就能赚取利润，因此在新闻业务方面并没有多少长进，使得大部分便士报在竞争中被自然淘汰，成功者中的主要代表是《每日电讯报》（*Daily Telegraph*）。

1855年6月29日，亚瑟·斯雷（Arthur B. Sleigh）创办《每日电讯报》，售价2便士，于9月17日转手给约瑟夫·利维（Joseph M. Levy），改为便士报。易主后的《每日电讯报》注重采写第一手新闻，以大众化的形式推出新闻和评论，从而迅速打开了销路。1856年，利维的儿子爱德华·利维·劳森（Edward

L. Lawson）接手报纸编务，主要举措包括：注重学习美国廉价报纸的版面编辑技巧；报道力求全面迅速真实地反映世界真实面目；狂热追求轰动性报道浪潮；大量网罗人才以充实编辑部。至1888年，《每日电讯报》成为当时世界上发行量最大的报纸，爱德华亦被誉为英国“报业之父”（陈力丹、董晨宇，2015）。

4. 与政党报刊的不同（方汉奇，1999）

从内容看：政党报刊的“主角”是政论文章，即言论；廉价报刊则是为众多读者提供喜爱阅读的新闻。“新闻本位”是所有廉价报刊的共同特征，尽管这种新闻片面、肤浅，而且常常是富有刺激性和庸俗的。

从读者看：政党报刊是上层的“智者”阶层；廉价报刊则是居住在城市里的中、下层民众。

从发行方式和报价看：政党报刊是预订销售，年预订费较高，普通民众不敢问津，发行量很小；廉价报刊则大多采用“伦敦售报方式”——由报童沿街叫卖，且售价低廉，因而发行量很大。

从印刷手段看：政党报刊时期，印刷技术主要靠手摇印刷机，每日出产数量小，颇为落后；廉价报刊则使用工业革命技术，以蒸汽为动力的印刷机，大大提高了报纸的生产效率。

从办报主体看：政党报刊的发行人往往是政客、政党或集团控制下的印刷商；而廉价报刊的经营者主要是独立的新闻专业人员——编辑、记者或职业发行人，这就使报刊编辑经营水平和专业人员社会地位得到提升。

从财政经营看：政党报刊的主要财政来源是政党和利益集团的津贴，报刊以充当政党喉舌为己任，几乎没有经济效益；

廉价报刊的资金和利润来源于售报和广告收入，实施企业化经营管理，赢利是其主要目标，并以此支持报刊的言论和写作的“独立”地位。

从写作风格和版面编辑看：政党报刊刊载的文章往往长篇大论、深奥艰涩、枯燥无味，其版面式样也大多单一僵化、严肃呆板；而廉价报刊为取悦读者，写作方式往往更戏剧化、富有“人情味”，短小幽默、机智风趣。

5. 廉价报刊的贡献

其一，新闻本位观念的确立：廉价报刊确立了“新闻本位”观念，主张及时多方面报道大众喜爱的新闻，满足读者了解世界变动的新闻需求，使得新闻取代言论成为报刊主角，对现代新闻事业影响深远。

其二，对时效观念的重视：19 世纪科学技术的快速发展带来了新闻采集、传递、印刷、销售领域的一场革命，庞大的商业社会系统要求信息准确和迅速，同行业的激烈竞争使得谁能赢得时效谁就能在竞争中处于优胜地位。

其三，客观报道手法的形成：廉价报刊奉行“独立”原则，提倡写作客观、公正、冷静、平和，主张在事实和意见间划清界限。

6. 对廉价报刊的评价

首先，廉价报刊开创了世界新闻传播业的新纪元，使报纸告别“观点纸”而成为名副其实的“新闻纸”，同时通过与政党划清界限获得了政治上的独立，通过刊载和出售广告获得了经济上的独立，日渐获得“第四等级”的地位，成为一种真正建筑于资本主义市场经济体制之上的近代报刊（陈力丹，2002）。

其次，廉价报刊奠定了西方新闻传播事业的许多原则和基础，如“读者至上”“为公众服务”等信条，是值得肯定并具有巨大历史进步意义的。

但是，廉价报刊的“故事模式”以及追求刺激读者感官和情感的报道手法，极易滑入煽情主义的泥沼。纽约《太阳报》编辑约翰·博加特（John B. Bogart）就曾有一句名言：“狗咬人不是新闻，人咬狗才是新闻。”19 世纪末期，作为廉价报刊煽情主义特征极端表现的“黄色新闻”开始出现（童兵，2014）。

（二）星法院条令（Star Chamber Decree）

1. 历史背景

16 世纪 30 年代至 40 年代，随着宗教改革的推进，反对封建王权和国教的书籍和小册子纷纷出现，为了阻止新思想的传播，封建统治者加强了出版管制。1538 年，皇家特许制度正式建立，规定所有出版物均须经过特许，否则禁止出版。1557 年，玛丽女王（Mary Stuart）下令成立皇家特许出版公司，规定只有经过女王特许的印刷商才能成为公司的会员，只有会员公司和其他特许者才能从事印刷出版。1570 年，伊丽莎白女王（Elizabeth I）为管制“异端邪说”，将参议院司法委员会独立为皇家出版法院（“星法院”），以加强对出版活动的管理。1586 年，伊丽莎白女王颁布“出版法庭命令”，又名“星法院条令”。

2. 条令内容

“星法院条令”共有七条内容。第一，所有印刷商的印刷机必须在皇家特许出版公司登记；第二，伦敦市外，除了牛津与剑桥大学，一律禁止印刷；第三，除非教会同意，不再允许新的出版商登记；第四，特许制的各项规定；第五，印刷任何刊物均须事前申请许可，否则处以 12 便士至 14 先令罚款或坐牢处分；第六，皇家特许出版公司对非法秘密出版物和印刷机有搜索、扣押、没收及逮捕嫌疑犯的权力；第七，出版商的学徒不得超过 3 人，但牛津大学与剑桥大学印刷商各限有 1 名学徒。

违法的惩罚方式根据情况可分为两大类：如果出版商拒绝或者抗拒搜查、没收、逮捕，处以 100 先令罚款及 3 个月监禁；如果查出非法印刷品，则按其情节轻重，分别施以处分。1637 年，出版法庭命令所有印刷品均须注明作者和出版者姓名，出版商须缴纳 300 镑保证金，以保证不印刷未经许可的书籍。

3. 历史影响

政治方面：1625 年查理一世（Charles I）即位后，星法庭成为严惩政治犯的机构，一些著名的宗教改革家因编写、出版宣传清教的小册子而被捕。上述作为在当时孕育了强烈的政治反抗运动。1640 年，查理一世为筹措镇压英格兰起义的军费，召开了已停摆 12 年的国会；以此为契机，在国会中占多数席位的资产阶级和新贵族向君主发起攻击，英国革命由此开始。

新闻出版方面：由于该法令对出版的严格限制，至 1615 年，伦敦只有 15 家合法印刷厂。1641 年 7 月，由于革命的爆发，“星法院条令”被废止，英国报业第一次获得了出版自由。新闻书不再被禁止刊登国内新闻，由此出现了专门报道战况和国会议程的新闻书，如 1641 年 11 月创刊的第一家专门报道国会新闻的周刊《国会议程纪要》、1642 年 2 月由“英国第一大记者”

塞缪尔·派克（Samuel Pecke）出版的《国会每日纪闻》。但同时，“无限制的自由带来的只是无限制的混乱，新报刊中有攻击教会和政府的，也有把矛头指向国会的。在混乱中，版权无法保证，出版商的利益受损”（郑超然，2000）。1643 年 6 月 13 日，国会应出版商的要求恢复了特许制度，并规定国会有管理出版的最高权力，同时成立了两个机构来对出版业进行管理。

（三）托马斯·杰斐逊（Thomas Jefferson）

托马斯·杰斐逊（1743—1826），美国第三任总统、资产阶级革命家，《独立宣言》的主要起草者。1743 年杰斐逊出生于弗吉尼亚州的种植园主家庭，1767 年取得律师资格，1769 年当选为弗吉尼亚州议会议员；1773 年在本州成立通信委员会，积极宣传反英独立运动；1775 年起草《独立宣言》，成为北美殖民地人民反英斗争的旗帜；1789 年担任联邦政府国务卿，1797—1800 年任副总统，1801—1808 年连任总统。

独立战争后，杰斐逊就出版自由与汉密尔顿进行了激烈的辩论。他认为，“世界上每个政府都有人类的弱点和腐化堕落的胚芽，为了防止政府蜕化，必须由人民来监督。为了防止犯错误，就必须通过报纸让人民充分了解公共事务。新闻自由是给人们打开所有通向真理的道路”（郑超然，2000）。据此，杰斐逊主张除非对公民的名誉造成伤害，否则绝不能限制出版自由。1786 年，杰斐逊又提出：“我们的自由取决于新闻出版自由，限制这项自由即会失去这项自由。”在杰斐逊的倡导之下，1789 年，美国国会通过了宪法前 10 条修正案（又称《人权法案》），增加了国会不得制定剥夺人民言论或出版自由的条款。

（四）曾格案件（The Zenger Trial）

1. 事件背景

美国独立前，英国殖民者在北美洲东岸先后建立了 13 个殖民地。1685 年至 1703 年间，各殖民地总督执行英皇命令，规定任何人未取得执照及政府特许，不得拥有印刷机进行印刷活动。同时，为了禁止民众发表对政府不利的言论，殖民地政府还设置了“诽谤法”，即一旦“发现其中有极其偏激的言论以及各种可疑与不妥的报道”（程曼丽，2004），就要判处监禁。殖民地政府对印刷出版活动的限制引起了人民的不满，以“曾格案件”为起点，北美资产阶级开启了争取新闻自由的斗争。

2. 事件发展

1733 年 11 月，纽约出版商曾格（John P. Zenger）在当地贫民派领袖的帮助下创办了《纽约周报》（*N. Y. Weekly Journal*）。因报纸大量刊登批评总督威廉·科斯比（William Cosby）和地方议会的内容，曾格被指控“诽谤政府”并于 1734 年 11 月被逮捕。法院于 1735 年 8 月开庭，安德鲁·汉密尔顿（Andrew Hamilton）作为曾格的辩护律师，在辩护中论证了只有言论不实才会构成诽谤，此外还提出了：每个公民都有“陈述无可非议的事实真相的自由”，都有“把事实真相讲出来，写出来以揭露和反抗专断权力的自由”，以及坚持陪审团不仅有权进行事实判断，还有权进行法律判断，裁决应由法庭和陪审团共同做出的观点，最终案件以曾格无罪结束（陈力丹，2007）。

3. 历史价值与评价

法律价值：汉密尔顿辩护中提及的两项原则后被美国政府制定的诽谤法案采纳（郑超然，2000）。由于美国实行的是海洋法系，案例具有一定的法律效用，因此曾格案在美国逐步确立了谎言才构成诽谤的原则，对官员进行批评的权利被逐步视为检验新闻出版自由的试金石。有学者曾如此评价曾格案："发生在早期的曾格案件虽然不大，却是美国新闻出版自由观念的滥觞。"（陈力丹，2007）

新闻史意义：曾格案件是殖民地人民争取新闻自由的第一次重大斗争（郑超然，2000）。1733 年到 1971 年，美国争取新闻出版自由的斗争经历了三次典型事件之后便在法律上得到了确立，此事还推动了英国本土争取新闻出版自由的斗争（陈力丹，2007）。

（五）黄色新闻潮（Yellow Journalism）

黄色新闻是新闻报道和媒体编辑的一种取向，它以煽情主义为基础，运用极度夸张及捏造情节的手法来渲染新闻事件，尤其是关于犯罪、丑闻、流言蜚语、灾异、性等方面的报道，以达到耸人听闻、扩大销量的目的。其主要做法有：使用大字号煽动性标题；常对不甚重要的新闻加以渲染、夸张，版面给人以耸人听闻的虚假感；滥用甚至伪造照片；捏造访谈记录和新闻报道；标榜同情"受压迫者"，煽动社会运动等。

1. 起源

黄色新闻源自 19 世纪末美国报业大亨威廉·赫斯特

（William R. Hearst）的《纽约新闻报》（*New York Journal*）与约瑟夫·普利策（Joseph Pulitzer）之间的《纽约世界报》（*New York World*）之间的竞争。当时美国报业进入了商业化时期，竞争十分激烈。

《纽约世界报》创刊于1860年，约瑟夫·普利策是其第五任老板。他以占纽约多半人口的新涌入劳工为读者对象，从三方面塑造报纸的新形象：其一，经常发表支持穷人的言论，反对富有阶级和贪污腐败，以赢得读者的信任；其二，发起组织一系列具体细小的有利于一般大众的社会运动，制造社会热点，并对参与的读者实施奖励；其三，要求记者深入社会下层，写作贴近读者心理的煽情报道，采用耸动的标题和较多的新闻图片（陈力丹，2002）。

“黄色新闻”中的“黄色”源起于“黄孩子”。“黄孩子”是由《纽约世界报》星期日版专栏画家理查·奥特考特（Richard Outcault）负责的彩色漫画专栏《霍根小巷》的主人公，是一个仅有几根头发、没有牙齿的小男孩，时常穿着一件又长又大的黄色衣服，以玩世不恭的态度将读者带到各种滑稽有趣的场景中，观看人们熟知的人和事并发表观感，以博读者一笑。

2. 发展

《纽约新闻报》原是约瑟夫的弟弟阿尔伯特（Albert Pulitzer）于1882年创办的《新闻晨报》，1895年被威廉收购。为在竞争中打败对手，威廉重金将《纽约世界报》星期日版的全班人马挖至《纽约新闻报》，其中包括“黄孩子”漫画专栏的画家理查·奥特考特。威廉借鉴了《纽约世界报》的经验，将该报的一些新闻手法进一步发挥，例如运用触目惊心的新闻图片，大量报道犯罪新闻与社会丑闻，并煽动贫苦人群发动民权运动等。而在“黄孩子”主笔等人被《纽约新闻报》挖走后，约瑟夫重新聘请画家乔治·拉克斯（George Lacks）在《纽约世界报》续画“黄孩子”，并将威廉告上法庭。这场争夺“黄孩子”的战争在整个纽约引起轰动。由于两报均刊登“黄孩子”的大幅广告，“黄孩子”一时成为风云人物，也成为《纽约新闻报》和《纽约世界报》的象征（程曼丽，2004）。

3. 高潮与结束

至1896年年末，《纽约新闻报》和《纽约世界报》两家报纸的发行量都达到了40万份；1897年，《纽约新闻报》的发行量超过了《纽约世界报》。与此同时，两家报纸的黄色新闻手法开始引起全美报刊效仿，并于1899年至1900年达到顶峰。当时在美国21个报纸集中的城市中，约有三分之一报纸是纯粹的黄色报纸。

黄色新闻是企业攫取高额利润的产物，同时也满足了部分读者的心理欲求。1896年至1898年，美国与西班牙发生一系列冲突，最终导致了美西战争的爆发。许多新闻史学家认为，这场战争在很大程度上是因《纽约新闻报》《纽约世界报》和其他黄色报纸一再挑动美国人民的反西情绪而引起的。美西战争结束后，《纽约世界报》的黄色新闻有所收敛，而《纽约新闻报》则势头不减。出于对总统威廉·麦金莱（William McKinley）的不满，《纽约新闻报》一再发表煽动性文章，扬言应使用暗杀手段除掉坏人和废除不良政府。1901年9月，总统遇刺身亡，凶手衣袋里还有一份刊载攻击总统文章的《纽约新闻报》。这一事件使得社会各界纷纷抵制《纽约新闻报》，继任总统西奥多·罗斯福（Theodore Roosevelt）亦公开谴责黄色新闻，黄色新闻潮由此式微（郭之恩，2010）。

20 世纪 20 年代，黄色新闻在美国以“爵士新闻”形式再次泛滥，持续时间长达近 10 年，《每日新闻报》《每日镜报》《每日写真报》是当时的代表性报纸。虽然黄色新闻已不是当今西方报业的主流，但由于大众心理和特定读者群的存在，黄色新闻依然不绝。

4. 意义与局限

黄色新闻是现代办报理念的先驱，注重刊登刺激性、消遣性的新闻和漫画，开辟了小说连载、漫画连载、百姓故事等栏目，并设立了娱乐专版和体育专版，用来报道娱乐八卦和体育赛事。

黄色新闻对受众的定位非常明确，其以美国移民和中下层劳动者为目标读者，标志着以报纸为主导的传播媒体在服务层面由“传者为中心”向“受者为中心”转变的开始，扭转了长期以来政党报纸贯彻的媒体对党派和政府负责的办报理念（王蕾，2003）。

黄色新闻是对媒介社会功能的积极尝试，强调坚持社会正义，关注弱势群体，维护下层劳动人民的利益。在 19 世纪末期，黄色报纸通过发起社会运动和参与政府决策的监督批评来推动社会改革，使报纸由发布信息的载体变成了社会公器，对发挥媒介的社会监督功能进行了有益的尝试（陈力丹，2007）。

但是，黄色新闻亦有其局限性，具体表现在运作手法上。为了扩大报纸的销量，黄色新闻十分注重强烈刺激感官的渲染手法，夸大报道耸人听闻的色情、暴力、战争、犯罪和天灾人祸等新闻。同时，黄色新闻还运用19世纪问世的摄影术和图片制版技术条件，滥用新闻图片，且大量采用未经授权或真实性可疑的图片，用以造成对受众的视觉冲击。很多传媒学者认为，黄色新闻是一种没有灵魂的新闻思潮，它多半与和色情、暴力相关的低俗化和媚俗化内容联系在一起，极大地损害了新闻的真实性，带来了严重的社会负面影响（程曼丽、乔云霞，2012）。

（六）掏粪运动（The Muckraking Movement）

1. 历史背景

掏粪运动又称“扒粪运动”“揭黑运动”，是指美国19世纪末20世纪初掀起的调查、揭发类新闻报道浪潮。“掏粪”这一名称起源于时任总统富兰克林·罗斯福（Franklin D. Roosevelt）1906年的一次演讲。在演讲中，他将致力于揭丑、暴露社会阴暗面的记者比作英国作家约翰·班扬（John Bunyan）在其《天路历程》一书中塑造的，从不抬头而是永远低头拿着粪耙收集污秽物的主人公。当时的记者们欣然接受了这一称号，并将其视作一种荣誉一直继承下去。

2. 代表人物和作品

杂志是掏粪运动记者的主要阵地，代表刊物有由报业巨头塞缪尔·S. 麦克卢尔（Samuel S. McClure）创办的美国第一本大批量、廉价发行的杂志《麦克卢尔》（*McClure's Magazine*）以及《世界主义者》（*Cosmopolitan*）、《柯里尔》（*Collier's*）等。

运动以《麦克卢尔》杂志1902年年底发表的三组报道为起点，分别是：《麦克卢尔》杂志主编林肯·斯蒂芬斯（Lincoln Steffens）调查政府和社会腐败的《城市之耻》，记者、历史学家艾达·塔贝尔（Ida Tarbell）揭露美孚石油公司商业信用和违法行为的系列报道《美孚石油公司历史》以及雷·贝克（Ray S. Barker）撰写的《工作的权利》。三组报道分别从政界、企业界和劳工界三大领域出发，对美国社会弊端进行了无情的揭露。

此后，书籍成为掏粪运动最重要的宣传途径，如美国小说家厄普顿·辛克莱尔（Upton Sinclair Jr.）发表的描写芝加哥一家肉类加工厂黑幕的《屠场》。其他的揭黑作家也通过发表揭露性的文学作品，维持着掏粪运动的传统。

3. 历史意义

有人认为1912年的掏粪运动因第一次世界大战的临近与民众注意力的转移而逐渐衰落，但也有学者认为这种观点是不正确的，“而应该说，揭发黑幕高潮过去，黑幕揭发在向纵深发展……成为一种社会认同”（吴廷俊，2010）。

美国新闻史学家大卫·斯隆（David Sloan）认为，黑幕揭发在美国形成了传统，还为后世留下了一笔“不朽遗产”，即“黑幕揭发者认识到材料收集和新闻报道的价值。在某种程度上，他们预示着当今的新闻记者们将会用到的社会科学方法”（大卫·斯隆，2010）。

（七）舰队街（Fleet street）

舰队街是英国伦敦市内的一条街道，因临舰队河而得名。

15 世纪时，舰队街地区便是英国印刷者诞生的发源地。1702 年，英国第一份日报《每日新闻》（*Daily Courant*）在舰队街诞生，它也因此成为英国报业的发祥地。18、19 世纪开始，英国各大报社和小报馆纷纷迁入这条街，最高峰时共有 100 多家全国性和地区性报纸在这条街设立报馆。英国著名报刊《泰晤士报》《金融时报》《卫报》《每日电讯报》《观察家报》《经济学家》等绝大部分英国报刊都曾集中在舰队街附近。极盛时期的舰队街曾拥有“第四等级（新闻界）的爱丽舍宫”的绰号。

在现代信息技术的冲击下，20 世纪 80 年代中期英国报业迎来转折，伦敦中心街区地价上涨，英国报业在改革中大幅裁员，罢工事件不断。1986 年 1 月 25 日，鲁伯特·默多克（Rupert Murdoch）在一夜之间将他的新闻国际公司搬出了几百年来伦敦报业最集中的街道——舰队街，迁到了伦敦东郊的新式印刷厂街区瓦坪。两年后，又有 17 家全国性报纸迁出舰队街。总计约 3 万人的舰队街报业人员中有 1.54 万人被裁减，导致新一轮更加激烈的新闻竞争。一位记者说：“这是一个时代的结束。我们将失去彼此交换新闻的酒友间的友爱和信任，而这正是使舰队街的车轮滚滚向前的保证。”（陈力丹，2007）

（八）《莱比锡新闻》（*Leipzig Zeitung*）

《莱比锡新闻》被视为世界上第二家日报。1660 年，莱比锡印刷局局长创办周报《莱比锡新闻》，3 年后改为日报出版，形式为两面印刷的散页、新闻书式的小册子。

德语 Zeitung 一词比英语中的 News 诞生时间早，源于德国北部俗语“报道”，指“商旅传播中的趣闻逸事”，15世纪演化为“在时间上绝对新颖的事物”。16世纪后，Zeitung被用作印刷物的代名词，即“报纸”（陈力丹，2013）。

莱比锡是德国中东部萨克森州的最大城市，地处欧洲商路要冲，1160年建市后迅速发展为商业中心。它的印刷出版业历史悠久，早在15世纪初已经是德语区的出版印刷中心。世界上第一家日报是1650年由出版商蒂莫台斯·里兹赫（Timotheus Ritzsch）在莱比锡创办的《新到新闻》。在该报及《莱比锡新闻》创办后，“德国日报事业发展较快，在弗里德里希大帝的统治下，出现了报业繁荣的局面，日报的出现也标志着报纸走向成熟”（常庆，2012）。

（九）1996年美国新电信法案（Telecommunications Act of 1996）

1. 出台背景

在《1934年通信法》（*Communications Act of 1934*）的框架下，美国的电子传播事业被划分为通信和广播两大领域，两者之间有着严格的界限，甚至同一媒体领域也被分成若干部分，例如电话事业分成长途、地区和市内三个市场，相互保持着封闭和隔离状态；广播事业也分为广播、无线电视和有线电视三种媒体，对不同媒体的兼营有着严格的限制。1982年联邦最高法院对司法部和美国电话电报公司（AT&T）做出的“协议裁决”明确规定，禁止电话公司开展影像传输业务。媒体间相互分割的传统制度，对建设多媒体信息高速公路形成了巨大的障碍（陈力丹，2002）。

自20世纪70年代开始，随着技术的发展和融合，以电视为代表的电子媒介取代了原先的报纸、杂志，成为大众传播媒介的主导产业，纯粹的“报团”已经消失，纯粹的广播电视集团也不可能完全独立，因为新技术的发展将广义的电子产业与它们联结到一起。美国大众传播业的发展已经超过世界上其他国家，达到了一个相当成熟的新阶段，广播、电视、电影与印刷出版等各种媒介，其所有权和经营管理正在形成统一的整体。因此，媒体集团发展广播电视业和电信业等边缘行业，要求解除壁垒、促进融合、放松规制的扩张欲望也日益显现。

2. 主要内容

1996年2月，美国新电信法案生效。新的法案规定：长途、地区和市内电话公司相互开放市场，允许相互参与；各电话公司可在自己的营业区域内开办影像传输业务，兼营有线电视；对无线广播电视兼营有线网络也放宽了限制（例如，1970年FCC即联邦通信委员会条例规定禁止一家公司在同一城市兼营无线和有线电视台，而新法律则规定能否兼营将取决于FCC的判断）。总之，该法案放宽了广播电视、有线电视和电信的交叉媒体所有权限制，规定有线电视无须申请特许就可运营电话业务，鼓励电信和互联网业进入传统媒介市场。

此外，《1996年电信法》的另一引人瞩目之处，是对含有暴力、色情、低俗内容的电视和有线网络节目加强了来自联邦政府的管理，以法的形式具体规范节目内容，这在美国广播电视史上尚属首次（郭庆光，1996）。

3. 正面评价

该法案的通过为美国迎接信息高速公路和多媒体时代的到来扫清了制度性障碍，打破了媒体间的壁垒，允许各个不同媒体在市场上互相渗透，大大促进了电子媒体之间的竞争。时任美国副总统艾伯特·戈尔（Albert Arnold Gore Jr.）曾提出，该法案的制定使得“通信产业界相互隔离的‘柏林墙’终于崩溃了”。1996 年 2 月 8 日，时任总统威廉·克林顿（William J. Clinton）在签署《1996 年电信法》之后也发表了下述感想：“在美国，由于法律落后于时代，阻碍了信息革命的进程。但是，通过这个法律，美国人民可以掌握未来；不仅如此，它还将创造出使竞争和革新以光的速度飞跃发展的自由市场。”不少专家评论说，这个法律确实为多种媒体的融合、信息服务领域的扩大和多样化提供了广阔的前景，至少人们可以看到在不远的将来，会出现电话公司提供影像服务这种新的市场（李彬，2005）。

4. 加剧垄断

由于该法案打破了媒体之间的壁垒并大幅度放宽了对媒介所有制的限制，美国广播电视行业发生重大结构性变化已不可避免。它不仅使美国国内的媒体集中和垄断程度越来越高，更直接推进了近年来席卷全球的媒介市场并购大潮。“公正与准确报道组织”（Fairness and Accuracy In Reporting，简称“FAIR”，是一个媒介批判组织）就曾指责这一法案是“媒体公司通过游说和买通政府”达成的，从此“打开了企业兼并之门”。

实际上，媒体集团之间的“大兼并”动向在这一法案生效之前就已开始了，例如默多克的新闻公司（News Corp. Ltd）

1985年兼并20世纪福克斯公司（Fox），接着于1996年购买新世界通信集团公司。1995年特纳广播公司与时代—华纳公司（Times Warner Co.）兼并了美国广播公司（当时它属于大都会公司），也使得迪士尼公司成为美国第二也是世界第二大媒介集团。其他较为重要的合并或兼并还有甘尼特公司买下多媒体娱乐公司；西屋公司并购无线广播公司；大型电器公司维阿柯姆兼并派拉蒙通信公司；英国电信公司以230亿美元买下美国长途电话公司"微波通信公司"；芝加哥论坛公司买下复兴通信公司；美国西部媒介公司买下美国第三大有线公司大陆有线电视公司；钱斯勒媒介公司买下科尔法克斯电信公司的12家广播电台后，成为美国最大的广播集团；纳尼克斯公司买下贝尔大西洋公司，从而成为美国最大的地方电话公司；美国第四大长途电话公司买下MFC电信公司；A.H.贝洛公司买下普罗维斯登日报公司，等等（李磊，2008）。

2000年，又一轮兼并开始了。首先，刚刚兼并了派拉蒙通信公司的维阿柯姆公司，又兼并了隶属于西屋公司的美国三大广播公司之一的CBS，从而成为美国第四大媒介集团。接着，2000年12月15日，位列美国最大网络公司之一的美国在线（AOL，拥有用户2400万）与时代—华纳公司合并，成立了"美国在线—时代华纳"集团。它将计算机网络信息平台与传统的印刷媒介、无线广播电视、有线和卫星电视集于一身，合并交易额达1830亿美元。这一前所未有的媒体集团合并彻底改变了美国大众媒介所有权的格局（程曼丽，2004）。

三、世界上主要报纸、通讯社、广播、电视、媒介集团的发展简史

（一）“三社四边”协定（The Ring Combination）

又称“联环同盟”协定。1870 年 1 月 17 日法国哈瓦斯通讯社、德国沃尔夫通讯社以及英国路透社三大通讯社共同缔结成为“联环同盟”，协定以欧洲三大通讯社为主，确定各社的采访和发布新闻的范围，并规定互相交换各自采集的新闻。美国纽约联合新闻社虽然也为联环同盟一员，但协定规定其不能插足美国以外的地区，所以通常称之为“三社四边”协定。

“联环同盟”的缔结是早期通讯社竞争和垄断的产物。协议签订之后，四大通讯社陆续将各自势力范围内的其他通讯社纳入自己的体系，凭借优势压制和排斥所在各国的新闻机构，迫使众多新闻机构只能以他们为唯一渠道获取新闻，由此垄断了世界新闻市场。第一次世界大战结束后，随着 1907 年美国合众社的诞生、1914 年美联社退出“联环同盟”以及 1909 年国际社的成立，1934 年各大通讯社宣布废除协定，遵循新闻自由的

原则自由竞争（郑超然，2000）。

（二）《泰晤士报》（*The Times*）

《泰晤士报》的前身是1785年创办于伦敦的《每日环球记事报》（*Daily Universal Register*），创办人为约翰·沃尔特（John Walter）（陈力丹、董晨宇，2015）。沃尔特此前是伦敦的煤炭大王和一家保险公司的老板，因业务逆转而另辟财源，买下一项新式排字机专利，并为使用和推广该项专利而创办了《每日环球记事报》做广告，这也使得该报头版持续多年均为广告。

当时，由于很多读者喜欢简单地称这份报纸为“记事报”，难免让人将这份报纸与其他报纸的名字相混淆，因此，沃尔特几经修改，最终在1788年3月将该报名称确定为《泰晤士报》（*The Times*）。

沃尔特一直秉持“时代的记事者”的办报宗旨，在政治言论中表现得相当坦诚和直率（程曼丽，2004）。由于他批评过国王、约克公爵、司法大臣等，曾数次被罚款、监禁和戴枷示众。在新闻业务方面，沃尔特对新闻时效非常重视。1789年，法国大革命爆发之际，《泰晤士报》派出记者及时给予报道，在英国形成了良好的报纸声望，销售量攀升。

1803年，与沃尔特同名的次子接管报纸，拒绝接受政府的津贴，令《泰晤士报》成为独立报刊。沃尔特二世还建立起海外记者网络，遇到重大新闻时，甚至使用走私船只传递新闻。1808年《泰晤士报》试行总编辑制度，1817年确立该制度，并任命托马斯·巴恩斯（Thomas Barnes）为总编辑（陈力丹、董晨宇，2015)。《泰晤士报》首次实行了所有者主管经营、另聘专业人员担任总编辑的制度，这也被称为报业发展的新标志，对报纸编务质量的提高和报业经营的扩大均有重要意义。

巴恩斯担任主编期间，《泰晤士报》成为英国舆论影响力最大的报纸，其组织制度上的创新也被其他报纸效仿。虽然《泰晤士报》声称为整个国家利益发声，但事实上，其主要的代言对象仍是英国的中产阶级。因此，《泰晤士报》没有清晰的党派立场，更多是顺应着舆论的浪潮而左右摇摆。也正是基于这一策略，其在商业上取得了较大的成功。1847 年，约翰·德兰恩(John Delane)担任主编，《泰晤士报》在一些重大事件中呈现出保守的倾向，这也在一定程度上限制了其对重要事实进行公正而全面的报道。

除了《泰晤士报》总编的努力外，该报的成功也与沃尔特家族不断改进传播技术有关。1814 年《泰晤士报》率先使用蒸汽印刷机，1847 年又率先采用轮转印刷机技术，同年就使报纸达到每天 12 版，这在当时世界上是少见的(李瑛，2005)。

《泰晤士报》的成功还有赖于英国在全世界范围内的扩张及其造成的强大政治、经济影响。英国自 17 世纪起，于 200 年内持续在全球范围内扩张，作为其国内最大报纸的《泰晤士报》的文化影响力也辐射到了世界各地。从这个意义上说，世界新闻传播史的 19 世纪，在一定程度上也是《泰晤士报》的世纪，其他报纸的影响力远没有该报大。不过，19 世纪下半叶，在便士报的冲击下，以《泰晤士报》为代表的高级报纸开始逐渐衰落。即便如此，它至今仍被视为世界第一大报（陈力丹，2016）。

目前，该报由默多克新闻集团掌控，年发行量保持在40万份左右。

（三）路透社（Reuters）

路透社由德国人保罗·朱利叶斯·路透（Paul Julius Reuter）于1851年创办于英国（程曼丽，2004）。此前路透曾在哈瓦斯通讯社担任翻译员，也曾创办过两家通讯社，均以失败告终。1851年在连接英吉利海峡和欧洲大陆的海底电缆即将完工时，路透和妻子于伦敦创办了路透通讯社。

最初的路透社与报纸没有业务上的交集，而是作为一个金融信息机构服务于伦敦的银行、证券交易所和贸易公司。随着印花税的废除和商业报刊的崛起，路透社自1858年起，开始进军新闻市场，向报社积极推销旗下的新闻稿。当时只有《广告人晨报》答应试用两周，却让该报主编感到很划算，因为报纸的采编人员有限，如果各地的新闻都由自己派员采写，费用远大于使用通讯社的新闻稿。路透社从此打开局面，业务量大增，当年包括《泰晤士报》《每日电讯报》在内的一批知名报纸，均成为路透社的订户（陈力丹、董晨宇，2015）。

1859年，路透社抢先报道法国皇帝拿破仑三世的演说，声誉得到壮大。1867年，路透社投资两万英镑，开始着手在欧洲重要城市建立分社。1865—1873年，路透社连接了欧亚、北美、澳大利亚的电缆，成为一家世界性的通讯社。路透本人也加入英国国籍。

路透于 1875 年退休，将企业交给自己的儿子巴朗·赫伯特·路透（Baron Herbert Reuter）掌管。赫伯特在路透社业务扩展上展现出杰出的直觉和首创精神，路透社在他的掌管下取得进一步发展（陈力丹、董晨宇，2015）。1915 年，赫伯特因妻子突然离世而选择自杀，一年之后，路透的孙子哈伯特·路透（Herbert Reuter）在第一次世界大战的战场上牺牲，没有留下子孙。

1916 年，路透社的继任者罗德瑞克·琼斯（Roderick Jones）将路透股份有限公司重新变为私人企业。1941 年，路透社改组为报联社体制。几经加入、退出等调整后的路透社由“三国四方”控制，由英国报联社、英国报业主联合会、澳大利亚报联社、新西兰报联社共同持有主要股份。2007 年 5 月，路透社被加拿大汤姆森集团以 87 亿英镑并购，成为“汤姆森—路透社”（陈力丹，2016）。

路透社的重点发展方向是经济和金融信息，在外汇交易信息和市场服务信息方面一直处于领先地位（陈力丹、赵永华等，2015）。在全世界 200 多个主要的证券和商品交易所里，都有路透社的工作人员。

此外，在 1984 年，路透社还全面买下了作为世界最大电视新闻通讯社之一的维斯新闻社（Visnews），并于 1985 年将其改名为路透电视台（Reuters Television）（陈力丹，2016）。

（四）英国广播公司（British Broadcasting Corporation）

英国实行公共和商业广播电视并存的体制，这一体制被许多国家效法，特别是其公营广播电视的代表——英国广播公司（British Broadcasting Corporation，简称 BBC），更被视为公营广播电视的典范。

1. 英国广播电视体制的变革

第一阶段：BBC 确立垄断地位。

BBC 的前身是 1922 年成立的英国广播公司（British Broadcasting Company）。1922 年 11 月 14 日，马可尼公司为推销收音机，联合另外五家电器制造商，集资组建英国广播公司并播出节目，成为英国面向公众广播的开端。虽然二者的中文译名均为英国广播公司，但其性质却完全不同，具体表现为前后两个 BBC 缩写中的“C”意涵不同。由 Company 到 Corporation 的转变，代表着 BBC 的性质由以营利为目的的商业公司转变为非营利性的公共机构（俞虹、王帆，2018）。

1927 年元旦，英国国王发布“特许状”，将民营的英国广播公司改组为公共机构英国广播公司，授予它在全国经营无线电广播的特权。改组并获得皇家宪章的 BBC 既独立于政府又远离商业资本，以公民缴纳的执照费作为主要资金来源。

第二阶段：双轨制的形成。

20 世纪 50 年代后期，各国广播电视体制逐步走向多元。公营广播电视占主要地位的欧洲各国首先陆续向商业广播电视开放了市场。在此大背景下，BBC 独家垄断的局面遭到了社会、政界、商界等方的强烈抨击，舆论认为这种局面压制了竞争，阻碍了广播电视的发展，使广大受众缺少选择的自由。

在强大舆论攻势下，实行商业电视体制的法案在 1954 年获得通过，英国首家商业电视网——独立电视台 ITV（Independent Television）正式建立，并于 1955 年 9 月开播。依据《独立电视法案》，英国应该建立起 BBC 之外的独立电视体系，由独立电视管理局（Independent Television Authority）实施管理职能，下辖 15 个独立电视公司。后来，ITA 又兼管了收音机广播业务，下辖若干个独立地方广播电台，于 1972 年改名为独立广播局（Independent Broadcasting Authority）。由此，英国广播电视体制由 BBC 独家垄断的格局进入 BBC 与 IBA 双头垄断的局面。商业电视的出现在一定程度上对 BBC 构成了威胁。BBC 在 ITV 的冲击下，其收视率在 1957 年下滑到历史的最低点 27%（洪丽，2012）。

第三阶段：多元格局的发展。

20 世纪 60 年代后，英国公共广播体系与独立广播系统“双峰对峙”的格局不但没有丝毫动摇，而且有了进一步的发展，形成了更加复杂的结构体系。

20 世纪 70 年代，BBC 和 ITV“相安无事”的局面受到来自学界和公众的质疑。一方面，这两个垄断机构越来越故步自封，沉迷于自身利益，未能体现日渐多元化的英国社会文化，也忽视了少数群体；另一方面，学者对当时节目的媚俗取向表示了担忧，并批判性地认为琐碎的节目内容中充斥的暴力和色情内容将对公共道德和社会公正产生不良影响，因此需要加强对节目内容的规制，以提高媒介的公共责任。

1977 年 2 月，安南委员会（Annan Committee）在长达 3 年的调研之后发表了英国广电业未来发展的报告，其中最重要的内容之一就是要促进广播电视业的多样性和多元化，打破双头寡居的格局，建议成立一个实行商业化运营模式的公共服务电视频道，即第四频道 C4。这一频道成立的意义在于：首先，它强调广播机构不能仅仅提供固定的流行节目，广播电台应该承诺向那些很少或没有得到服务的人群提供服务；其次，该频道被当作一个“出版商”，它并不像 BBC 和 ITV 那样自己制作节目，而是播放独立制片人和公司制作的节目。从此，英国公共广播电视体制的多元化格局初步形成（冯雁，2006）。

2. 评价

英国广播电视的体制环境与政策环境的变革，清楚地贯穿着一条主线，即“服务于国民，竞争于世界”。具体而言，就是以适应信息社会的快速发展，迎接数字时代的到来，增强英国广播电视媒体实力，在未来激烈的竞争中保持并巩固英国广播电视在世界上的领先地位为总目标；以加强政府的集中引导作用，引导公营和商业广播电视进一步打破垄断，运用市场力量，推进竞争，更好地满足国民需求，增加消费者选择为总方向，推进英国广播电视的改革与发展（温飙，2016）。

（五）《费加罗报》（*Le Figaro*）

《费加罗报》是目前仅存的历史悠久的法国主要报纸，创刊于 1826 年，1866 年改为日报。该报纸原是复辟王朝时期出版的一家周刊，所有人维尔梅森（I.Villemessant）于 1854 年将其更名为《费加罗报》，报名取自 18 世纪法国作家博马舍（Pierre Beaumarchais）的剧本《塞维勒的理发师》和讽刺当时思想控制的名剧《费加罗的婚礼》中塑造的主人公。该报主编皮埃尔·布里松（Pierre Brixon）1940 年曾给贝当写信，反对新闻检查和愚民政策，该报 1942 年被维希政府勒令停刊。“二战”结束后，该报在皮埃尔·布里松的领导下复刊，发行量剧增。1975 年，该报因为经营不善被转手给埃尔桑（R. Hersant）。1978 年 10 月，该报开始于每周六出版图画增刊《费加罗画报》，后又增出月刊《费加罗妇女》，取得很大成功。此后，《世界报》《晨报》《法兰西晚报》等法国报刊纷纷效仿其出版星期六增刊。

《费加罗报》的政治立场较为保守，重视社论，在新闻业务方面有较高水平，是法国有名的“质报”，读者以文化水平较高的商界人士和高级职员为主。报纸内容丰富，综合性强。版面安排恰当，被认为是最能体现法兰西“贵族风格”的报纸。因此马克思在批评它的立场的同时，又称它是“帝国的唯一真正的报纸”（陈力丹，2007）。

（六）哈瓦斯通讯社（Havas）

哈瓦斯通讯社是世界上最早建立的通讯社，由夏尔·哈瓦斯（Charles Havas）于 1835 年在法国创办（陈力丹、赵永华等，2015）。1845 年起，哈瓦斯通讯社开始在欧洲主要城市建立分社。

1870 年，哈瓦斯通讯社与路透社、沃尔夫社达成协议，划分了对世界各国的报道范围，哈瓦斯通讯社主要负责对拉丁语族国家、中南美洲和埃及地区的新闻报道。

20 世纪 20—30 年代，由于经济危机，哈瓦斯通讯社转由法国外交部接管，走向国有化。1940 年，德国占领法国，该社一度成为德国通讯社的分社（陈力丹，2016）。

1944 年，根据光复后的法国政府法令，哈瓦斯通讯社因投敌而不得继续存在，几家反法西斯通讯社由此在哈瓦斯通讯社原址上组建了法国新闻社。

（七）《莱茵报》（*Rheinische Zeitung*）

《莱茵报》全称为《莱茵政治、商业和工业日报》，于 1842 年 1 月 1 日在德国莱茵省科隆市创刊。该报被恩格斯称为“德国现代报刊的先声”（陈力丹，2012），是由普鲁士莱茵省内一些具有民主思想的工商业者和知识分子集资创办的。马克思也曾参与了《莱茵报》的筹办工作，并从 1842 年 4 月起开始为其撰稿。

1842 年 5 月 5 日，《莱茵报》开始连载马克思的长篇论文《第六届莱茵省议会的辩论·关于新闻出版自由和公布省等级会议辩论情况的辩论》。《德国年鉴》主编阿尔诺德·卢格（Arnold Ruge）曾评价说：“关于出版自由以及为了保卫这种自由，从来还没有人说出甚至也不可能说出任何比这些文章更加深刻、更加论据充足的意见来。”（陈力丹，2012）马克思关于第六届省等级会议的辩论的第二篇文章，因书报检查的原因没有发表。

1842 年 8 月起，马克思开始担任《莱茵报》的主编。他主持报纸编辑工作后，《莱茵报》越发具有理性的民主主义倾向，对当权者的批评越发深刻。在报纸上，马克思与敌对报刊进行了关于共产主义的论战，评论汉诺威自由主义反对派、历史法学派，组织讨论林木盗窃法、市政改革、保护关税、等级委员会、离婚法草案等问题。同时，《莱茵报》的编辑部工作人员和撰稿人还自动组建了科隆社会主义问题讨论小组，马克思也是小组的成员之一。

与此同时，《莱茵报》还遭受着严格的书报检查，一些文章被扣发（俞席文，1999）。马克思对此曾评论说："我们现在从早到晚都要忍受最可怕的书报检查的折磨，忙于同部里通信，对付总督的指控、省议会的责难、股东的埋怨等，而我仍然守在岗位上。""在公众不易察觉的，然而是顽强的、充满着责任感的斗争中坚守自己的阵地。"（陈力丹，2012d）

普鲁士政府日益感到《莱茵报》对它的威胁。1843 年 1 月 19 日，在国王弗里德里希·威廉四世（Friedrich Wilhelm IV）的主持下，内阁通过决定，从 4 月 1 日起查封《莱茵报》，并且为保证在查封前报纸不再发表对政府不满的文章，对其实行双重检查。1 月 30 日，科隆市民大会通过了一份致国王的请愿书，要求取消查封《莱茵报》的决定，当时在请愿书上签名的有 900 多人。但国王则指示内务大臣，在答复所有请愿书的要求时都加以拒绝。

3 月 18 日，马克思为挽救《莱茵报》，在报纸上发表了退出编辑部的声明，独自承担了全部政治责任，然而政府当局依然坚持在 4 月 1 日查封报纸。3 月 31 日，《莱茵报》在头版头条的告别词中写道："我们高举自由的旗帜出海航行，把祸患连同锁链和皮鞭统统埋葬，水手们不需要监视，他们都忠于自己的职守。"（俞席文，1999）

（八）沃尔夫通讯社（Wolffs Telegraphisches Bureau）

沃尔夫通讯社是德国第一家通讯社，由伯纳德·沃尔夫（B.Wolf）创办于1849年（程曼丽，2004）。沃尔夫曾在哈瓦斯通讯社担任译员，1848年在柏林创办《国民报》。

1859年起，沃尔夫通讯社与路透社、哈瓦斯社签订新闻稿交换合约。1870年起，该社与路透社、哈瓦斯社划分了世界报道的范围，负责包括德国、奥地利、北欧、俄国、巴尔干等地的新闻报道，由此成为19世纪欧洲三大通讯社之一（陈力丹、赵永华等，2015）。

1875年后，沃尔夫通讯社由于接受国家津贴而成为半官方通讯社。20世纪30年代，在纳粹德国的媒体政策管制下，沃尔夫通讯社被纳粹政府接管，并被改组为"德国通讯社"，政府控制了主要的新闻源。

（九）《火星报》（*Искра*）

《火星报》创刊于1900年12月，由列宁（Vladimir Ilyich Vlyanov，Lenin）与国外的马克思主义小组"劳动解放社"共同出版，是俄国社会民主工党（苏联共产党的前身）的秘密报纸。该报纸的创办旨在通过报纸发行系统串联各地的马克思主义小组，通过报纸传播马克思主义，以统一党的指导思想，达到最终重建党的目的（陈力丹、王辰瑶，2014）。

在《火星报》的组织下，俄国社会民主工党于1903年7—8月召开党的二大，此前遭到破坏的党的组织机构得以恢复（程曼丽，2004）。《火星报》此后成为该党的中央机关报，直至1905年。

（十）《纽约时报》（*The New York Times*）

《纽约时报》创刊于1851年，先后获得普利策新闻奖等100余项荣誉。作为一个世代传承的家族报业帝国，它一直追求新闻质量，标榜坚持"公正报道新闻，无所惧，亦无所私，摆脱两党偏见，摒弃宗教分歧，不受利益所惑"的言论原则。

1851年9月18日，雷蒙德（Henry Raymond）和两位伙伴创办纽约《每日时报》（*Daily Times*），1857年于报名中去掉"Daily"一词。虽然是美分报，但从报纸名称可以看出，该报风格旨在模仿《泰晤士报》（程曼丽，2004），对开4页，较为庄重，主张客观报道，国际新闻尤其丰富，出版两个月发行量就达到2万份。

1869年，雷蒙德逝世，与其一同创办《纽约时报》的琼斯（George Jones）接手主持报纸，直至1891年逝世。报纸在总编辑米勒（C. Miller）接手后经营一直不景气。

1896年，报业主阿道夫·西蒙·奥克斯（Adolph Simon Ochs）买下《纽约时报》。他针对黄色新闻潮，从1896年10月5日起，坚持每天在报纸左上角刊登办报信条"本报刊载一切适宜刊载的新闻"（All the news that's fit to print），同时还刊出广告词“本报不会玷污早饭的餐巾”（陈力丹，2016）。奥克斯还注意与《泰晤士报》建立交换关系，在国际严肃新闻方面努力提供独家新闻且内容充实可靠，因此受到了各方信任。此外，报纸还因拒绝接受政府和政党的费用，树立了独立、公正的良好形象（程曼丽，2004）。1912年，《纽约时报》因连续报道了泰坦尼克号冰海沉船的事故新闻而赢得了声誉。

1934年年底，奥克斯逝世，其女婿苏兹贝格（A.H.Suzberger）接手经营《纽约时报》。1961年苏兹贝格逝世后，又由他的女婿德夫斯（O. Dryfoos）接手主持。1963年印刷工人罢工，造成报纸停刊114期，德夫斯也因心脏病突发逝世。

此后，《纽约时报》由苏兹贝格的儿子（A. O. Suzberger）主持。他注重开源，买下了当时较为有名的杂志《麦考氏》《家园田地》等一批媒介；他同时还注重精减管理层人员，并首创了报纸的专题版。

1971年，《纽约时报》因发表五角大楼关于越南问题的文件并取得发表这一文件的法律上的胜利而获得了更高声望。1992年，与父同名的苏兹贝格三世开始担任报纸发行人，并投资4.5亿美元更新了印刷报纸的技术设备。

《纽约时报》的第五任董事会主席是奥克斯的曾外孙小阿瑟·奥克斯·苏兹贝格（Arthur Ochs Sulzberger Jr.）。小阿瑟重视报纸的数字化发展，在报网互动、网络信息付费、开发数字产品和利用社交网络为品牌服务等方面均走在行业前列。2011年3月，《纽约时报》网站开始正式向用户收费，建立收费墙（paywall）制度（孙志刚、吕尚彬，2013）。

（十一）《华尔街日报》（*The Wall Street Journal*）

《华尔街日报》是世界上最大的金融日报，由道琼斯公司创办于 1889 年。1902 年起，巴伦（C. Barron）获得该报所有权，为提高报纸专业水平、扩大发行量奠定了基础（陈力丹、王辰瑶，2014）。1940 年起，《华尔街日报》定位于以金融新闻为主的综合性报纸，除了金融新闻外，还刊发大量社会、政治、科学、艺术、教育等方面的消息。

《华尔街日报》通常发行 96 个版。自 2002 年 4 月起，该报改为彩色印刷，头版内容也由过去的特稿改为突发性的独家报道，以迎合年轻读者的阅读习惯。

2007 年，默多克以 56 亿美元收购了道琼斯公司，获得《华尔街日报》的所有权（陈力丹，2016）。该报在后续发展中注重开发电子报纸，其网站已成为全球规模最大的付费新闻网站。目前，《华尔街日报》的发行量基本与《今日美国》相当，是全美发行量最大的报纸之一。

（十二）《时代》周刊（*Time*）

《时代》周刊由哈登（B. Hadden）和卢斯（H.Luce）于 1932 年 3 月在纽约创办（陈力丹、王辰瑶，2014）。

该刊浓缩一周的新闻事件，注重以轻松的讲故事的风格呈现内容，满足了忙碌的读者对于新闻的需求，创办不久就获得成功。哈登去世后，《时代》周刊由卢斯经营了 35 年，直至 1964 年退休。

之后的《时代》周刊更换过两任老板。1989年，时代公司与洛杉矶的华纳兄弟公司合并，组建了时代华纳公司，《时代》杂志也一直出版至今。在美国乃至全世界众多的新闻周刊中，《时代》一直保持着声望，发行量稳居第一。

（十三）美联社（The Associated Press，AP）

美联社成立于1900年，此前这类通讯社遍布美国各地，大多被称为“联合新闻社”。在各地的联合新闻社当中，芝加哥的“西部联合新闻社”在当时有一定的影响力（陈力丹、王辰瑶，2014）。1900年，经联邦最高法院判决，芝加哥的这一联合新闻社迁至纽约，与彼时纽约的联合新闻社改组，成立了全新的“美联社”。

美联社建立后，其影响力逐渐超过欧洲的老牌通讯社。该社施行报联社体制，有1700多家报刊和5000多家广播电视台入股，国内外订户达到1.5万户，国内有分社100多个，国外有分社60多个。该社总社使用英、德、法、荷兰、西班牙语等语言发稿，分社则译成当地文字，使用语言达100多种。

（十四）美国全国广播公司（The National Broadcasting Company）

1926年11月，萨诺夫（D.Sarnoff）在纽约创建美国全国广播公司（NBC，由通用电气、美国无线、西屋电气三家公司联合出资）（陈力丹、王辰瑶，2014）。第二年建成红、蓝两个广播网。1932年，该公司成为美国无线电公司的子公司。

1938年，NBC成为全美最大的广播公司，和另一家广播公司CBS共同控制了美国一半以上的广播电台。根据美国的反托拉斯法案，最高法院于1943年强迫NBC出售蓝色广播网。此后该网被糖果业主诺布尔（E.Nobel）以800万美元购得，并于1945年4月改组成立了美国广播公司（ABC）。

1939年4月30日，NBC首次以电视转播世界博览年会，并开始每天定时播出电视节目，由此开启了生产电视内容的新阶段。自1942年起，其电视播出成为常态。1986年，NBC被通用电气公司收购（陈力丹、王辰瑶，2014）。

NBC拥有10家直属电视台和近200家附属电视台，在美国18~34岁的观众群中收视率一直稳居首位（程曼丽，2004）。1996年，NBC与微软合资建立了有线电视新闻网MSNBC。开播后不久，该频道就与福克斯新闻频道和美国有线电视新闻网形成了三足鼎立之势。

2002年，NBC收购了德莱蒙多（Telemundo）和布拉浮（Bravo）两个西班牙语电视网。2004年5月，NBC同法国维旺迪环球集团娱乐公司合并，组成了NBC环球公司（NBC Universal）（陈力丹，2016）。

近年来，NBC积极应用新媒体。2014年，NBC推出了流媒体直播业务，观众通过账号登录网站后，可以收看NBC的直播频道和已播出节目的视频。2014年12月，NBC又同步开展了电视无处不在业务的推介活动，口号是“没有电视看电视”（Watch TV Without The TV），大力推广线上视频业务。

2015年，MSNBC在脸书（Facebook）上推出了两个新栏目以吸引年轻观众，一是在早间时段更新的突发新闻栏目，二是在晚间时段更新的重大新闻回顾栏目。

2017 年，NBC 率先推出网络视频点播业务（SVOD），包含该公司的原创节目和影视剧。针对国际观众，NBC 推出了名为“HAYU”的网络视频点播业务，主要面向海外女性观众，节目内容主要是美国的真人秀节目等。

（十五）美国哥伦比亚广播公司（Columbia Broadcasting System）

1. 美国哥伦比亚广播公司发展历程

美国哥伦比亚广播公司成立于 1927 年 2 月，原为 16 家广播电台联合组建的独立广播电台联营公司。1927 年 9 月，该公司与哥伦比亚唱片公司合并，组成哥伦比亚唱片广播公司，之后哥伦比亚唱片公司退出，由佩利（W. Paley）接管，公司改称哥伦比亚广播公司。此后该公司推出第一个广播节目，并在纽约的电视台试播电视节目，于 1939 年 10 月正式播出。

美国哥伦比亚广播公司在 1955 年第一次超越 NBC，成为美国第一大广播公司，并在此后的大多数时间里一直占据市场份额首位。1965 年，哥伦比亚广播公司开始播出彩色电视节目。20 世纪 70 年代中后期，由于 CBS 内部的争权夺利，极大影响了对外竞争力。

1995 年 8 月，西屋电气公司以 54 亿美元收购了 CBS。新的 CBS 在广播电视方面重新恢复了领先地位，自此成为美国最大的广播电视集团，39 家电台覆盖了全国市场的 35%，15 家电视台覆盖了全国 1/3 的家庭，并在全国最大的 10 个电视市场中占据 70% 的份额；另有 200 家附属电视台和 585 家附属广播台，互相叠加起来可覆盖全部美国家庭，更是广播业中最大的销售公司，向电视网、地方电视台、有线台和体育台出售节目（郑超然、程曼丽、王琴玄，2000）。

1999 年，美国哥伦比亚广播公司被维亚康姆公司收购。它拥有 14 家直属电视台，附属电视台近 200 家。2006 年，美国哥伦比亚广播公司与华纳兄弟公司合作创办了美国第五大电视网——哥伦比亚及华纳兄弟联合电视网（CW）。

2. 美国哥伦比亚广播公司的节目

1938 年 10 月 30 日，CBS 播出韦尔斯（O.Wells）改编的广播剧《星际大战》，许多听众真的以为火星人入侵美国而发生恐慌。传播学者将此事作为典型的“魔弹论”依据；而社会学家则认为这反映出全国公众当时对战争环境的焦虑心情（陈力丹，2016）。

美国哥伦比亚广播公司的电视新闻节目收视率自 20 世纪 70 年代一直位居首位。这一成就得益于一批出色的电视记者和节目主持人，如 20 世纪 40 年代至 50 年代的爱德华·默罗（Edward Murrow），20 世纪 60 年代至 70 年代的沃尔特·克朗凯特（Walter Cronkite），以及 20 世纪 80 年代涌现的中青年新秀如丹·拉瑟（Dan Rather）、黛安·索耶（Diane Sawyer）等。这些主持人知识渊博、机敏干练、口齿伶俐、个性鲜明、技艺全面，他们主持的一些固定节目，如《现在请看》《晚间新闻》《CBS 报道》《60 分钟》《人物介绍》等都办得很有特色，成为全国最佳节目（程曼丽，2007）。

（十六）美国广播公司（American Broadcasting Company）

美国广播公司是美国三大广播电视公司之一、世界第二大传媒集团，其母公司是美国迪士尼公司（Walt Disney Co.）。该公司总部设在纽约，在美国的休斯敦、芝加哥、洛杉矶、底特律等主要城市均设有直属电视台，在全美还拥有220座附属电视台，同时经营一系列电视台、广播电台、动画电影公司、报纸、系列杂志和书籍、唱片等（郑超然、程曼丽、王泰玄，2000）。

美国广播公司1943年成立于纽约，1953年同派拉蒙公司（United Paramount Theaters）合并，增强了电视节目的制作能力。1985年3月，美国大都会通信公司（Capital Cities）以35亿美元买下美国广播公司2900万股，旗下共拥有225座电视台，电视网深入99.9%的美国家庭。1995年8月，美国大都会通信公司被迪士尼公司以190亿美元收购，此举使迪士尼成为集电视、广播、出版、娱乐、通信为一体的传播娱乐帝国。目前，美国广播公司拥有资金73亿美元，仅次于资金量第一的有线电视新闻网（Cable News Network）（陈力丹，2002）。

为了提高新闻及其他节目质量，美国广播公司不惜高薪聘请知名电视记者和节目主持人。同时，该公司还注重播放有独创性的节目，从而大大提高了收视率，例如其1977年播映的追溯黑人历史的系列片《根》（*Roots*），连续8个晚上吸引观众1.3亿人，成为美国电视史上观众最多的节目之一。近年来，该公司也频频推出一些极具话题度的原创节目，如《谁想成为百万富翁》(*Who Wants to Be a Millionaire*)、《换妻》(*Wife Swap*)等,《绝望的主妇》(*Desperate Housewives*)、《实习医生格蕾》(*Grey's Anatomy*)、《成长的烦恼》(*Growing Pains*)等电视剧也深受美国观众喜爱(李磊, 2008)。

(十七)有线电视新闻网(Cable News Network)

受第二次世界大战的影响,美国电视业自20世纪50年代开始才得到真正发展。由于较早确立了较为彻底的新闻出版自由体制,美国的广播电视业始终以商业性经营为主,竞争始终在民营广播电视公司之间进行,没有像欧洲国家那样,多出一种公营与民营之间的竞争(陈力丹, 2016)。

1972年11月,美国首家有线电视网"家庭影院网"开播。1980年6月,由特纳广播公司总经理泰德·特纳(Ted Turner)创办的有线电视新闻网(Cable News Network,简称CNN)在亚特兰大开播,首创24小时滚动播出新闻频道,每天24小时连续播送新闻,内容不但详尽而且有一定深度。1982年起,有线电视新闻网增办第二套新闻节目,向全国夜以继日播放简明新闻和各种信息(郑超然、程曼丽、李泰玄, 2000)。1990年,CNN因其对柏林墙倒塌事件的连续直播首次在国际上声名大振。1991年,CNN又因其对第一次伊拉克战争(海湾战争)的现场报道再次赢得了声誉。自此,CNN成为世界上最大的有线电视新闻公司。

20世纪末,美国各大传媒集团经历了前所未有的兼并高潮,彻底改变了美国大众媒介所有权的格局。1995年10月,CNN与时代华纳公司合并。据统计，1996年CNN的国内订户有6800万，转播其节目的电视台有380多家；其国外观众遍及全球，达1.07亿，有137个国家的电视台（网）转播其新闻（郑超然、程曼丽、李泰玄，2000）。至2005年年底，CNN在全球已拥有十几亿观众（陈力丹，2016）。一直以来，CNN的整体形象广告和栏目广告都有旗帜鲜明的定位，与网络的紧密结合、新闻的及时性和事件的深度报道，是CNN始终标榜的优势（杨凯，2001）。

随着网络时代的到来，CNN新闻网也在积极进行对用户生产内容的挖掘。2011年3月，CNN“I Report”推出新板块“Open Story”。在CNN设定的报道主题下，用户可分享自己的原创图片、视频以及文字报道或评论，与CNN协同进行重大事件报道。同一主题下的用户报道与评论将通过地图标识、时间排序以及文字综述等方式被整合在同一框架内，CNN记者会将用户撰写的稿件与记者稿件放在一起，多角度地进行主题报道。CNN对2011年日本地震海啸以及占领华尔街运动、2012年伦敦奥运会、2013年波士顿马拉松爆炸事件、2014年乌克兰危机以及弗格森事件的报道，都吸引了众多用户参与（曾祥敏、曹楚，2015）。

（十八）《朝日新闻》（*Asahi Shimbun*）

《朝日新闻》是日本三大报纸之一，创刊于1879年，由木村滕、村山龙平以小报形式在大阪创办（陈力丹、王辰瑶，2014）。该报在1930年由大阪进入东京，与《每日新闻》《读卖新闻》形成了三足鼎立的报业格局。

《朝日新闻》被称为“高雅而不俗”的报纸，一直有着较为稳定的读者群，在知识界和社会上层人士中影响较大（程曼丽，2004）。1919年，该报开始实行股份公司制。朝日新闻社目前是日本最大的新闻集团之一，子公司还包括朝日学生新闻社、朝日文化中心、朝日广告社、朝日旅行社等，涉足了传媒业、不动产、旅游业、零售业等多个领域。

（十九）日本广播协会（NHK）

日本的广播电视业分为公营和民营两大系列。日本广播协会（NHK）的历史最早可追溯至1926年，1946年以前，该机构一直受政府直接控制，长期服务于法西斯宣传。1946年以后，该机构才开始作为公营广播公司运作。除总部外，NHK还设有7个地区局、62个地方广播机构和一个服务性公司——日本媒介传播中心。目前，NHK拥有一个卫星音乐广播台，两个全国性无线电视台（一个播出综合性节目，一个教育电视台），两个卫星电视台（一台主打国际新闻，二台主打娱乐节目），三个全国性无线广播电台（综合性的广播一台、主打教育节目的广播二台和调频音乐台）（陈力丹，2007）。

NHK的最高管理机构是由12人组成的经营委员会，由首相征得参众两院同意后任命，会长由委员会选举产生（陈力丹，2015）。在经营模式上，NHK不播广告，其经费来源主要是收听和收视费，以及国民的自愿捐款。现在收听费已经合并到收视费中，每台电视机年收费约1万日元，卫星广播电视节目另行收费。2005年，由于自愿捐款减少，日本国会为NHK拨款72亿日元。由此可见，日本广播协会是依靠日本国民缴纳的收视费开展经营的公共广播机构，也是日本政府实施相关政策的重点对象（闫成胜，2012）。

在国际传播策略方面，与其他知名电视网一样，NHK 也坚持采取“新闻立台”策略。相较英国的 BBC 和俄罗斯的 RT，NHK 国际频道既无根基深厚的海外知名度与公信力，也缺乏国家资金的有力支持，因此在操作层面更多是将国内频道的优秀新闻节目经“改造”后再移植到国际频道，优先打造节目的品牌，再以之为基础，逐渐扩大频道影响力。依据日本《广播法》，NHK 有义务在重大灾难或危机发生时以最快速度向公众发布预警信息，因此，NHK 与日本气象局、地震局等相关机构保持着密切合作，以保证能对突发性自然灾难做出迅疾反应。另外，日本于 2007 年 2 月建成的全国瞬时警报系统（J-Alert），也能在重大事件（不限于地震、海啸等自然灾害，还包括军事袭击等其他突发事件）发生时直接通过 NHK 电视画面对全国公众发布消息。因此，NHK 在国际新闻传播竞争中的一大优势，主要体现在对突发新闻的反应速度上，其国际影响力和知名度也由此得到了提升（常江，2011）。

（二十）默多克新闻集团（Murdoch's News Corporation）

默多克新闻集团是全球最大的媒体集团之一，创建于 1902 年，主要股东和首席执行官是鲁伯特·默多克（Rupert Murdoch）。20 世纪末，美国报业集团大兼并过程中，默多克的新闻公司购买了 20 世纪福克斯公司、哈珀柯林斯公司、三角出版公司。在此之后，默多克的大众传媒产业持续扩大，旗下拥有电影公司、电视台、报刊、出版公司和音乐公司等一系列产业。在购买了新世界通信集团公司之后，默多克在美国的新闻公司成为美国第三大媒介集团。特别是该集团旗下的福克斯广播公司，改变了美国广播公司三足鼎立的原有格局，成为美国第四大广播公司。2004 年，美国联邦通信委员会和反垄断监管机构批准了默多克新闻集团对全美最大的卫星电视供应商——直播电视公司的收购计划，耗资约 68 亿美元，标志着默多克新闻集团 20 年来进军美国卫星电视市场的梦想终于实现（陈力丹，2007）。2004 年 11 月，该公司总部从澳大利亚阿德莱德迁至美国特拉华州，重组成为现在的新闻集团。

默多克新闻集团是世界上规模最大、国际化程度最高的综合性媒体集团之一，前身是澳大利亚新闻有限公司，现已发展成为庞大的传媒帝国，涉足几乎所有的媒体领域。默多克新闻集团在美国、英国、澳大利亚等地拥有多家报纸、杂志、电视台。此外，默多克新闻集团还间接拥有英国著名的《金融时报》和《经济学家》的股票。国际新闻界有人把该集团称为“默多克帝国”，这个横跨大洋洲、欧洲、美洲的新闻帝国集中了现代西方报业的主要特征，既是庞大的国际性垄断集团，又是现代传播工具的联合企业，控制了英、美、澳大利亚多种报纸、广播台、电视台、电影制片厂和其他多种企业。

2013 年 6 月 28 日，默多克因旗下出版业发展的滞后，将新闻集团的出版业和影视业拆分为两个部分，即新闻集团和 21 世纪福克斯公司。对于默多克新闻集团的拆分活动，Bernal（2015）

认为这种拆分有利于其发展（21 世纪福克斯公司的收益增加了），虽然受到“世界新闻报窃听事件”丑闻的影响，但默多克集团在拆分之后，其在传媒世界的主导地位和巨大影响力并没有减弱（李艳艳，2018）。

（二十一）《联合早报》（*Lianhe Zaobao*）

《联合早报》全称为《南洋·星洲联合早报》，创刊于 1983 年 3 月 16 日，属于华文报集团。初期由莫理光、黎德源分别担任第一和第二总编辑，1986 年莫氏调任培训与评估部顾问后，黎德源升任总编辑。1993 年 12 月黎氏卸任后，由林任君继任总编辑至今。该报日出对开 60 多版，简体字横排，除了刊登国际新闻、本地新闻之外，偏重文化娱乐及体育新闻，辟有大特写、龙门阵、工商之家、社团天地等专版，还办有学生副刊《新一代》（程曼丽，2007）。该报不仅在新加坡华人社会很有影响力，在东南亚各地也有不少读者，受到各阶层的欢迎。此外，该报还与境外新闻机构，尤其是与中国、马来西亚建立了广泛的业务往来，致力于推广华语、发扬汉文化。1995 年，《联合早报》通过亚洲一号站进入互联网，是东南亚国家第一家上网的报纸。

（二十二）《悉尼先驱晨报》（*The Sydney Morning Herald*）

《悉尼先驱晨报》由约翰·费尔法克斯（John Fairfax）和查尔斯·肯普（Charles Kemp）创刊于 1831 年，是澳大利亚历史最悠久的报纸之一。长期以来，该报在形式和内容上均受到英国报纸的显著影响，直至1944年，它才改变了仿效英国报纸（早期报纸）头版只登分类广告的做法。该报的金融、商业版质量较高，常刊登一些驻外记者撰写的报道和各种地方新闻，也颇为重视对联邦政府内外政策的报道和评论。20世纪50年代苏伊士运河危机时期，澳大利亚许多报纸皆表示支持英法立场，该报却谴责了英法的侵略行径，历史证明了它的正确性。该报重视资料的收集和保存工作，报纸的缩微胶片内容齐全（程曼丽，2007）。

（二十三）埃菲通讯社（Agencia EFE）

埃菲通讯社是西班牙最大和在西班牙语世界最有影响力的新闻通讯社，1939年1月创办于布尔戈斯，次年迁至马德里，由法布拉等通讯社合并而成。它名义上是商业性质的通讯社，但由国家提供部分经费，政府任命社长，其性质实际属于西班牙半官方半商业的新闻媒体。该社20世纪70年代后逐渐面向国外，特别注重向拉美地区发展，成为国际性通讯社。该社现拥有3000多名职业记者，分驻在世界各地，从110多个国家180多座城市全天候发送新闻。它在国内有13个分社，在国外则设有80多个分社，其中拉美有28个分社，占驻外记者的半数。该社每年对内播发10万多条国内外新闻，约2亿字，传真新闻照片33 500张，各种专稿5600多篇，各种资料3200万份（陈力丹，2015）。为了鼓励成绩卓著的记者，该社还设立了“阿斯纳尔新闻奖”和“埃菲新闻奖”。

（二十四）《晚邮报》（*Corriere Della Ser*）

1876年，卡里多·帕维西（Carido Pavisi）在米兰创办了《晚邮报》，托雷利·维奥利尔（Torreli Viollier）担任总编辑。报纸持温和自由主义倾向，初期每期发行300份，至1880年达到1万份。尽管不久后改为早报，但这个报名一直保留了下来（陈力丹，2007）。1885年，《晚邮报》由纺织工业家克雷斯皮（Crespie）买下，阿伯蒂尼（Abertini）接任总编辑，采用美国办报经验，把工业效率原则与报纸政治性原则很好地结合起来，使报纸走上了企业化管理之路。《晚邮报》也逐渐成为意大利最具影响力的商业报纸，报社则成为一个出版多种报刊的企业集团。

（二十五）安莎社（Agenzia Nazionale Stampa Associata）

1945年，斯蒂法尼通讯社解体之后，12家日报以合作形式在罗马成立了全国新闻联合通讯社，缩写发音即安莎社。这是一家非官方、非营利性的合作通讯社。1949年后，政府为该社提供补贴，并有权任命其主要领导人，使该社从此成为半官方通讯社，也不再强调此前标榜的“独立、客观、超党派”的宗旨。自20世纪70年代末起，安莎社开始进行大规模的技术革新，至1982年，该社消息收发中心已全部实现电子计算机化，国内分社达到14个，国外分社达到69个，每天使用意、法、英、西班牙、葡萄牙5种文字发稿约30万字符（陈力丹，2007）。

至今，安莎社依然是意大利最大的通讯社，共有 22 个国内分社，83 个国外分社和记者站则分布在 78 个国家。此外，安莎社在布宜诺斯艾利斯还设有一个总分社，负责拉美地区的新闻发布。

（二十六）塔斯社（TASS）

苏维埃社会主义共和国联盟电讯社于 1925 年 7 月 10 日正式成立，简称塔斯社，是苏联的中央新闻机构，主要职责是向苏联及国外发布有关苏联和外国的政治、经济、贸易以及其他一切能够引起共同注意的消息。该机构受苏联人民委员会领导，主要领导也由该委员会任命。

20 世纪 30 年代至 40 年代，塔斯社成长为世界性通讯社。在“二战”前的和平建设年代，塔斯社积极报道国家的建设成就，表彰人民群众的劳动业绩，对国际形势也进行了广泛、深入的介绍与分析，为苏联人民提供了大量信息。此外，该社在卫国战争和宣传苏联成就过程中也发挥了重要作用。“二战”后，塔斯社发稿所用的文种逐渐增加，技术设备不断完善，服务范围进一步扩大，驻外记者的人数也大大增加。它发布的新闻在占世界人口总数 39% 的国家传播，对国际社会的影响越来越大（程曼丽，2007）。1971 年 12 月，塔斯社升格为政府一级机关。苏联解体前，塔斯社是世界上最重要的通讯社之一。苏联解体后，塔斯社与苏联新闻社合并为俄罗斯新闻社，简称俄通社，以“俄通社—塔斯社”的电头发稿，1993 年成为俄罗斯国家通讯社。

（二十七）加拿大贝尔公司（Bell Canada Enterprise）

贝尔公司是集加拿大最大的民营电视公司、最大的全国性报纸和网络传播网站为一体的综合性媒介集团。

21 世纪初，美国媒介集团之间的竞争日益加剧，引发了加拿大媒介的兼并风潮。2000 年 9 月，加拿大电视网有限公司（Canada Televion）的母公司 BCI（Bell Canada International）电信公司和老汤姆森集团（Thomon）合作创建了一家新公司，将加拿大最大的民营电视公司 CTV、最大的全国性报纸《环球邮报》以及作为主要网站之一的 Sympatico Lycos 组合成为贝尔公司，其中资历较老的汤普森集团拥有其中的三成股份。

贝尔公司旗下的子公司贝尔全球传媒公司（Bell Globe Media）现拥有加拿大电视网有限公司，这是加拿大第一家，也是本土最大的民营电视公司。它创立于 1961 年，由 25 家民营电视台联合投资组成，总部设在多伦多，在国内设有 8 个分部，在世界的 8 个主要城市设有常驻记者，节目覆盖加拿大人口的 99%。贝尔全球传媒公司旗下的多伦多数字卫星台 Express Vu 于 1997 年 9 月开播（陈力丹，2002）。

（二十八）《墨西哥公报》（*La Gaceta de Mexico*）

1722 年 1 月 1 日《墨西哥公报》在墨西哥城创刊，由西班牙殖民当局创办，是墨西哥最早的定期刊物。早在 1722 年 1 月 10 日，在南部尤卡坦地区出现了第一家墨西哥地方报纸《墨西哥和新西班牙消息报》，创刊人是当地一位西班牙主教胡安·伊格纳西奥，由于该报是地方性报纸，影响力有限，只存在了6个月。同年神父卡斯多莱纳在墨西哥创办《墨西哥公报》（旧译《墨西哥学报》），该报每5天出版一期，每月出版6期，由总督批准，作为官报得以持续出版。报纸的创刊号就其宗旨阐述道："根据欧洲各国宫廷及主要首都的惯例，定期将发生的大事汇编成册，印行公布，俾世人得知天下大事。"（艾·巴·托马斯，1973）

该报在整个18世纪一直处于墨西哥报业的领导地位，首府附近省份陆续出现的一些官方"公报"，如《马德里学报》《此地学报》等纷纷效仿其办报风格（陈力丹，2002）。

（二十九）墨西哥电视公司（Grupo Televisa S.A.B）

墨西哥电视公司是由阿莱曼集团控制的主要媒介公司，拥有4个无线电视台和近300座地方电视台、1个有线电视网和1个卫星数字电视网、17家广播电视台、几十家报刊、3家唱片公司，其触角已经伸向墨西哥社会的各个领域。

如今的墨西哥新闻业有两个最大的媒介集团：一个是以报业为主，兼顾其他新闻媒介的阿拉贡集团；一个是以电视业为主，兼顾其他新闻媒介和体育、娱乐产业的阿莱曼集团。1968年，墨西哥的蒙特雷财团创办独立电视台，与当时控制墨西哥电视业的阿莱曼财团发生利益冲突。1973年1月，在政府的调解下，双方合并为墨西哥电视公司。20世纪80年代起，有线电视进入墨西哥，至1997年已有145个有限电视台（网），拥有11万用户。墨西哥电视公司的"有线电视网（Cablevision）"拥有18

万用户，居全国首位。

（三十）巴西环球电视公司（Rede Glob）

巴西环球电视网前身是伊里内乌·马里尼奥（Irineu Marinho）1925 年创办的《环球报》（*Globo*）和马里尼奥家族（Mariniho）1945 年创办的环球广播电台。1965 年马里尼奥家族再建环球电视台，在 20 世纪 70 年代以后逐渐形成巴西最大的综合性媒介网络。

目前，环球电视网拥有 9 座直属台和 68 座附属台，是南美地区最大的电视企业之一，每天播出 21 小时，节目覆盖 90% 以上的国土，该台制作和播出的节目在巴西收视率很高，其中新闻、连续剧及文艺、妇女类节目颇具特色。

1989 年，巴西第一家有线电视网“四月电视网（TVA）”开播，环球集团紧随其后开发了有线电视和卫星数字电视。目前，环球电视集团开办的“巴西有线电视网”（NET Brazil）以及该集团和“拉美空中广播电视”（SLA）联合运营的数字化“环球卫星频道”（Globosat）在巴西本土拥有有线电视和数字卫星电视四分之三的用户。

（三十一）印度报业托拉斯（Press Trust of India）

印度报业托拉斯，简称印报托，是印度最大的通讯社，前身是 1910 年建立的印度联合通讯社，1919 年被路透社收买，成为其附属机构。印度独立后，印报托接替了印度联合通讯社和路透社在印度的业务，于 1949 年 2 月正式发稿。在国大党长期执政时期，该社带有半官方性质，现在是较为独立的印度私人通讯社。

印报托总部设在孟买，在国内设有 50 多个分社，在国外 10 多个城市设有分社，订有路透社、法新社新闻，与共同社、南通社、波通社、德新社等交换新闻。

印度的主要通讯社有印度报业托拉斯、印度联合新闻社、印度斯坦新闻通讯社和印度新闻社四家，1976 年 2 月一度因国大党政府命令合并为萨马查尔通讯社（Samachar）。1977 年印度人民党新政府成立后，根据新闻界联合倡议解散了萨马查尔通讯社，恢复了四家通讯社的独立经营权。

（三十二）《六二九宣言》（*June 29 Declaration*）

《六二九宣言》是 1987 年 6 月 29 日韩国发布的一项政策宣言。20 世纪 80 年代初期，全斗焕政府执政，在引领韩国经济腾飞的同时，也在政治上实施“言论整肃”。1980 年 12 月，韩国政府颁布《言论基本法》，规定各新闻媒介“自发”改组合并，政府文化公关部政策局每天发出具体报道要求。1987 年 6 月，以汉城大学学生朴钟哲反对独裁统治被逼供致死为契机，韩国各地爆发了大规模游行示威活动，史称“六月民主运动”。《汉城新闻》等 26 家报社发表宣言，要求维护言论自由，废除《言论基本法》，释放被捕的新闻界人士（郑超然、程曼丽、王泰玄，2000）。

1987 年 6 月 29 日，民主正义党代表委员卢泰愚在舆论的压力下发表《民主化宣言》，确认新闻自由，废除《言论基本法》。

同年，国会通过《关于定期刊物登记等的法律》等一系列法律条文，预示着韩国新闻界开始走向法制化管理阶段。此后，一些新报纸纷纷涌现，报界开始了真正市场化的竞争（陈力丹，2002）。

（三十三）韩国广播公司（Korean Broadcasting System，KBS）

韩国广播公司成立于 1973 年 3 月 3 日，是根据韩国新广播法改组而成的所谓国营广播机构，经理由总统根据文化公报部部长提名任命，经济来源是电视收看费和广告（郑超然、程曼丽、李泰玄，2000）。

KBS 是韩国最大的广播机构，拥有 3 个电视频道、4 个广播频道，下属无线广播局 26 个、电视广播局 17 个，总资产 3.8 亿美元。该公司的广播电台和电视台在同一系统中居主导地位。KBS 电视台的 3 个无线频道中，第一频道（新闻频道）占韩国电视播出时间的 32.8%，比重最高（陈力丹，2016）。该广播公司还同时办有 3 套电视节目，第一套节目中，新闻和教育节目占比 80% 左右；第二套节目中，有 50% 的教育节目；第三套节目则全是教育节目。

20 世纪 80 年代，韩国的广播事业主要由“韩国广播公司”（KBS）和“文化广播公司”（MBC）控制（郑超然、程曼丽、李泰玄，2000）。目前，韩国有两家全国性公营电视台（KBS 和 EBC），1 家全国性的民营电视台（MBC），7 家全国性的商业广播电视机构（陈力丹，2016）。

（三十四）《罗盘报》（*Kompas*）

《罗盘报》是印度尼西亚发行量最大、最具影响力的报纸，在印尼享有很高的声誉。《罗盘报》创刊于 1965 年 6 月 28 日，由罗盘学术集团（Kompas Gramedia Group）出版发行，首次发行量为 4800 份，语言为印尼语。它以深度报道和调查性新闻闻名，观点比较客观求实，经常派记者采访国际重大事件。中国与印尼恢复外交关系后，该报曾多次刊登有关中国的报道，还在香港设有分社。

该报最初由艾哈迈德·亚尼（Ahmad Yani）创办，雅各布·奥特马（Jakob Oetama）担任第一任主编。《罗盘报》的办报理念为"传达人民的苦难"，以"为人民代言"为己任。它最初的名字是"Bentara Rakyat"，意为"人民的传令官"；后更名为"罗盘报"，意为"方向指导的工具"。

1969 年，《罗盘报》开始在印尼全国范围内发行，成为全国性日报。至 2011 年，《罗盘报》日发行量为 50 万份，周末发行量达到 60 万份。从版面构成看，《罗盘报》由头版的国内新闻和国际新闻版、商业金融版、体育版构成。《罗盘报》周末版偏重于文化娱乐内容，比较著名的是其登载的连环漫画（刘新鑫、李婧、梁孙逸，2015）。

（三十五）安塔拉通讯社（Antara，ATR）

安塔拉通讯社是印尼最大也是唯一一家国家通讯社，成立于 1937 年，总社设于雅加达。安塔拉通讯社成立于印尼民族解放运动的特殊历史环境下，凭借广泛的新闻信息资源，在印尼独立战争中向民众提供了及时的战争信息，并间接对外宣传了印尼争取民族解放和独立的必要性与合法性。

在印尼独立初期，包括安塔拉通讯社在内的所有媒体均属国有性质，它们是政府面向社会的传声筒，一切传播行为皆体现了国家意志和政府意愿，新闻来源基本来自官方，新闻传播内容也要接受政府审查（刘新鑫、李婧、梁孙逸，2015）。作为印尼最有影响力的早期媒介机构，安塔拉通讯社充分发挥了自身功能，促进了印尼媒体的专业化发展，并通过对新闻资源的整合，逐步形成了新闻传播事业为国家所有、新闻传播要为国家发展服务的发展方针。

（三十六）《埃及事件报》（*al Waqa'i' Masriyah*）

19 世纪 20 年代，开罗布拉格区出现了埃及第一家印刷厂。时任奥斯曼帝国驻埃及总督穆罕默德·阿里（Muhammad Ali-Haj）于 1827 年创办了《总督报》，1828 年更名为《埃及事件报》。初期这家报纸是月报，后来期距逐渐缩短，19 世纪 60 年代以后开始定期出版。该报最初使用土耳其文，很快改为土耳其文与阿拉伯文两种文字并行，后来改为只使用阿拉伯文。

这家由官方出版的报纸主要发布官方新闻、政府通令和公告，同时也带有浓厚的阿拉伯文化传统，有较多的“讲故事”内容，曾刊登《一千零一夜》的故事。该报第一任主编精通法文、历史、地理和现代科学知识，翻译了大量西方科技书籍。由于当时埃及的文化人士稀少，报纸编辑部即成为他们的聚集地之一；报纸的几任主编，均是较为著名的阿拉伯文化人。在总督阿里和其身后几任世袭总督的维新思想影响下，《埃及事件报》虽为官办性质，但对思想的控制始终相对宽松，在政府许可的范围内展开过一些思想探讨，在文学和社会问题研究方面也有一些成就（陈力丹，2016）。

（三十七）金字塔出版社（Al Ahram Publishing House）

金字塔出版社是埃及最大的印刷媒介集团，共有员工 1.2 万人（其中编辑记者约千人），已经介入多种其他产业，年收入超过 1 亿美元。

该社主要出版《金字塔报》，它不仅是埃及第一大报，也是阿拉伯世界第一大报，被视为代表阿拉伯国家的主要媒介。该报在海卡尔（Heikal）和纳菲（I. Nafie）主持工作时期获得了较快发展，以消息及时、信息量大、文字简短、标题醒目、内容广泛为特征，现分为国内和国际两个版本，在埃及国内各省和国外 11 个大城市设有分支机构。其中，国内版每天设 20 多个版，在全国设有 5500 多个发行点，每天出版 3 次，发行量 110 万份；国际版在伦敦出版（后增设纽约印刷点），面向欧洲和北美发行，每天设 14 个版，通过卫星发往国外印刷地点，总发行量近 20 万份。

此外，该社还以阿、英、法等文字出版了 10 多种周刊杂志，内容涉及政治、经济、文化、社会、家庭、军事、体育等诸多领域。其中的《金字塔经济学家》（*Al Ahram Economist*）杂志创刊于 1959 年，最初为月刊，1970 年改为双月刊，1980 年起改为周刊，逐渐成为埃及重要的经济新闻和经济学研究周刊，发行量现已达到50多万份（陈力丹，2016）。

（三十八）多甘集团（Dogan Media Group）

多甘集团，又称多安集团、道昂集团，是土耳其的私营媒介集团。土耳其的私营媒体特别发达，多为私营财团掌控，主要包括多甘集团、默克兹集团、库库罗瓦集团、伊赫拉斯集团、多乌什集团以及费萨集团。所有的商业频道和报纸均归这些跨媒介的集团所有，印刷媒体的发行垄断主要在道昂集团和默克兹集团手中（郭之恩，2010）。多甘集团在土耳其的私营媒体中位列前四。

多甘控股集团在1979年收购《国民报》后涉足媒体业，1997年在旗下建立多甘媒体集团，创办和并购了众多广播和电视、报纸、杂志、图书出版发行和数字播控平台，成为土耳其最大的媒体托拉斯，市场占有率一度近40%。多甘集团目前拥有《自由报》、多甘报业和“这里是多甘”三家媒体上市公司，以及多甘通讯社、4份报纸、4份杂志、3家全国性电视台、20个数字和卫星电视频道、3家电台、1个网络电台和相关网站、D-Smart数字播控平台、电视购物平台、TME跨国广告播出公司。其中，《邮报》和《自由报》为土耳其发行量最大的报纸，CNNTURK和D频道为知名电视台（胡邦胜，2016）。

（三十九）《开普敦公报和非洲广告人报》（*Cape Town Gazette and African Advertiser*）

《开普敦公报和非洲广告人报》是南非第一家报纸，也是非洲大陆最早的现代新闻媒介，是在英布战争前的南非不经意间诞生的。

1795年6月，荷兰国内发生革命，执政的奥兰治王子逃亡英国。当年7月，一支英国舰队带着王子致开普敦总督的一封信抵达南非，要求其将权力移交给英国人。时任南非总督斯吕斯肯斯（Sluskens）友好地接待了舰队，但要求等待阿姆斯特丹的正式指示。一个月后，总督才从英国人漏检的几份过往美国船只上的荷兰文报纸和信件中获悉国内发生政变，王子已经投靠了英国，进而引发了南非的荷兰人和英国人之间的战争，南非的荷兰人最终战败。此后，一位随舰队来到南非的英国人因随身携带了一台简易印刷机上岸，遂试验性地出版了名为《开普敦公报和非洲广告人报》的报纸。该报为单页周报，同时使用英文和荷兰文出版，传播范围很小，是英国殖民当局在南非出版的一种类似公告牌性质的印刷品，至1819年停办（陈力丹，2016）。

（四十）多选集团（Multi-Choice）

1986年，南非政府迫于国内外舆论的压力，批准设立私营电视网，使得南非电子媒介电视网（Electronic Media Network，简称M-NET）应运而生。该集团即为当前南非多种选择集团（Multi-Choice）的前身（郑超然、程曼丽、李泰玄，2000）。

1995年10月1日，M-NET扩张成为南非最大的民营卫星电视公司“多种选择集团”（简称“多选集团”），在海外以“MIH”名号活动。多选集团发射的APS-4卫星可以覆盖整个非洲大陆，其卫星电视平台现有100多个频道，其中转播外国的著名频道40多个（包括CNN、BBC以及中国的CCTV-4频道等），成为南非观众最多的电视台。此外，M-NET电视公司还借助这颗卫星，向非洲44个国家传送节目。

多选集团旗下包括全资附属公司M-NET电视公司、实施传播技术开发的易得图公司（TRDETO）、实施技术管理的多选公司（MCC）、频道传讯公司（Orbicom）和其他市场营销、技术传输、节目制作公司，以及一些非全资的控股公司。由于其大部分节目委托独立制片公司完成，M-NET付费电视公司的正式工作人员仅有320人，兼职人员120人，运营成本很低。多选集团现在也是腾讯的最大股东（陈力丹，2016）。

（四十一）约翰内斯堡广播电台（Johannesburg Broadcasting Station）

约翰内斯堡广播电台是南非广播公司的前身。1923年，南非铁路公司创办南非第一家广播电台约翰内斯堡广播电台。1924年，该公司又建立了开普敦电台和德班电台。1927年，上述三家广播电台合并为南非广播公司，呼号为“非洲广播电台”，总部设在约翰内斯堡。1936年，南非广播公司被改组为仿照英国 BBC 模式的公营南非广播公司（SABC）。1937 年，该公司开办非洲荷兰语的第二套广播节目，1942 年，开办黑人语言的第三套节目（陈力丹，2007）。

南非广播公司作为南非全国性的公营广播电台机构，建立后陆续开办了对外广播和班图语广播。该公司 1961 年在约翰内斯堡开办调频广播，各套广播节目一般均使用中波、短波和调频波段，使用英语和阿非利堪斯语（南非的公用语，来源于 17 世纪的荷兰语）。其目前经办 7 套对国内的广播节目，每天各播出约 18 小时至 19 小时，均为综合性节目。此外，该公司还设有 10 座地区性广播电台、8 座使用本地语言的广播电台和使用 12 种语言的对外广播，另设有 4 套电视节目（甘惜分，2002）。

（四十二）尼日利亚《每日时报》（*The Daily Times*）

尼日利亚《每日时报》目前是尼日利亚影响较大且发行量最大的英文日报，同时也是西非第一大日报，1989 年日发行量为 40 多万份，在非洲黑人报纸中名列第一。

1926 年，处于英国殖民统治下的尼日利亚商人于首府拉各斯创办了《每日时报》（*Daily Times*），随后英国《每日镜报》集团获得了该报的大部分股份（陈力丹，2012）。1953 年，该报又在拉各斯创办了星期日版《星期日时报》（甘惜分，2002）。1975 年 8 月，尼日利亚联邦政府收购了该报 60% 的股权，持有该报最多股份。

（四十三）尼日利亚通讯社（News Agency of Nigeria, NAN）

尼日利亚通讯社是尼日利亚全国性的新闻通讯社，于1976年10月5日建立，1978年正式运行。

NAN直接受联邦政府信息部的监督和管理，是尼日利亚唯一的全国性通讯社，被授予采集尼日利亚新闻并出售给外国媒体的垄断性权力。通讯社总部设在拉各斯，总社设有社长室、编辑部、行政管理部、经理部和技术服务部，在全国36个州派有300多名记者，在21个州和新首都阿布贾均设有分社，在阿比让、内罗毕、哈拉雷、开罗、贝尔格莱德、伦敦、纽约、华盛顿和莫斯科均设有常驻记者站。该社与路透社、法新社、美联社、塔斯社、新华社、德新社、泛非社、国际新闻社以及石油输出国组织通讯社均订有新闻交换协议（甘惜分，2002）。该通讯社的主要职责是为国外而非国内媒体提供关于尼日利亚的新闻，其宗旨是"告诉世界一个完整而客观的尼日利亚"（陈力丹、董晨宇，2012）。

（四十四）旗帜集团（The Standard Group，SG）

旗帜集团是肯尼亚国内一个所有权复杂的私营媒体集团，其所有者主要是一群与前总统莫伊有关的商人。20世纪90年代中期，该集团收购了《旗帜报》（*The Standard*）和KTN广播公司，并于1996年9月创办了Capital FM广播电台。SG以《旗帜报》为集团旗舰，将《旗帜报》与KTN的产品融合到一个网络平台上，但新闻数量较少且深度报道不多。

《旗帜报》的前身为《东非旗帜报》，由印度商人创刊于1902年，现为英文日报，日发行量7万份，是政府政策的主要批评者，也是《民族日报》的主要竞争对手。如果连续计算年份，该报是肯尼亚历史最悠久的报纸。KTN则是肯尼亚第一家免费的私营电视台，1989年在内罗毕创办，最初只播出英语节目，在20世纪90年代即以其老练、攻击性强和独立的新闻作风而闻名。该台的出现打破了国家对电视台的垄断，使肯尼亚成为非洲第三个允许私营电视台存在的国家。1992年，KTN获得了当年奥运会以及其他几个国际事件的转播权，表现出强大的竞争力，也迫使肯尼亚国营电视台KBC改善了其节目质量（陈力丹、刘晓媛，2010）。

（四十五）澳大利亚广电业多种文化政策（Australian Broadcasting Industry Multicultural Policy）

“多元文化主义”（multiculturalism），是20世纪50年代至60年代出现的一个描述现代社会文化和民族多样性的术语，而“多元文化主义”作为一项国家政策，要求政府对这种文化多样性采取适当的保护措施。

历史上的澳大利亚是一个典型的移民国家，也是一个长期坚持单一民族、单一文化政策的国家；但在多元文化主义席卷西方的过程中，它成为继加拿大之后第二个把“多元文化”宣布为国家政策的国家。由于澳大利亚的移民较多，移民后代占国家人口的30%以上，20世纪70年代初期，澳大利亚政府开始实施多元文化政策来处理民族文化多样性问题。在 1989 年通过的《一个多元文化的澳大利亚的国家议程》中，澳大利亚政府把多元文化政策确立为国家的基本国策，之后历届政府都对政策进行了积极推进。在一定程度上，“二战”后民族文化多样性的形成和发展，是澳大利亚多元文化政策产生和发展的基础。

“多元文化”政策的基本内核是：在所有澳大利亚人对澳大利亚承担压倒一切的和一致的义务的前提下，政府认可和保护民族、文化多元共存。在文化上，主张保持各民族的传统文化；在政治上，要求各民族群体的平等权利；在经济上，强调各民族人民的机会均等；在社会生活上，促进各民族人民的平等参与。该政策旨在建立这样一种社会，在其中，“来自不同民族、文化背景的人群能够和平共处，共同作为澳大利亚人而生存”（杨洪贵，2006）。

而在广电业方面，“多元文化”政策主要由“特别广播机构”（Special Broadcasting Service，简称 SBS）这一机构施行。因为澳大利亚国内移民分别使用数十种语言，为了适应移民群体的多元需要，1978 年元旦，澳大利亚政府设立了“特别广播机构”。这一机构是政府公营机构，既不属于澳大利亚广播公司，也不属于商业台，而是以特定的少数民族为服务对象的小规模非营利性广播电台，以赠金、国家和州补贴为经济来源，原则上不播广告（郑超然、程曼丽、王琴玄，2000）。自 1991 年起，为保障机构的运营经费，政府开始允许其下设媒体有限制地播出广告（每小时限 5 分钟）。

SBS 的设立开创了澳大利亚广播电视的特色，同时也得到了联合国教科文组织和许多新闻传播学者的肯定。这个特色的公营机构目前设有广播、电视节目各一套。其中，广播电台每天用 60 种语言或方言向国内广播，电视则每天在不同时间向国内播出英、法、德、俄、中、意、希腊等语言的节目，内容包括新闻、综合艺术、教学、体育等（程曼丽，2007）。同时，其电视台还根据美国模式，在澳大利亚首次安装了闭路字幕装置，使失去听力的观众也可以欣赏电视节目。此外，为鼓励媒体制作国产节目，政府对该机构下设媒体播出的进口节目也有一定限制（陈力丹，2016）。

（四十六）《新西兰公报》（*New Zealand Gazette*）

影响新西兰早期新闻传播业发展的两个重要因素是英国在新西兰的殖民统治和社会的多元化。与英国的历史联系使得新西兰的早期新闻传播业受到英国的直接影响，而社会的多元化则使得新西兰的传媒业呈现多元化趋势，奠定了其施行自由主义新闻政策的根基，也影响了新西兰报刊业的发展。

1840 年 4 月 18 日，英国的“新西兰公司”创办了新西兰第一张报纸《新西兰公报》，承办人为该公司的雇佣报人塞缪尔·雷万斯（Samuel Revans），出版地点为赫特河谷。该份报纸只维持了 4 年。

《新西兰公报》出版后，新西兰全国各地先后出版过 67 种报纸。由于当时报纸的读者数量太少且不稳定，上述报刊多数不是停刊就是被合并。直至其出版 20 多年后，一批报纸才稳定下来，奠定了现在新西兰报业的基础（陈力丹、任馥荔，2013）。

（四十七）读卖瓦版（かわらばん）

从16世纪起，西班牙、葡萄牙、荷兰、英国等西方国家开始与日本通商，一些现代科技通过“兰学”（以印尼的荷兰人作为中介传播的、各种西方科学知识的总称）传至日本。尽管自16世纪末起，日本实行了近300年的“锁国令”，但还是在德川幕府（1603—1867）统治时期出现了简单的新闻传播形式，即所谓的“读卖瓦版”。这是一种通过烧制瓦版而拓印的单页新闻纸，内容大多是各种突发事件，如地震、火灾、战争、自杀、殉情等。除了文字之外，“瓦版”上还会配上图画，印好后拿到街上叫卖。

最初的“瓦版”以社会新闻为其主要内容。至17世纪三四十年代，由于日本经济出现了混乱局面，幕府统治摇摇欲坠，这时的“瓦版”中也出现了狂歌、讽刺短诗，隐讳地抨击当时的统治者（叶翠娣，1982）。

现存最早的读卖瓦版是1615年的《大阪夏之阵图》，记载了这年夏天发生在大阪的一次战争。这份“瓦版”是以图为主，有简略的文字说明，图文并茂。1818年，这种简陋的古代社会性质的新闻传播最终消失（陈力丹，2007）。

第二章

中国新闻业历史

一、中国古代的新闻传播情况

（一）进奏院状（Jin Zou Yuan Zhuang）

1. 进奏院状的发展历程

进奏院初现于唐代，是藩镇驻京机构，因职能与“邑”、汉“邸”相近，也被唐人称为“邸”。进奏官向藩镇“报事”的文书便是“进奏院状”。“状”是一种下级写给上级的官文书。进奏院状报由进奏官写给自己的上级节度使，故冠以“状”字，有时也称“状报”“报状”“上都留后状”“留邸状报”“邸史状”“报”等。

唐代进奏院状仅存两份，20世纪初现于敦煌莫高窟，后被法国人伯希和（Paul Eugène Pelliot）、英国人斯坦因（Marc Aurel Stein）劫走，分别藏于巴黎国家图书馆和伦敦大英图书馆。两份进奏院状分别作于唐僖宗乾符五年（878）、光启三年（887），内容都是归义军节度使留后张淮深（驻地沙洲，今敦煌地区）汇报进京特使情况，文字均为右起竖排，以毛笔书于横条纸卷（王润泽、赵云泽、陈继静、余玉，2015）。

2. 进奏院状的主要内容和特点

进奏院状主要涉及以下几方面的内容：皇帝的起居活动，皇帝的诏旨，官吏任免事项，臣僚们的章奏，其他军事政治方面的重要信息。此外，这些报状还有以下一些特点（方汉奇，2002）：

第一，它是不定期地由派驻首都的进奏院向地方传发的，其读者主要是地方的藩镇和诸道长官。

第二，它在行文上还保留有某种官文书的痕迹，但不同于一般的官文书。它所提供的官方信息，往往早于正式的官文书。

第三，它所提供的信息，绝大多数属于朝廷的政事活动，有的和收阅者有直接关系，有的则并无直接关系。

第四，它所提供的信息，有一些是进奏官们自行采集的，有一些则是从他们获得的朝廷动态消息中筛选出来的。他们所着重传报的，往往是他们的主官们相对关注的那一部分内容。

3. 进奏院状的性质

有观点认为，进奏院状只是官文书的一种。其格式与同类官文书相近，具有特定作者和读者，只是转送环节少，级别低，格式简省，送达更快而已（张国刚，1986）。

但也有其他观点认为，进奏院状堪称古代报纸雏形。进奏官多为武将，主要任务不是草拟官文，而是打探消息、通风报信。进奏院状侧重报告新近消息，不似官文书严肃刻板，而是准确生动，仿佛新闻特写。进奏院状似乎不定期发送，行文以时间为序。开头结尾虽有官文书信格式，提供的信息却早于官文书发布。因此，进奏院状内容近乎内参，形式近乎西方 16 世纪出现的新闻信，可算是古代报纸的雏形（方汉奇，1996）。

（二）开元杂报（Kaiyuan miscellaneous Newspaper）

关于中国古代有系统的新闻传播，通常可追溯至8世纪唐代的“开元杂报”。中国报纸的开端出现于唐朝，以封建官僚机构内部发行的官报为主。有关唐代官报的文字记载，最早的是孙樵《经纬集》中的《读开元杂报》一文，这也是唐代人详细记载“开元杂报”的唯一文献，对“开元杂报”的外观和内容进行了详细描述。

被其称为“开元杂报”的数十幅书，其实是孙樵为了行文方便自拟的称呼，意为开元时期的“杂报”，是当时“条报朝廷事”的一种载体，是类似“进奏院状”“邸吏报状”的早期官报，并没有固定的刊期和报头，是封建中枢部门设立编制公开发布的封建宫廷官报的前身。现在，“开元杂报”的原件已经失存（方汉奇，2014）。

（三）邸报（Tipao）

1. 邸报的发展历程

“邸报”又称“邸抄”（亦作“邸钞”），“邸”意为郡国王公的驻京宅邸，其常驻代表为“邸吏”。“邸报”是中国古代专门用于朝廷传知朝政的文书和政治情报的新闻文抄的统称，是用于通报的一种公告性新闻，同时有“朝报”“邸吏状”“杂报”等别名。

汉代以后，邮驿制度有了进一步发展，首都长安设立了供地方官员和周边属国通报信息的“邸”，隋朝东都洛阳上春门外夹道南边设有众多“邸”，邸吏所传达的文件即为早期的邸报雏形。唐代出现了经由进奏官传发给各藩镇，用来介绍朝廷政事动态和各项消息的书面报告，此类材料名称众多，如“进奏院状”“报状”“邸吏状”等，其性质接近邸报（方汉奇，2002）。

宋代以后历代的邸报，主要内容也基本相似，包括皇帝的诏旨、皇帝的起居、官吏的任免、臣僚的奏章、军事情报、刑罚等。宋代还有新近制定颁发的法令条例，三省枢密、六曹、寺、监、司的宣符牒，皇帝或宰辅要求条布报行的有关材料。宋代“邸报”的发报制度，以太宗太平兴国六年为界，前后有所不同。此前由地方诸路州郡设在首都的进奏院和进奏官们自行采集编发，没有统一的章程；此后则由中枢有关部门实行集中管理、统一发报，和前一阶段的进奏院状报比较起来，权威性有所加强，作为中央政府官报的性质也更为明显。可见，和唐代的进奏院状相比，宋代的“邸报”具有更多的报纸特征和封建政府官报色彩（陈昌凤，2009）。

明代的官报由封建中央政府统一安排发布和抄传等事宜，发自首都的官报仍被习惯称为“邸报”。明代的“邸报”上还出现了社会新闻，如文献记载：“弘治末，随州应山县女子生髭，长三寸余，见于邸报。”还有记载女子“化为男子”的，称有妇女生了畸形孪生女，均“一眼一耳四齿”，都是些奇闻逸事。此外，明代邸报上也报道过一些非政治性的时事新闻，如报道过著名外国传教士利玛窦逝世的消息。据推测，明代邸报信息量已经不小，每期刊登的消息在10条左右，基本每天发行，按平均每条消息500字估算，每期邸报的字数最低限度为5000，读者主要是政府官员和士大夫知识分子（刘笑盈，2017）。

清朝入关之后，参考明代官报发行体制，继续在全国范围发行“邸报”。官报的发行方式、发行渠道与明代的十分相近，即经由通政使司、六科、提塘三个环节。清代官报的内容基本上由宫门抄、上谕、臣僚章奏三部分组成，读者主要是各级政府官员。

2. 邸报的主要内容

邸报的主要内容包括六点：其一为皇帝的诏旨及朝廷的重大决策、法令等；其二为皇帝的起居及皇室动态信息；其三为官吏的任免、奖惩等政务信息；其四为臣僚的章奏；其五为军事情报；其六为刑罚（王润泽，2011）。

3. 邸报的历史作用

其一：邸报作为官方信息传播的途径，是统治者维护自身统治的手段。

“邸报作为一种官报，自问世就是在为封建官僚内部传播经主管部门核定允许传播的信息、巩固封建统治秩序、维护封建统治阶级的利益服务的。”（方汉奇，2002）

其二：邸报是报纸的雏形。

“狭义言之，《邸报》与《京报》不过辑录成文，无评论，无访稿，似不足为称报纸。然当时消息公开传布，惟此类物，则谓其已具报纸之雏形，亦固无可非议也。”（戈公振，1955）

其三：邸报是近代国人自办报刊的内核。

“中国近代报刊是在外报的启示下，吸取西报的形式，沿用中国古代的报纸的内核，根据新形势的需要再行设计的产物。实际上，翻开中国新闻事业史和西方新闻事业史，我们会很容易发现两者存在着明显的区别，这也说明，中国近代报纸不是在‘外报’的根基上产生和发展起来的，而是中国原有的‘报’在近现代环境下借‘西国之报章形式’生长起来的。”（吴廷俊，2008）

（四）定本制度（Dinben）

1. 定本制度的发展历程

定本制度起源于宋真宗咸平二年（999），是指进奏院每五天派一名进奏官到阁门抄录邸报，经中书检正和枢密检详共同审批后，才可传发全国各地。王安石变法之后，定本制度随着新党、旧党势力消长而多次兴废。大致来说，支持改革的新党主政，便废定本；反对改革、主张议和的旧党得势，则恢复定本。熙宁四年（1071）检详官刘奉世首倡废止定本。宣和三年（1121），徽宗恢复定本。绍兴二十六年（1156），主和派秦桧病死，高宗在言官的压力下被迫取消定本，规定给事中“判报”。乾道六年（1170），孝宗在主和派的压力下，再度恢复定本，并持续至宋末（王润泽、赵云泽、陈继静、余玉，2015）。

2. 定本制度的内容

据宋史记载推测，邸报定本主要刊发官员迁黜、朝臣章奏、皇帝手谕、臣僚朝见、官员谢表、仪礼大事、刑案诗文等。而严禁发布的内容则包括天灾人祸、病变暴乱、朝廷机事、未批章奏等。

3. 定本制度的利弊

定本制度有利有弊。检正检详官为迎合上级旨意，往往删去重大新闻，只留常规文书，导致内容缺乏新闻性。进奏官五天一次抄写呈核，每旬一次发送州镇，致使邸报缺失时效性。有些进奏官抄录邸报后，不等枢密院审批，便提前誊稿发往各地。为此，朝廷多次命令禁止伺察朝政、听探事宜、非法传报。进奏官严禁出门会客，有时连去私宅或官衙也不行。进奏官上级通进银台司甚至实行五人联保，一人泄密，其余四人同罪。尽管如此，有些进奏官、检正检详官仍铤而走险，借抄写、审查之机藏匿文书，利用外臣家书、军中斥候提前传播邸报消息，致使定本变得多余（方汉奇，2002）。

（五）“小报”（Xiaopao）

1. “小报”的发展历程

“小报”肇始于北宋，盛行于南宋，是一种以刊载新闻和时事性政治材料为主的不定期的非官方报纸。和“邸报”一样，“小报”并没有固定的报头和名称。“小报”和“新闻”都是当时读者对它的习惯性称呼，用以区别正式的官报。

北宋以前的“小报”只是偶尔以“别录单状”“妄作朝报”之类的方式出现，还没有专业化。徽宗时期以后，才逐渐形成为一种职业，社会上开始有了一些“专以探报此事为生”的人。南宋以后，“小报”有了较大的发展，“小报”这一称呼开始流行。“小报”在宋代一直是非法的，宋代历届政府都下令查禁“小报”。北宋时期虽未颁行针对小报的专门条例，但当局已经开始限制小报出版，惩治发行人。南宋以来，社会上“以小报为先，以朝报为常”，迫使朝廷陆续颁布有关“小报”的禁令。“小报”直到明中期才部分获得合法承认。元代没有邸报，却有“小报”存在，时人称为“小本”。小本的内容、形式和发行方式都与宋朝“小报”相似（王润泽、赵云泽、陈继静、余玉，2015）。明清的合法“小报”得以公开发行，清代“小报”甚至形成相对固定的版面和报头，一般称“京报”。尽管如此，明清两代依然存在非法“小报”，其内容往往突破当局的某些限制。无论是合法经营还是非法买卖的明清“小报”，都是与宋代非法“小报”一脉相承的。

2. 小报的主要内容与特点

“小报”的内容主要是：“今日某人被召”之类的朝廷动态报道；“某人罢去，某人迁除”之类的官吏任免消息；皇帝的谕旨诏令以及时事性政治材料。和官报比较起来，“小报”的内容有两个特点：第一，信息比较灵通，新闻的时效性比较强；第二，所发表的大多是中枢部门还没公开的“朝廷机事”。由于“小报”的消息往往得之于“寺院之泄露”和“街市之剽闻”，经常“以虚为实，以无为有”，传报时又从不认真核实，因此难以做到十分准确。在一些“小报”中，还出现过“撰造”“妄传”和“伪撰”等现象（方汉奇，2002）。

3. 小报的发行

“小报”有手写的，也有印刷的。北宋以后，社会上对“小报”的需求越来越大，“小报”的发行量不断增加，“小报”的专业化和商品化不断提高。在此情况下，部分“小报”的发行者中就有掌握印刷设备的“书肆之家”，使得采用雕版印刷的方式来复制一定数量的“小报”成为可能。大抵进奏官和使臣们所发的“小报”，以誊写的为多，其余的则以印刷的为多。

“小报”的发行人包括进奏官、使臣、在省寺监司等政府机关内工作的中下级官员和从事书籍印售工作的“书肆之家”。应“小报”发行者的请托，在各处访录朝廷信息，有所谓的“内探”“省探”和“衙探”。此外，出入宫禁的“师尼之辈”“国亲之臣”，也是“小报”新闻的重要提供者。

“小报”的读者范围很广，有京官，也有地方官和一般的士大夫知识分子。皇室成员和社会上关心朝廷政事的人，也有不少是“小报”的热心读者。但“小报”的出版，触犯了封建统治者的议论朝政之禁和新闻泄露之禁，因此“小报”的发行人自始就被指为“奸人”“无图之辈”和“不逞之徒”。

4.“小报”的历史作用

民间“小报”的出现在中国新闻史上具有重要意义，它突破了官方对国事报道的垄断和封锁，打破了官报一统天下的局面，满足了一部分士大夫知识分子对另类朝政信息的需求（杨师群，2007）。

在传报一般消息的同时，“小报”也经常被政府官员中的在野一派所利用，刊载一些对当权者不利的消息和时事性政治材料。在民族矛盾尖锐的时候，“小报”还常常被主战派官员和各阶层的爱国人士利用来刊载一些呼吁抵御外侮、要求惩治汉奸的大臣奏疏和有关前方克敌制胜的消息。

（六）报房京报（Bao Fang Jingpao）

清代的民间报房主要集中在北京。在清代初年，北京城内就有以私人名义从事抄报活动的，这些报纸区别于获准公开发行的“邸报”，属于民办报纸，而非官报。由北京民间报房所出的报纸，通称京报。这些报房因此也被称作京报房。它们所出的京报，在部分读者中有时也被混称为邸抄或邸报。

清代有名称可考的民间报房以“公慎堂”为最早。早期民间报房所出报纸，有的有封面、报头，有的则没有。每天一期，每期一册，每册 4 页至 10 页不等，每册的第一页和最后一页都印有报房的堂名。同治以后各朝民间报房所出的报纸，普遍加上了封面和报头。民间报房所出的京报，大多是印刷的。内容上，京报基本上由宫门钞、皇帝谕旨和臣僚章奏三大部分组成，全部稿件都来自内阁和科抄，没有报房自己采写的新闻，也没有任何评论。报房出版京报，旨在营利。其读者，在清代的早期和中期，绝大部分是朝野的官绅和士大夫知识分子。市井小民中订阅京报的只是少数（方汉奇，2014）。

清代的民间报房，是从一部分提塘报房中分离出来的。开始和提塘及其报房还有一定的牵连，后来逐渐脱离关系，成为完全独立的民间自设的报房和纯粹民营的“私家报纸”。在经营的过程中，它的商品化程度不断提高，但是内容没有多大的变化，和提塘传发的那些官报没有太大的区别，基本上是官报的翻版。在运作过程中，它们严格自律，严格遵守当局的禁令。这也是清朝当局对它们的出版没有加以限制的一个原因。在近代化报纸产生以前，民间报房出版的这种京报，是臣民们获知朝政和国家大事的主要消息来源。读者可以从京报所提供的宫门钞、上谕、臣僚章奏和皇帝的批示中，寻找自己所需要的、所关心的和感兴趣的各种信息（方汉奇，2014）。

二、外国人在华办报活动

（一）《察世俗每月统记传》（*Chinese Monthly Magazine*）

1.《察世俗每月统记传》的发展历程

《察世俗每月统记传》于1815年8月5日在马六甲出版。米怜（William Milne）作为该刊的创刊人，自创刊后一直担任主编。英国传教士麦都思（Walter Henry Medhurst）为主要撰稿人，并一度代理主编职务。中国刻工梁发是米怜办报的主要助手，是最早的中国籍传教士。

1821年12月，《察世俗每月统记传》因主编米怜病重无力主持编务而停刊。1822年6月2日，37岁的米怜在马六甲去世。

2.《察世俗每月统记传》的主要内容

作为一份宗教宣传性质的期刊，《察世俗每月统记传》以"阐发基督教义为根本要务"，共出版70多期，总页数574页，发表大小文章244篇，其中84.5%为直接的宗教宣传，科学文化方面的文章近12%。此外，《察世俗每月统记传》在第2期上登载过一篇题为《月食》的预告性新闻，是中国近代报纸上最早的消息。1820 年,《察世俗每月统记传》设置“全国各地记略”栏目，这个栏目属于新闻类。1821 年 5 月的一期栏目刊登了图画新闻《事痘娘娘悬人环运图》，报道了马六甲东街祭祀痘神的情形，是为中文期刊上最早的新闻图画（陈力丹，2016）。

3.《察世俗每月统记传》的出版策略

《察世俗每月统记传》每月出版 1 期，每期 5 页，每面 8 行，每行 20 字，木刻竹纸印，全年合订 1 卷，还印有全年目录、序文和封面，便于读者保存。最初该刊月印 500 册，3 年后增至 1000 册，最高发行数字达到 2000 册，为非卖品，主要在东南亚华侨居住地区散发，每逢广东省县府乡试时，与宗教书籍一起分送。

《察世俗每月统记传》处处“附会儒学”，将基督教义与孔孟之道相比附，每期封面上必印有孔子语录一行：“子曰：多闻，择其善者而从之。”为了适合中国人的阅读习惯,《察世俗每月统记传》采用中国书本式，雕版印刷，形状就像一本中国线装书（方汉奇，2002）。

4.《察世俗每月统记传》与中国古代邸报的区别

《察世俗每月统记传》是中国乃至世界上第一份中文近代刊物，与中国古代邸报的区别主要包括以下方面：首先，报纸的内容大大拓展，虽然其刊登的主要内容是非新闻类的宗教言论，但有了科学技术、天文地理、生活知识、时事评述、广告（时称告白）等众多种类的信息，有些报道还配有图片，突破了古代报纸单纯以政治内容为主的局限。其次，报纸编辑理念有明显的变化，读者意识加强。报刊的读者是东南亚地区的华人，为了吸引华人，该刊在外观、内容和文风等各方面都照顾到中国读者的传统和口味。最后，报刊的读者为普通民众，其所有的内容和编辑理念都针对文化程度不高的下层劳动者，与中国古代报纸的读者以官僚士绅阶层为主不同。从以上几方面看，《察世俗每月统记传》是中国第一份近代报刊，开创了中国近代报刊的先河（王润泽、赵云泽、陈继静、余玉，2015）。

（二）《东西洋考每月统记传》（*Eastern Western Monthly Magazine*）

1.《东西洋考每月统纪传》的发展历程

1833 年 8 月 1 日，《东西洋考每月统记传》由普鲁士传教士郭士立（Karl Friedrich August Gützlaff）以“爱汉者”的笔名在广州创刊。该刊是在中国境内出版的第一份近代中文报刊。该刊出版时，正值中国嘉庆年间，严禁传教。但清末官场腐败，郭士立颇懂中国官场行贿受贿之套路，因此该刊才能在这种环境下出版。

《东西洋考每月统记传》的创刊号原印 600 份，后再版 300 份，出版 12 期后暂时停刊，已出的各期刊物由“在华实用知识传播会”并为 2 卷，重印 1000 册，在新加坡、马六甲、巴达维亚、槟榔屿等华侨聚居地区广为发行。1835 年 2 月，《东西洋考每月统记传》在广州复刊，但出版 6 期后再度停刊，1837 年 2 月后改由“在华实用知识传播会”接办，由郭士立、小马礼逊（John Robert Morrison）等主编，在广州编辑后寄至新加坡，由在新加坡的麦都思（Walter Henry Medhurst）交付印刷发行。1838 年 10 月，《东西洋考每月统记传》停刊（方汉奇，2002）。

2.《东西洋考每月统记传》的主要内容

与东南亚传教刊物不同的是，《东西洋考每月统记传》明确宣布其出版的目的在于“为维护广州和澳门的外国公众的利益而开办”，因此其所刊载的内容包括宗教、政治、经济、科学文化知识、新闻和杂烩等各方面，并以时事政治为主，宗教已退居次要地位。杂志首推“历史”栏目，系统介绍“东史”（中国历史）和“西史”（西方古代史和英国史），除了介绍西方的情况之外，还大量介绍东南亚各国和印度的情况，旨在打破中国人闭关自守的观念，美化英国殖民统治。

就新闻信息的传播而言，《东西洋考每月统记传》每期必有一定数量的新闻，绝大部分译自外报，此外还刊登地理知识、科学技术、经济、政治、法律等信息。尤其值得注意的是其新闻专栏的开办，新闻篇数达到 91 篇之多，占全部文章总数的近 25%，内容绝大部分译自外报，少数为广州、澳门的地方新闻，后期也有摘录一些《京报》上的材料，具备近代报刊的特点。这些内容对中国的影响深远（王润泽、赵云泽、陈继静、余玉，2015）。1834 年 1 月，《东西洋考每月统记传》发表郭士立 331 字的小文章《新闻纸略论》，叙述了报纸的起源、新闻自由和当前西方一些国家的报纸出版情形。这是我国中文报刊上刊载的第一篇新闻学专文。《东西洋考每月统记传》以后，外国人在中国内地创办报刊成为一种潮流，直到 19 世纪末被中国人办报刊的潮流替代（陈力丹，2016）。

鸦片战争后，一些觉悟较早的中国知识分子在著作中都不同程度地引用了《东西洋考每月统记传》上刊载的内容，如魏源的《海国图志》等。可见，《东西洋考每月统记传》已成为西学东渐进程中的重要媒介。

3.《东西洋考每月统记传》的出版策略

《东西洋考每月统记传》比较重视贸易活动，后期曾多次刊登中外贸易进出口物价表。在编辑业务上，《东西洋考每月统记传》文字通俗、文风简短、长文分期连载，每期还刊有目录以便于阅读，栏目也比较固定。在宣传策略上，《东西洋考每月统记传》注意附会儒学，尽可能与中国传统文化相吻合。每期十二三页，楷书木刻，连史纸印，中国线装书本形式。封面上印有中国传统格言，多录自四书（方汉奇，2002）。

（三）《蜜蜂华报》（*Abelha da China*）

葡萄牙文周刊《蜜蜂华报》创立于1822年9月12日，其创始人为葡萄牙立宪党澳门分部首领巴波沙（Paulino da SilvaI Barbosa）中校和医生阿美达（Jose da Almeida），后因保守派推翻立宪派政权，《蜜蜂华报》只得于1823年12月27日停刊，一共出版67期。

《蜜蜂华报》的诞生有其政治背景。当时，被称为保守派的葡萄牙本土贵族和被称为立宪派的澳门土生葡萄牙人之间矛盾重重。1822年澳门市民暴动致使保守派被迫下台，而以巴波沙为首的立宪党获得掌控权。正是在这场革命风暴中，立宪派于9月12日创办了自己的报纸《蜜蜂华报》，它成为澳门资产阶级革命派的工具，传播立宪党人的言论和主张。一如其名，成为一只痛蜇保守党的黄蜂（赵殿红，2000）。

作为葡萄牙执政党在澳门的政府机关报，《蜜蜂华报》党派色彩浓厚，主要用以宣传立宪主张、会议消息、名人演讲以及市民通信等，同时也会刊登一些本地新闻、传教活动、国际新闻等，但时效性很差，读者对象主要是政界、商界人士以及中产阶级（程曼丽，1997）。

虽然《蜜蜂华报》办刊时间较短，但是对中国近代报业的发展有着深远的影响。《蜜蜂华报》不仅是中国历史上的第一份近代报纸，同时也是中国的第一份外报，澳门的第一份报纸（程曼丽，1998）。正如吴志良先生在《东西交汇看澳门》一书中指出的：从某种意义上说《蜜蜂华报》催生了中国的近代报刊，加速了中国近代化的进程（吴志良，1996）。

（四）《广州记录报》（*The Canton Register*）

《广州记录报》又称《广州纪事报》，创刊于 1827 年 11 月 8 日，起初是双周刊，1934 年后改为周刊，每周四出版，后于 1863 年停刊。该报由英国鸦片商人马地臣（James Matheson，1796—1878）出资创办，美国商人伍德（William. W. Wood）为第一任编辑，撰稿人有马礼逊（Robert Morrison）、施耐德（John Slade）等（方汉奇，2002）。

《广州记录报》是一张商业性报纸，货价行情、航运消息占主要篇幅，1883 年还出版过广告商情副刊《广州行情周报》（*Carton General Price Current*，一译《广州市价表》），但也广泛刊登政治时事新闻和评论，有强烈的政治色彩（方汉奇，2002）。例如该报就曾对望厦村民集体抗议事件进行了详细报道，其视点聚焦中国人的“群体特质”——自大与傲慢，指责参与抗议活动的中国人居高临下的“贵族式姿态”（谢庆立，2017）。此外，《广州记录报》还曾竭力为鸦片战争辩护，主张英国政府对华采取强硬政策，攻击中国人傲慢无礼、无视外商利益，主张英国政府对中国采取强硬政策（方汉奇，2002）。

作为中国境内的第一家由英国人创办的在华英文报纸，《广州记录报》对中国社会产生了深远影响，其影响力甚至辐射到南洋、印度以及英美一些主要商埠。

（五）《遐迩贯珍》（*Chinese Serial*）

《遐迩贯珍》创办于1853年8月1日，于1856年5月停刊，一共发行33期，是香港出版的第一份中文报刊，是鸦片战争后我国境内出现的第一个中文期刊，也是最早使用铅印的中文报刊（黄瑚，1985）。该刊由麦都思（Walter Herry Medhurst）创办和主编，马礼逊教育会出版，香港中环英华书院印刷。

虽然是教会刊物，但是《遐迩贯珍》的内容却不限于宗教宣传，还包括大量的时事政治新闻和评论，以及对西方科学文化知识的宣传。时事政治新闻和评论在《遐迩贯珍》中所占篇幅最多，这是它不同于鸦片战争前中文报刊的最大特点。大量的新闻和评论使《遐迩贯珍》成为我国近代第一个以时事政治为主的刊物（黄瑚，1985）。《遐迩贯珍》在政治上无疑是站在英国殖民主义者的立场上，但报道中国时，因为不必顾忌清政府的立场，而能较客观、公正反映事物的真实面貌（方汉奇，2002）。

在新闻报道业务方面，《遐迩贯珍》也有长足的进步，消息、短讯、通讯、评论等近代新闻题材都已初具雏形，还出现了连续报道等新的形式（方汉奇，2002）。在新闻写作上，《遐迩贯珍》上的消息一般都具备人物、时间、地点、事件等基本要素。该刊在新闻写作上的另一特点是夹叙夹议的普遍运用，有些类似今天的述评，而另一些则接近于今天的编者按语。1855 年 1 月该刊增出《布告篇》，专门登载商业广告和香港的物价行情，开我国中文报刊收登商业广告之先河（许清茂，2000）。

（六）《万国公报》（*Chinese Globe Magazine*）

《万国公报》是中国近代发行历史最长、发行最广、影响最大的中文宗教性报刊。1868 年 9 月 5 日该报前身《中国教会新报》在上海创立，由美国监理会传教士林乐知（Young John Allen）集资创刊并担任主笔，该报最初主要是为了布道传教以及便于教会内部交流沟通，主要读者是各地教众。1874 年 9 月 5 日，该报自 301 期起更名为《万国公报》，仍为周刊。1876 年，《万国公报》每期发行数达到 1800 份，增出期刊《益智新录》（*A Miscellany of Useful Knowledge*）作为其专言科学的姐妹刊物（方汉奇，2002）。1883 年 7 月，由于经费困难，主编人忙于他事，《万国公报》暂时休刊。1889 年 1 月，《万国公报》改为广学会主办，主编仍是林乐知，刊期则由周刊改为月刊。

《万国公报》（包括前身《中国教会新报》）自创刊至 300 期，

所刊内容以宣传宗教为主，以及中国史地、科学常识和中国教育等方面的内容，301 期更名为《万国公报》后，其内容也改以时事政治为主，经常发表时事评论、重要法令、条约以及外报译文，大量介绍西方政治模式和科技知识。

《万国公报》重视时评，发表了大量批判中国政治、经济和社会生活的陋习，以及鼓吹变法的文章，不仅促使西方文化在华的传播，也在一定程度上刺激了爱国人士，特别是上层社会中的开明分子，激起其救亡图存之志。不过，《万国公报》的创立与传播也是一种殖民主义文化侵略活动，他们企图打开中国封闭的大门，他们宣传基督教和西方文明，企图以西方模式改变中国人的头脑（方汉奇，2002）。

（七）林乐知（Young John Allen）

林乐知（1836—1907），字荣章，美国监理会传教士，著名教育家、记者。1860 年 6 月来到中国，此后在中国待了 40 多年。在华期间，林乐知在教育、新闻、传教等事业中都做出了巨大的贡献。

早期林乐知办报是为了传教。他的宗教观较开放、宽容，对中国文化也有理解和兴趣，同时，他一生的信仰都是“不屑于为生计所迫去勉力办报”（李天纲，1996）。后来，林乐知的办报思想开始转变，世俗内容开始超过宗教内容。在美期间，林乐知还曾受到共和党当选总统赫立逊（Benjamin Harrison）的接见，其在中国的办报活动得到美国舆论的高度评价，称赞他为在中国“传播种子的人”（方汉奇，2002）。

三、中国商业新闻媒介的发展历程

（一）《申报》（*Shun Pao*）

1. 历史地位

《申报》的创办与飞速发展，标志着我国中文商业性报纸发展到了成熟阶段。它所创立的商业报纸模式，成为新型商业报纸成功的模板，一些与之经营内容相似的报纸纷纷创办，至19世纪80年代后，《字林沪报》《新闻报》创刊，形成了“申”“新”“沪”三报鼎立的格局。此外，《申报》从发刊到终刊，其出版时间之长、影响之广泛，在中国新闻史和社会史上都占有重要地位，被誉为“中国近代史上的百科全书”（陈昌凤，2009）。

2. 创办及发展历程

1872年4月30日，《申报》创刊于上海，由英商安娜斯脱·美查（Ernest Major）、伍华德（C. Woodword）、普莱亚（B. Pryer）等人集资开办。美查是报纸的主持人，定报名为《申报》，“申”是因楚公子春申君黄歇封邑而得名的上海的别称。

后报纸产权归美查一人所有，1909 年产权归国人所有，1949 年 5 月停刊，前后出版 77 年。

3. 商业性报纸模式的确立

《申报》的成功很大程度上得益于美查在尊重中国社会文化的基础上，对西方先进报刊理念的运用，其做法主要如下：

其一,《申报》重视报纸的社评, 即评论。从《申报》的《本报条例》上看，报纸认为言论是“上关皇朝经济之需，下知小民稼穑之苦”的，而且必须每期都有这些内容。社论置于报纸首页，客观上提升了报纸自身价值。比如上海英商擅自修建淞沪铁路，清朝政府基于迷信的考虑，要收买铁路并拆毁，在整个事件中，该报都在积极地呼吁建设中国铁路。

其二,《申报》在国内率先出版各种附属期刊。《申报》1872 年一创刊，就广泛征集副刊稿件，创刊号上的《本报条例》中有这样的告示：“如有骚人韵士愿以短什长篇惠教者，如天下各名区竹枝词及长歌纪事之类，概不取值”，开我国报纸文学副刊之先河（方汉奇，2002）。

其三，美查还利用报馆发展了很多文化出版事业。1876 年，报馆创办点石斋石印局，印刷一些清晰精美的书籍。1885 年后，又设立上海图书集成局，用铅活字翻印大部头丛书《古今图书集成》。3 年后, 该丛书大功告成, 全书共 1 万卷, 分订 1628 册，有“康熙百科全书美查版”之称。这批书籍对保存中国古代文化遗产卓有贡献（宋军，1996）。

4. 史量才时期的《申报》

申报在 1889 年由个人经营改组为公司，创始人美查回国。

1906 年《申报》董事长决定将《申报》股权转让，由当时报馆会计席子佩买下，此后产权归国人所有。但《申报》并没有因此得到发展，甚至在报纸业务和言论方面还有倒退，席子佩无奈之下，于 1912 年将报纸卖给了史量才。

1912 年春，史量才购得并主持《申报》，之后厉行改革，走企业化道路：

其一，从内容上看，《申报》比较重视时政文化教育等综合消息，以期提供全面详细的新闻报道；同时注重各领域的专业信息，先后创办多种专刊和增刊，比如 1919 年 8 月 31 日创办以报道和分析国际重大新闻为主要内容的《申报星期增刊》，社会影响巨大。

其二，从经营管理上看，史量才 1913 年聘张竹平为经理兼营业部主任。至 1915 年 4 月，报纸的广告版面超过了新闻、副刊的版面，业务收入也随之增加。此外，张竹平重视报纸发行，除了发展本埠订户外，还设法扩展外埠订户，凡火车、汽车和轮船能当天到达的上海邻近地区，都力争当天送达，使长江三角洲地区的读者都能尽早看到报纸（谭泽明，2017）。

其三，从报纸内容版面上看，史量才采取陶行知的建议，抓“一头一尾”，即评论和副刊。首先，《申报》改革从“时评”开始。改革前报纸评论不温不火，改革后笔锋犀利，既应乎“时”，又敢于“评”。其次，革新副刊《自由谈》，使之成为反对国民党文化围剿的进步阵地。

其四，和美查一样，史量才在经营报纸的同时也涉足其他商业领域，使《申报》成为一个多种经营并存的大企业。1922

年《申报》五十周年时，出版了《最近之五十年》，分上中下三篇。1932 年《申报》六十周年时，又出版了中国分省地图、《申报年鉴》（1933 年出版）和《申报月刊》（宋军，1996）。

5. 抗日战争时期的曲折发展

“九一八”事变后，《申报》政治态度迅速转向进步。该报积极支持抗日运动，反对国民党蒋介石的不抵抗政策，全文刊登了宋庆龄的关于《国民党不再是一个革命集团》的宣言；业务上，除继续加强新闻报道外，言论开始活跃起来，显示了积极作用；增办各种副刊、专刊以扩大与社会的联系；改革副刊《自由谈》（1911 年 8 月 24 日创刊）；还设立了“申报与游动图书馆”“申报业余补习学校”，与报纸的进步宣传相配合。《申报》的进步活动遭到蒋介石的压制，1934 年 11 月 13 日史量才被暗杀身亡（王润泽，2011）。

此后，报纸持谨慎稳重方针，但仍努力保持原来一些进步因素，抗日战争时期一度在美商招牌下继续刊行，后在日伪政府控制下出版。抗战胜利后，《申报》被国民党政府接收，1949 年 5 月上海解放时停刊。

（二）《新闻报》（*The News*）

《新闻报》于 1893 年 2 月 17 日创刊，1899 年 11 月被转卖给美国人福开森（John C. Ferguson）。福开森 1886 年毕业于美国波士顿大学，后来华传教，从事教育和社会活动，并在中国政府中任职。福开森接手《新闻报》后，聘请汪汉溪任报社总理，聘请金煦生为总编辑。

《新闻报》与《申报》均为中国商业报纸发展的典型代表，二者之间的竞争一直贯穿于两报历史。《新闻报》创办一年后，发行即增加到3000份，仅次于《申报》；民国初年，《新闻报》曾一度超越《申报》，居全国报纸发行量榜首。

《新闻报》在汪汉溪主持该报后另辟蹊径，以经济新闻为撒手锏，与《申报》展开竞争，着力追求在商业信息报道上的全面、及时、丰富，最早开辟了“经济新闻”专栏，1922年又增设“经济新闻版”，并重金聘请专家主持。为开拓经济信息的来源，除派专门记者采访外，《新闻报》还在各行业以及大工商企业内聘请了兼职通讯员。《新闻报》上详细全面的商业信息和经济新闻不仅为报纸在上海赢得了大量商界订户，江南各县与上海有商业往来的商户为了及时了解商业行情，也纷纷订阅该报。此外在副刊业务上，《新闻报》还着力发展画报。1893年12月，《新闻报》开始出版石印画报单页，并随报赠送，开我国日报定期附送画页之先河，并在此基础上于1894年4月创办了《新闻报馆画报》（陈昌凤，2009）。

抗日战争时期，《新闻报》积极报道战事，以宣传抗日为主旨。日军侵占上海公共租界后，《新闻报》与《申报》均沦陷于日军之手。1941年12月9日，两报被日军查封，12月15日，又被日军命令以美商名义复刊，实际上由日本驻沪陆军报道部部长直接控制。在此期间，日本侵略者虽在表面上保持了两报的“商办”性质，实际上却对两报的编辑方针做了多次调整，将其改造成了具有特殊面貌的汉奸报纸（方汉奇，1996）。

抗战胜利后，国民党政府接管《新闻报》，拟定《改组〈申报〉〈新闻报〉办法》，使国民党在该报的股权达到51%，原先民营性质的《新闻报》自此成为“未挂国民党党报招牌的党报”。新中国成立后，《新闻报》改版为《新闻日报》出版，1961年并入《解放日报》（王润泽，2011）。

（三）《点石斋画报》（*Dianshi Zhai Pictoria*）

《点石斋画报》于1884年5月8日创刊，1898年8月停刊，是《申报》出版过的最著名的副刊，是中国首个石印时事画报，也是中国最早的旬报和最早的图画刊物之一。

《点石斋画报》由著名风俗画家吴友如主编，参加编绘工作的有金蟾香、张志瀛、贾醒卿、顾月洲、田子琳、马子明、吴子美、张琪、李焕圭等。该刊每旬出1本，每本8图，售洋5分，连史纸石印。画报封面为彩色纸，内容以新闻时事画为主，一些战争、外资一类的新闻画多出自画家的想象，风俗画和以租界市井小民为题材的社会新闻画则比较真实。除了摹画时事，画报还兼刊人物及风俗画和铜版照片，绘印精美，令人耳目一新。画报曾以每幅两元的价格征稿，成为新闻史上最早有稿酬的报刊（陈昌凤，2009）。

在《点石斋画报》出版的15年间，刊发过4000多幅配有文字的图画，开启了图文并茂、雅俗共赏的“画报”体式。其在内容上既注重新闻性，又注重美感，注重展示晚清社会风貌、传播新文化和知识，成为晚清西学东渐热潮中的标志之一。由于其题材上的广泛性、纪实性，被郑振铎称为“画史”。画报继承了中国历代人物线描画传统，同时吸取了西方的焦点透视法，极大地拓宽了中国绘画的写实功能（陈平原，2001）。有学者曾将《点石斋画报》视为海派文化的起点（余秋雨，2001），该画报也被称为《申报》功能的图像化延伸，在其影响下出现了一批专画新闻的画家和一批画报（王润泽，2011）。

（四）王韬及《循环日报》（Wang Tao and *Universal Circulating Herald*）

1. 王韬生平

《循环日报》的创办人王韬是中国资产阶级改良主义思想家，字紫诠、仲弢，自号弢园老民等，江苏人，18岁考中秀才，次年赴南京参加乡试未中。1849年应英国传教士之邀赴上海，到伦敦布道会所办的墨海书馆任中文编校工作。1857年参加《六合丛谈》编辑工作，为其报刊活动之肇始。1862年年底，因被怀疑化名“黄畹”上书太平天国地方官策划攻打上海，遭官方缉捕，被迫逃亡香港，更名“韬”。到香港后，曾到英华书院协助院长翻译中国典籍“五经”，并曾兼任《近事编录》主笔。

1867年至1870年间，王韬随院长到英国协助译书，其间游历英、法、俄等国。欧洲之行令王韬大开眼界，了解了西方国家的富强及其历史渊源和现实政治制度。1870年返回香港时，王韬已经成为一位改良主义思想家，也成为魏源“师夷长技”主张的继承人。返港不久，普法战争爆发，王韬与张芝轩合作，编译成《普法战纪》一书。1871年，香港英华书院停办，王韬与友人梁仁甫及买办黄胜等承购该院的印刷设备，开办中华印务总局。出于游历英法期间对《泰晤士报》的羡慕和模仿，王韬在香港创办了影响深远的《循环日报》。1884年，在得到清政府默许后，王韬回到上海，曾任申报馆“总撰述”、格致书馆“掌院”，1897年去世（王润泽，2015）。

2.《循环日报》概况

《循环日报》1874年2月4日创刊于香港（卓南生考证），是中国报刊史上第一张以政论为主的报纸，也是资产阶级改良派宣传其政治主张的重要阵地，自创刊至1884年由王韬任主编，1876年由洪干甫代理主笔，王韬负责定稿。1884年王韬离港去沪后，由何冰甫主持笔政，1925年由何雅选继任，报纸影响渐弱。在日军侵占香港后，《循环日报》曾与《大光明报》合并为《东亚晚报》，一直出版至1941年香港沦陷于日军，抗战胜利后又以原名刊行，约在1947年停刊，并曾于1959年短暂复刊。该报宗旨为“强中以攘外，诹远以师长，变法以自强”，取名“循环”的意义在于王韬认为“强即弱之机，强即弱之渐，此乃循环之道然也”，期盼中国通过变法自强实现由弱变强之循环（陈昌凤，2009）。

该报为四版日报，第一、三、四版全为“告白”（广告、启事或航运信息等非新闻类内容）；第二版刊登新闻，一般分为三栏，首栏为“选录京报”，第二栏为“羊城新闻”，第三栏为“中外新闻”，有时还有“香港宪示”一栏，但不常见。可见，这份报纸首先是商业性的。此外，报纸还每日刊有论说一篇，评论洋务，鼓吹学习西方治国之书，变法自强，开我国文人论政先河（傅国涌，2003）。

3.《循环日报》特点

其一，所有权由华人拥有。

《循环日报》完全由国人所有，该报也一再强调“所有资本及局内一切事物皆由我华人操纵，非别处新闻报馆可比”。《循环日报》突出报纸的中国人立场，强调只有由中国人自办的报纸，才能成为保障中国人利益的论坛，真正代表华人说话。

其二，宗旨与近代化时潮一致。

《循环日报》以“强中以攘外，诹远以师长，变法以自强”为宗旨，这与中国的近代化目标和努力是一致的。1874 年至 1884 年 10 年间，王韬用“遁窟废民”“天南遁叟”“弢园老民”等笔名，在《循环日报》上撰写《变法》(上、中、下)、《变法自强》(上、中、下)等数百篇政论文章，系统地宣传了他的“变法”主张，提出了变法图强的纲领。

其三，首创以政论为灵魂的近代化报纸。

《循环日报》的新闻占全部篇幅的三分之一，分京报选录、羊城新闻、中外新闻三栏，最精彩的是其政论，是中国报刊史上第一份以政论为主的报纸。《循环日报》创刊的前 10 年，几乎每天都有王韬执笔的政治评论专栏（论说），这些论说立论精辟独到，开创政论风气，在国内外产生了很大的影响，《循环日报》由此成为中国近代第一份以言论著称的报纸，王韬也被公认为我国第一位报刊政论家（萧永宏，2015）。

4. 两者对中国新闻事业的影响

其一，《循环日报》被誉为在早期国人报刊中办得最为成功、延续时间最长的报纸，打破了外国中文报刊的全面垄断，是报业史进入中国人开始办报新阶段的范例（方汉奇，2002）。

其二，王韬将西方报纸的编辑理念嫁接到中国土壤里，为日后中国报纸的发展奠定了基础。由他树立的传统，如“民间报刊的空间”“经济独立”，以及“报纸主办者的人格独立”等，成为“文人论政”传统得以保持并发扬的基本条件（萧永宏，2015）。

（五）“癸丑报灾”（Gui Chou Bao Zai）

“癸丑报灾”是指农历癸丑年（1913）中国新闻界遭遇的袁世凯当局的严重压制和摧残，具体表现为报刊大量减少，报人大量被捕被害，新闻事业迅速从繁荣走向凋敝。至1913年年底，全国继续出版的报纸从1912年年初的500家锐减至139家，同时有大批报人受到迫害。其间，袁世凯对新闻业的迫害具体表现在以下两方面：

一方面，袁世凯创办御用报纸充当“喉舌”，为自己称帝做舆论准备。袁世凯上台后故作尊重新闻自由的姿态，表面推出一些保护新闻自由的措施，实则为了加强对社会舆论和新闻业的控制，先后在北京创办了《亚细亚日报》《国权报》和《金刚报》，在上海接办了《神州日报》，在广州接办了《时敏报》，在长沙创办了《国民新闻》。1912年，《亚细亚日报》由袁世凯出资，薛大可出面创办，是御用报纸中言论最活跃的一家。报纸打着民办的招牌，由御用文人主持，以民意代表的身份操纵舆论、蒙骗民众。袁世凯还收买报纸和报人为己所用，直接或间接接受袁世凯收买的报纸总数在125家以上，如上海的《大共和时报》、北京的《新社会日报》、长沙的《大公报》等。其收买行径严重腐蚀了新闻界，被收买的报纸和报人沦为袁世凯耳目，腐化堕落、声誉扫地（方汉奇，2002）。

另一方面，袁世凯加紧迫害并镇压报纸和报人。1912 年年底至 1913 年年初，宋教仁在国会参众两院选举中领导国民党获得胜利。1913 年 3 月 20 日，宋教仁在上海火车站被刺身亡。事发后，不少报社发表社论猛烈抨击袁世凯政府。袁世凯于 5 月 1 日发布总统令，规定凡罪案未经审讯前，报纸不得刊载，乘势封禁了北京《国风日报》、天津《新闻春秋》和《民意报》、汉口《震旦民报》等一大批国民党系统报纸，对异己报刊强力镇压，动辄封报抓人，殴打、逮捕、驱逐、杀害报人的事件常有发生。国民党内以孙中山为首的革命党人也迅速于 1913 年 7 月发起了“二次革命”讨伐袁世凯，但终因敌我力量悬殊而失败。袁世凯政府随后宣布国民党政府非法，对包括国民党报刊在内的所有报刊进行镇压，报纸报人被警告训斥、传讯罚款、打砸搜查、封门逮捕的事件接连不断（王润泽，2015）。

（六）黄远生（Huang Yuansheng）

黄远生（1885—1915），原名基，字远庸，笔名远生，江西九江人。16 岁中秀才，20 岁中举人，21 岁中进士，获得“知县即用”的资格。随后东渡日本官费留学，攻读法律。1909 年回国后，黄远生被清政府任命为邮传部员外郎兼参议厅行走和编译局撰修官，经常为京、沪报刊撰写国际时事评述。辛亥革命后，黄远生离开官场，全身心投入新闻界（方汉奇，2002）。

黄远生自1912年起在北京创办并主编《少年中国》周刊，后编辑过梁启超主编的《庸言》月刊，并担任上海《申报》《时报》驻京特约记者，还常为《东方杂志》、《论衡》杂志、《东方日报》《国民日报》和《亚细亚日报》撰写稿件。同时，他的文章追求"以浅近文艺普通四周"，文章半文半白，不拘一格，浅显易懂；邹韬奋曾用"流利、畅达、爽快、诚恳、幽默"来评价他的文风（杨师群，2007）。此外，黄远生还发明了"新闻日记"这种体裁，用日记形式报道或评论当日新闻。

在短暂的新闻生涯中，黄远生形成了自己的新闻思想体系，主要集中于《少年中国之自白》《本报之新生命》《忏悔录》等文中。其中最著名的就是"四能"说，即"脑筋能想""腿脚能奔走""耳能听""手能写"。他说："调查研究，种种素养，是谓能想；交游肆应，能深知各方面势力之所存，以时访接，是谓能走；闻一知十，闻此知彼，由显达隐，由旁得通，是谓能听；刻画叙述，不溢不漏，尊重彼此之人格，力守绅士之态度，是谓能写。"（王润泽，2015）此外他还认为新闻报道要真实、全面、客观、公正。他在《本报之新生命》一文中指出："夫理论之根据，在于真实""演绎的理论，决不如归纳的事实""吾曹此后，将力变其主观，而易为客观"。黄远生重视掌握第一手资料，他的许多文字都是对当时事件的客观记录，为史学家看重。

在政治上，黄远生主张"拥袁反孙"，尽管他曾宣布脱离一切政党而独立，也曾对袁世凯的黑暗统治进行过批判，但始终得不到国民党人的谅解。1915年9月，黄远生避走上海，在报纸刊登反对帝制的声明，后流亡到美国，刚到洛杉矶即被中华革命党美洲支部派刺客暗杀，年仅30岁。他死后，友人将他发表过的文章编为《远生遗著》出版。

（七）邵飘萍（Shao Piaoping）

1. 生平

邵飘萍（1886—1926），著名新闻工作者、学者、新闻教育家。原名振青，曾用名镜清，笔名飘萍、阿平、素昧平生，浙江东阳人，生于金华，13岁中秀才。1906年赴杭州，考入浙江高等学堂师范科。1908年毕业后，在金华中学任教，并担任《申报》特约通讯员。1911年浙江宣布独立后，他奔赴杭州，协助杭辛斋创办《汉民日报》，任主编，并兼任《浙江军政府公报》编辑。

1913年年初，杭辛斋当选为国会议员赴京上任，《汉民日报》交由邵飘萍主持。其间，邵飘萍不畏强权，不受利诱，撰写了大量论说、时评和随笔，抨击袁世凯及军阀的专横跋扈，揭露贪官污吏的罪行。“二次革命”失败后，邵飘萍被反动当局构陷入狱，《汉民日报》也同时被封。1914年出狱后，邵飘萍东渡日本留学，后创办东京通讯社，向国内报纸发稿（刘笑盈，2017）。

1916年春，邵飘萍回国返沪，主持《时事新报》笔政，并为《申报》《时报》撰稿。袁世凯死后，邵飘萍于1916年7月被聘为《申报》驻京特派记者，此后北京成为他开展新闻活动的舞台。1918年10月5日，邵飘萍在北京独立创办大型日报《京报》，自任社长，以“铁肩担道义，妙手著文章”作为办报理念，并于10月14日发起成立北京大学新闻学研究会，主讲新闻采访学。1919年，《京报》因揭露段祺瑞政府对日本借款是“祸国阴谋”而遭通缉，报纸被封，邵飘萍也第二次逃亡日本。1920年9月回京，邵飘萍复出《京报》、锐意改革，使该报成为北方有影响的大报。1926年“三一八惨案”后，邵飘萍因积极支持群众的反帝反军阀斗争，被以“勾结赤俄，宣传赤化”罪名逮捕，未经审讯，惨遭杀害（陈昌凤，2009）。

2. 新闻思想

邵飘萍著有《实际应用新闻学》《新闻学总论》《各国社会思潮》《新俄国之研究》等，堪称新闻界不可多得的全才。在丰富的新闻实践中，他形成了自己的新闻思想，主要体现在1923年出版的《实际应用新闻学》和《新闻学总论》两本书中。其基本观点有：

其一，“探究事实不欺读者”——新闻的真实性原则。

邵飘萍十分重视新闻的真实性，“凡事必力求事实真相”。他要求记者报道要不偏不倚，把报告真实的新闻消息作为自己的天职。“事实乃最易于证明是非之故，其足令读者同情信仰，反较诸凭空臆断之言为有力。”此外，他将新闻记者比作“不染纤尘之明镜”，他认为新闻记者要真实地报道事实，在采访中不能有任何主观成见，只有这样才能确保“妍媸悉露”“善恶毕呈”。

其二，“社会第三者”——中立的报纸立场。

邵飘萍认为，报纸既具有公共性，则应为社会大众服务，不能偏向于一党一派，成为其御用工具，“新闻记者一旦加入党派之中，每足以致职务上行动之不活泼”。因此，要保持新闻的客观，记者必须采取超然中立的态度，站在旁观者的角度，以“社会第三者”的角度来报道新闻，即“出于第三者的地位，静观各派行动而下一诛心之论断”。

其三，“多数人以兴味”——为老百姓办报。

邵飘萍曾提出“最佳新闻即为贻爱大多数人以最大兴味者。这是因为，新闻事业本含有‘树言论权威’‘使营业发达’两种意味，两者互为因果”，因此“应研究多数人何以爱读，则直接与多数人不无关系，而为彼等所欲知之事”。邵飘萍认为新闻来源于社会生活，是社会生活的真实、迅速的再现，所以他特别重视对社会新闻的采写。

其四，“铁肩辣手”——记者的职业素质和业务能力。

邵飘萍在强调记者重要社会地位的同时，也对记者应该具有的素质提出了要求。他主张品性为记者的第一要素，记者要做到“贫贱不能移，富贵不能淫，威武不能屈，泰山崩于前，麋鹿兴于左而志不乱”。此外，邵飘萍还指出记者在道德人格的修养上必须具备强烈的社会责任心。在《京报》创刊之初，为了鼓励报社同人秉笔直书、宣达民意，邵飘萍还挥笔大书“铁肩辣手”四字，主张报人和记者就是“新闻界战斗的壮士”，新闻记者要“尽自己的天职”“平社会之不平”（程力沛，2011）。

3. 评价

邵飘萍至1926年遇害前，几乎毕生都从事新闻工作，当过地方通讯员、特派记者、编辑、主笔、社长；办过报纸，又办过新闻编译社等两家通讯社；写过社论、短评、消息、专电等各种体裁的文字；既熟悉报纸的编采业务，又具有经营管理的才能；既做过新闻实务，又是中国最早的新闻学研究者和教育者。张季鸾曾称赞他说："每遇内政外交之大事，感觉最早，而采访必工。北京大官本恶见新闻记者，飘萍独能使之不得不见，见且不得不谈，旁敲侧击，数语已得要领。"（方汉奇，2002）

（八）北大新闻学研究会（Institute of journalism，Peking University）

自鸦片战争之后，中国的新闻事业逐步发展起来，但在此时社会和报人对新闻学的认识还停留在"报纸有益国事"的阶段，新闻学也缺乏作为一门学科的社会条件。直至辛亥革命后，中国的新闻学教育才开始发轫（刘丽娟、白生良，2011）。

新文化运动兴起后，新闻学研究也迅速开展起来。1918 年 10 月 4 日成立的北大新闻学研究会，是我国第一个新闻学教育团体，它的创建也是中国新闻教育事业起步的标志。该会以"研究新闻学理，增长新闻经验，以谋新闻事业之发展"为宗旨，由北京大学校长蔡元培兼任会长，北京大学文科教授徐宝璜任副会长，徐宝璜和《京报》社长邵飘萍为专任导师。北大新闻学研究会还出版了《新闻周刊》，成为我国第一个新闻学研究刊物，徐宝璜任编辑主任。该刊采用横排的编排形式，但仅出版了 3 期。

北大新闻学研究会出版了许多专著。徐宝璜的《新闻学》系将其在新闻学研究班上使用的讲义整理、改写而成，是中国学者撰写的第一本新闻学专著。蔡元培为该书作序，称赞它"在我国新闻界实为'破天荒'之作"。邵飘萍的著作《实际应用新闻学》也是在讲义基础上改写而成的。他们为我国新闻教育事业做出了开拓性贡献。

北大新闻学研究会持续了两年多时间，于1920年年底停止活动。当时北大新闻学研究会的部分会员，如毛泽东、高君宇、罗章龙等，后来都曾担任《劳动者》、《向导》周报、《工人周刊》等中共早期报刊以及劳动通讯社的记者和编辑（方汉奇，2014）。

北大新闻学研究会承前启后，在中国新闻史乃至近代史上产生了重要影响。第一，它以新闻学研究为着力点，指导后续的报刊活动。北大新闻学研究会并非一般意义上的校内专业团体，它超越了教学与学术研究的范畴，开创了“新思想的学习、宣传和社会活动以及当时的斗争紧密结合在一起”的局面。第二，新闻学研究会是新闻界学术共同体的雏形，在新闻教育、实务的专业化方面起到了引领作用。北大新闻学研究会是中国新闻教育和新闻学研究的开端，也是我国新闻事业职业化的开端。第三，新闻学研究会为当时和后世留下了宝贵的精神财富。这些精神激励了一代又一代的国人为民族独立、国家富强而奋斗，以徐宝璜、邵飘萍等为代表的新闻人也为后世树立了职业典范（程曼丽、赵晓航，2018）。

（九）徐宝璜（Xu Baohuang）

1. 生平

徐宝璜（1894—1930），字伯轩，江西九江人，出生于知识分子家庭，7岁丧父，早年在九江文化学堂读书，12岁随伯父徐子鸿在京求学，就读于汇文中学，辛亥革命前肄业于北京大学。1912 年考取官费赴美国留学，就读于纽约州立林业工程学院。1913 年在密歇根大学选修暑假课程，并于 1914 年转入该校攻读经济学。徐宝璜在密歇根大学就读期间密切关注新闻学教育发展现状，选修了该校“报纸工作者培训项目”开设的“修辞与批评”和“基础报纸写作”等课程。这段学习经历为徐宝璜创办北大新闻学研究会提供了可直接借鉴的经验模式。1916 年夏，徐宝璜获得密歇根大学文学学士学位，毕业回国。

1917 年，徐宝璜获聘为北京大学文科本科教授，同时还担任北京《晨报》编辑。在蔡元培校长领导下，北大成为新文化运动的中心。1918 年春，蔡元培、徐宝璜将组织新闻研究会提上议事日程。1918 年 9 月，北大新闻学研究会进入实质性创立阶段，成立初期主要由徐宝璜作为导师演讲，从 10 月中旬至 12 月上旬分别进行了《新闻纸之职务及尽职之方法》《新闻之定义》《新闻之精彩》《新闻之价值》《新闻之采集》《新闻之编辑》等 13 次演讲。1920 年起，除在北大任教外，徐宝璜还先后在北京民国大学、朝阳大学、中国大学、平民大学等校任教，主讲新闻、经济方面的课程。1930 年 5 月 29 日，徐宝璜因中风晕倒在北京大学讲坛上，6 月 1 日在北平病逝，享年 36 岁（陈昌凤，2009）。

2. 成就

徐宝璜在中国的新闻界和新闻学界，有“最初的开山祖”之誉。在中国的新闻史上，他拥有三个第一，即：

第一个在大学讲授新闻学课程。这里指的是徐宝璜 1918 年在北大文科各系开设新闻学选修课一事。此外，他还是中国大学中的第一个新闻系主任，曾于1923年任平民大学新闻系主任。这也是中国新闻教育史上的一件大事。

参与创办中国第一个新闻学研究团体。1918年10月14日北京大学成立了新闻研究会，不久改称新闻学研究会，这是中国新闻史上第一个新闻学研究团体，也是中国新闻教育事业的发端。徐宝璜自1918年9月起就参与了该研究会的筹备活动。研究会成立后，蔡元培以北大校长名义挂名为会长，徐宝璜担任副会长，是研究会的实际负责人和专职导师之一（另一个是邵飘萍）。

编撰中国第一本国人自撰新闻学教材及专著《新闻学》。徐宝璜早在1918年9月就将他在北大文科各系讲授新闻学的讲稿以《新闻学大意》为题，在《东方杂志》上连载。1919年，徐宝璜又以《新闻学》为书名将讲稿交北大出版部出版。该书是中国历史上第一部新闻学专著，因此被蔡元培称为“破天荒之作”，自1919年出版后曾再版4次，1994年又由中国人民大学出版社重新出版，前后出版了6次，在中国新闻学史上十分罕见（邓绍根，2018）。

《新闻学》一书系统论述了新闻学的性质和重要性、新闻纸的功能任务与作用、新闻的定义、新闻的特征、新闻的价值、新闻采访、新闻编辑、标题制作、新闻评论写作、广告制作、报社设备、报纸发行和通讯社机构等内容，涉及新闻学新闻史论、业务实践和经营管理三大领域。其中的某些观点，可能如今看来已经陈旧，作者认识上也自然有其局限，但其中有关新闻学普遍规律的论述，有关报纸功能的论述，有关反对假新闻和有偿新闻的论述，以及新闻如鲜鱼这一形象的比喻，仍然历久弥新，给今天的新闻工作者以很大的启示（方汉奇，2002）。

（十）新记《大公报》（*Ta Kung Pao*）

1. 从《大公报》到新记《大公报》

《大公报》1902年6月17日在天津法租界创刊，数易其主，是全球华文传媒史上过百年的报纸，是中国新闻界的重要报纸。该报主要由天主教堂总管柴天宠及朱志尧等人投资，部分股份来自法国传教士、法驻华公使，维新派人士严复也入股千元。英华主持报务，自任社长并承担主笔重任，总揽言论和经营大权。《大公报》以“忘己之为大，无私之为公”为宗旨，主张为民众谏言。1916年由安福系财阀王郅隆买下，前期由胡政之做总编辑，发展较好，1920年8月12日胡政之离开后，随安福系失势，于1925年11月27日停刊（童兵，2001）。

1926年9月1日起，《大公报》由吴鼎昌、胡政之和张季鸾等以新记公司名义接办。在新记大公报公司里，吴鼎昌出资5万元，任社长，胡政之任经理，张季鸾任总编。

2. 新记《大公报》发展概况

1936年，日军南侵，新记《大公报》逐渐西移。面对日军侵略，新记《大公报》在中日未全面开战前“明耻教战”，一方面让王芸生连续发表《六十年来中国与日本》，梳理中日之间的关系史；另一方面请军事家开辟专栏，为百姓和民众普及战争知识。1937年7月，抗日战争全面爆发，新记《大公报》表现了抗日爱国的积极态度，发表了大量评论鼓舞士气。1937 年 9 月 18 日，《大公报》武汉版于战火中的上海创刊，张季鸾写下了《中国民族的严重考验》《置之死地而后生》等振奋人心的社评。1938 年王芸生任《大公报》重庆版总编，继续宣传抗日救国。1941 年 5 月，新记《大公报》因其出色表现获得美国密苏里大学最佳新闻传播业服务荣誉奖章，是迄今为止中国报界唯一获此殊荣的报纸。

抗战胜利后，《大公报》上海版、天津版、香港版复刊，一度反共拥蒋，1948 年《大公报》香港版、上海版转变态度，宣布站到人民一边。上海解放后，《大公报》于 1949 年 6 月 17 日发表《大公报新生宣言》，继续在上海出版，原在天津出版的该报，于 1949 年 2 月 27 日改办为《进步日报》。1953 年元旦，《进步日报》与上海《大公报》合并为天津《大公报》。1956 年 10 月 1 日该报迁往北京，以报道财经为主要内容，1966 年 9 月 10 日终刊。香港《大公报》出版至今。

3. 新记《大公报》特点

其一，“四不主义”办报方针。

新记公司在接办《大公报》后的第一天就刊载了《本社同仁之志趣》，提出“不党、不卖、不私、不盲”的办报方针：不党，即“特别声明本社对于中国各党阀派系，一切无连带关系而已”；不卖，即“欲言论独立，贵经济自存，故吾人声明不以言论做交易”；不私，即“本社同仁，除愿忠于报纸固有之职务外，并无私图”；不盲，即“对问题独立思考、洞察事理、辨明是非，不盲从、不盲信、不盲动、不盲争”。不党、不卖阐述了其商业属性，不私、不盲主要侧重于阐明社会属性（俞凡，2016）。

“四不”方针宣布了新记《大公报》“中立、公允、超然于党派之上”的办报宗旨，第一次表明中国职业报人独立意识的觉醒，是中国报刊摆脱政党报刊，跳出纯粹商业目的，进入独立负责的报刊阶段的重要宣言。

其二，成为维护国家利益的“文人论政”机关。

新记《大公报》“文人论政”的风格开创了中国专业主义商业报纸的新范式。总编辑张季鸾主持《大公报》笔政15年，躬逢其事，矢志不移，将王韬、梁启超等开创的“文人论政”的报业传统推向顶峰，提升了商业报纸的境界。他所主张的报纸要超党派，并不是“超政治、无立场”，而是提倡“对政治，贵敢言”（张丽萍，2008）。

其三，新记《大公报》的副刊富有特色。

《小公园》（1928—1935）是新记《大公报》连续出版时间最长、影响力最大的综合性文艺副刊，主编先后有何心冷、徐凌霄、曹世瑛、吴砚农等，办得轻松有趣，又多嬉笑怒骂。特别是在萧乾的改革下，《小公园》成为纯文艺性的副刊，经常刊发叶圣陶、冰心、朱光潜、巴金等人的作品，后并入《文艺》副刊。

（十一）“四社”（Si She）

民国时期，新闻理论界与实务界对国外报业集团化经营的报团、运营方式、趋势与消极影响以及国内报业集团化经营的趋势、成因、模式、实施操作等方面都有较为具体的研究（曾来海，2011）。

我国商业报刊在20世纪30年代时出现了具有报业托拉斯雏形的联合体，是张竹平发起组建的，包括上海《时事新报》《大晚报》《大陆报》和申时电讯社的“四社联合办事处”，简称“四社”。

张竹平（1886—1944），江苏太仓人，毕业于上海教会学校圣约翰大学，1914年前后进入申报馆，被聘为经理。张竹平在《申报》工作期间，通过改进广告和发行，为《申报》的经营成功贡献颇多，也为其日后独立主持新闻事业积累了丰富经验。他的事业从办电讯社开始，1928年正式创立“申时电讯社”。几年之内，申时电讯社“订户达百十余家”，经营范围有电讯、邮讯、广告等（刘小燕，2003）。同年，张竹平又与汪英宾、潘公弼等人合股购下了《时事新报》并组建股份有限公司，任董事长兼经理。1930年冬天，张竹平离开《申报》，1931年2月与董显光等人合股，从英商伊兹拉之妻手中购进濒临倒闭的英文报纸《大陆报》，张竹平任经理，董显光任总编辑。同时，张竹平又与董显光、曾虚白等人策划创办了《大晚报》。

“四社”的成立，在新闻界独树一帜，张竹平也成为报界的新星，在当时的新闻界影响很大。像这样一个既有报纸又有通讯社，既有日报又有晚报，既有中文报纸又有英文报纸的联合体，在中国新闻史上可谓空前。在“三报一社”中，除申时电讯社由张竹平独自经营外，另外三报都是股份公司，各有自己的董事会。严格地讲，“三报一社”不是资本的联合，仅是业务上的部分联合，只能说是一个报团的雏形（刘小燕，2003）。

抗战爆发后，《大陆报》《大晚报》、申时电讯社相继停办，

《时事新报》内迁重庆。中国新闻史上少见的报团雏形就此完全解体（王润泽，2015）。

（十二）成舍我（Cheng Shewo）

北洋军阀统治时期，在困难重重的环境中，新闻事业仍然有所发展。北京、天津、上海三大城市的新闻界，出现了令人瞩目的变化。在北京，成舍我开始创立自己的事业——《世界日报》。

成舍我（1898—1991），原名成勋，又名成平，笔名舍我，原籍湖南湘乡，曾在上海《民国日报》任校对、助理编辑，在北京《益世报》任编辑、总编辑。他于1924年4月16日创办《世界晚报》，1925年2月10日创办《世界日报》，同年10月1日出版单张《世界画报》。短短一年时间内，成舍我的三个“世界”先后创办起来，形成中国第一个初具规模的报系。成舍我也成为中国报业史上第一个独立创办三家报纸的报人（谢平，2009）。

成舍我重视报纸特色，《世界晚报》标榜“主张公正，消息灵确”；《世界日报》以军事政治新闻为主，兼顾教育新闻，还设有多种副刊，曾聘请刘半农为副刊主编，发表过鲁迅的作品，日销量达35 000多份，居当时北京各大报纸之首位（方汉奇，2014）；《世界画报》先以时事照片为主，后以美术作品为主。同时，成舍我还重视经营管理，把印刷、发行、广告等工作组织得井井有条。此外，在新闻报道上，成舍我还十分重视“独家新闻”，讲求消息的准确和时效；重视做好副刊，晚报的《夜光》副刊、日报的《明珠》副刊，精致轻松、雅俗共赏，在当时都是非常受欢迎的（谢平，2009）。

1935 年 9 月 20 日，成舍我在上海创办了《立报》。在创刊号上发表的《我们的宣言》一文中，成舍我明确提出“报纸大众化”和“以日销百万为目的”两大口号。成舍我所提倡的“大众化”是一种站在民众立场上的“大众化”，与资本主义“大众化”的商业属性相区别，赋予了“报纸大众化”新的内涵。同时，成舍我还认为报纸应当肩负起唤起民众的启蒙重任，将大众化报纸视为一次革命，主张“我们要想树立一个良好的国家，我们就必先使每一国民，都知道本身对于国家的关系，怎么叫大家都能知道，这是我们创办立报唯一的目标，也就是我们今后最主要的使命”（谢平，2009）。

成舍我不仅以办报闻名，而且还是“以个人力量从事新闻教育，时间最长，影响最大，成绩最突出的卓越的新闻教育家”。他创办的北平新闻专科学校（以下简称新专）在四年多的办学历程中基本完成了两届初级班和一届高级班的教学。新专迥异于大学新闻教育的设计包含着成舍我提高新闻从业者职业素质的期许，也有其试图自下而上“改革中国新闻事业”的探索（陈琼珂，2008）。

（十三）史量才（Shi Liangcai）

1. 生平经历

史量才（1880—1934），名家修，原籍江苏江宁，后移居松江（今上海市），旧中国报业家，上海《申报》总经理。1901 年入杭州蚕学馆，毕业后在上海育才学堂、务本女校、南洋中学任教。1904 年在沪创办女子蚕桑学堂，担任校长。1908 年任《时报》主笔，1912 年接办《申报》。

史量才接办《申报》后，在企业化经营方面取得了令人瞩目的成就，在政治上却立场保守。由其主持的《申报》曾试图建立英美式的报业托拉斯，先后于 1927 年、1929 年购进了《时事新报》和《新闻报》的大量股权，但受到国民党当局的强烈抵制。改革受阻的史量才邀请黄炎培、陶行知、戈公振参与《申报》报纸改革，并于 1931 年 9 月 1 日发表了《本报六十周年纪念宣言》，提出了具体改革目标；然而，随后爆发的“九一八”事变和淞沪抗战打断了其改革进程。

骤变的政治局势使史量才意识到民族危亡的严酷事实和救亡运动的爱国热情，也使他认清了蒋介石对日妥协和“攘外必先安内”政策的危害，政治态度趋向进步，开始积极支持抗日运动。1931 年 12 月 20 日，除《民国日报》以外的上海各家日报在史量才的策划下，同时刊载了《宋庆龄为邓演达被害宣言》；1932 年 6 月 30 日，史量才发表时评《剿匪》，7 月 2 日和 4 日又发表两论和三论，将矛头直指蒋介石；淞沪抗战期间，史量才还带头组织上海地方维持会，并被推选为会长（陈昌凤，2009）。

1932 年 11 月 30 日，史量才发表《六十周年革新计划宣言》，宣布了 12 项革新措施，还强调需要“社会大众的伟力”来推进新闻事业。其措施可归纳为以下几项（方汉奇，2002）：

一是加强新闻，改革本埠新闻报道，在南京、汉口等 29 个城市设分馆，增加各地通讯。

二是改革副刊《自由谈》，把它变成具有时代性的思想文化园地。这项改革措施产生了深刻影响，特别是推动了杂文发展，鲁迅就曾用40多个笔名在该刊上发表了140多篇杂文。

三是改进副刊和增刊，以鲜明特色适应各类读者的需要，综合性的如《业余周刊》、文艺性的如《春秋》、知识性的如《医学专刊》。

四是出版书刊，具体有《申报月刊》《申报年鉴》《中华民国新地图》等。

五是兴办社会文化事业，如建立流通图书馆、新闻函授学校、业余补习学校和申报服务部等。

由于上述措施的施行，申报馆成为一个以报纸为中心的庞大文化事业群体。

史量才和《申报》的上述变化虽为社会瞩目，在国民党当局看来却意味着报纸和报人均逐渐脱离了政府的控制。1934年11月13日下午，史量才被蒋介石派遣的特务暗杀。

2.“史家办报”思想

“史家办报”的提法出于章太炎的《史量才墓志铭》。史量才姓史，加之主张“以史自役”，因而章太炎将其办报方针称为“史家办报”。

其一，报纸应该对历史负责。史量才具有强烈的历史责任感，他看到了新闻和历史的共同本质，认为办报等于记载历史，一方面应力求真实，一方面办报治史才能做到对历史负责。《申报》也因此以“现代的史记”自况，自1933年开始连续出版《申报年鉴》，争取以年为周期回顾《申报》过去一年的历程及报道的事件，弥补了日报的不足，成为一部编年史。

其二，独立办报。史量才不畏强权且注重言论，提出了“国有国格，报有报格，人有人格”的说法，并把《申报》的宗旨定为“无党无偏、言论自由、为民喉舌”。1932 年 2 月至 10 月间，《申报》连续开了 9 次天窗，以此抗议国民党的新闻审查制度。史量才更以经济独立为由，拒绝国民党官方派人进驻报社，成为上海“新闻一条街”上唯一拒绝政府官员进驻的报纸。

其三，办报目的在于经世致用。史量才的社会服务意识主要体现在三方面：

第一，围绕着《申报》业务开展了系列活动，先后增办了《星期周刊》《常识》《妇女园地》《经济专刊》《申报医药周刊》等。第二，开创文化事业，充分利用《申报》的资源及品牌效应，先后创办了《申报》新闻函授学校和业余补习学校，培养了大批青年走向进步。第三，支持新闻业，1925 年上海南方大学设立报学系及报学专修科，史量才及《申报》在人力物力方面均给予了支持（董天策、谢影月，2016）。

（十四）戈公振（Ge Gongzhen）

戈公振是一位有革新思想的新闻工作者，也是一位大学教授和卓有成就的新闻学专家，在中国新闻史学研究界被视为定鼎之人。严格来说，中国的新闻史研究是从 1927 年戈公振出版《中国报学史》开始的，该书也是中国新闻史研究的开山奠基之作（刘晓伟，2016）。

戈公振（1890—1935），原名绍发，江苏东台人，1913 年进入上海《时报》馆工作，由校对、助理编辑、编辑升至总编辑，前后达15年之久。1920年创办《图画时报》，为中国第一个报纸画刊。1925年至1931年间，戈公振曾先后兼任上海国民大学、南方大学、大夏大学和复旦大学等校新闻学教授，曾参与组织上海报学社，从事新闻学研究。

1927年，戈公振曾赴英、法、德、意、瑞士、美、日等国考察新闻事业，并应国际联盟邀请，参加在瑞士日内瓦举行的国际新闻专家会议。戈公振对世界报业的考察活动，是近代国人考察世界报业的一次壮举。他准确把握了世界新闻发展的潮流，为中国的新闻学发展提供了异域借鉴（齐辉，2011）。

1928年回国后，戈公振应史量才的邀请担任《申报》总经理助理，负责为革新报纸业务和改进管理制度做调查研究。“九一八”事变后，他积极参加抗日救亡运动，学习马列著作，1933年以“中央通讯社”特派记者身份赴莫斯科采访，写作的通讯后汇集为《从东北到庶联》一书。1935年8月，戈公振应邹韬奋、胡愈之的邀请，回国参与筹办《生活日报》，同年10月22日在上海病逝。

戈公振的专著有《中国报学史》《新闻学》《从东北到庶联》等，还有译作及多篇论文，其中以《中国报学史》的影响最为深远。这部书于1927年由商务印书馆出版，在绪论中戈公振指出：“所谓报学史者，乃用历史的眼光，研究关于报纸自身发达之经过及其对于社会文化的影响之学问也。”这个定义明确认定了本学科的研究对象和范围，在学术上具有重要意义。戈公振将“邸报”视为“报纸之雏形”，因而以“邸报”作为报纸发展的起点。这本专著全面、系统地评价报纸发展的历史，有明确的历史分期和报刊分类，为中国报刊史提供了一个较为完整的理论框架（方汉奇，2014）。

除此之外，戈公振还提出报刊是人类思想交通之媒介的观点，并据此分析了中国新闻史上官报、民报和外报之间的传播关系。戈公振的传播论述，是传播概念中国化的最早尝试之一（高海波，2013）。

（十五）文人论政（Scholars Commenting on Politics）

"文人论政"是指知识分子以匡扶时世为己任，将"天下兴亡，匹夫有责"的忧患意识贯穿到言论当中，力图以言论来指引国家的走向的态度，也是中国近现代报刊的一种可贵传统。

遍观百年新闻史，"文人论政"传统的产生、存在至少需要三个条件：一是民间报刊的空间；二是经济独立；三是知识分子能保持人格独立（傅国涌，2003）。实际上，中国报界的"文人论政"传统代表的正是中国自由主义知识分子的立场。

1874年，王韬在香港创办《循环日报》，开创了中国近代报刊"文人论政"的先河。从1874年至1884年的10年中，王韬在《循环日报》上发表论说800余篇，标志着"文人论政"的萌芽（李新颖，2008）。梁启超也以他"常带感情"的笔锋将这一传统发扬光大。从《时务报》到《清议报》《新民丛报》，梁启超影响了不止一代人（傅国涌，2003）。1912年4月至1916年6月袁世凯统治时期，形成了持续4年的新闻事业低潮，报人、报纸品格低下，报纸言论退化，"文人论政"从此走进万马齐喑的衰退期。1915年，陈独秀在上海创办了《青年杂志》（后改名《新青年》)，从此拉开了新文化运动的序幕。在这场轰轰烈烈的改造国民性的运动中，《新青年》同人以报刊为阵地，以笔为武器发表了大量论说文字，完成了“文人论政”传统的复兴（李新颖，2008）。

新记《大公报》是“文人论政”报刊的典型代表，吴鼎昌、胡政之、张季鸾共同经营时期是它最重要的发展时期。张季鸾接办《大公报》之初，就立志要把新记《大公报》办成一份不依赖于党派，不接受津贴，完全独立自主，并由文人论政的政论报纸。初期的新记《大公报》，一方面反映了对北伐战争胜利进军的恐惧情绪，另一方面也骂蒋介石，骂反动军阀，揭露黑暗现实。正因为如此，这份报纸在这一时期成为中国近现代新闻史上一张具有影响力的报纸，并得到世界新闻界的承认和关注。张季鸾在社评《本社同人的声明》中指出：“中国报，有一点与各国不同。就是各国的报是作为一种大的实业经营，而中国报原则上是‘文人论政’的机关，不是实业机关。这一点，可以说中国落后，但也可以说是特长。”（王润泽，2015）

（十六）哈尔滨无线广播台（XOH）

哈尔滨无线广播台创立于1926年10月1日，创办者为无线电专家刘瀚，台址设在道里区外国八道街18号（现端街16号），呼号XOH（后改为COHB），发射功率100瓦（后增加到1000瓦），每天播音两小时（方汉奇，2002）。播出的主要节目有钱粮行情、新闻、音乐、文艺等，语言主要是汉、俄、日语。

“九一八”事变后，哈尔滨无线广播台积极揭露日本帝国主义的侵略行为，不过随着 1932 年日军进入哈市，哈尔滨无线广播台逐渐沦为日本人试图奴役东北居民的宣传路径。1945 年 8 月 15 日，哈尔滨中央放送局中午播出日本天皇裕仁宣读《投降诏书》的录音后，宣告结束它在哈尔滨的历史。

哈尔滨无线广播台可以说是我国的第一座广播电台。它以其所发的声音开了中国广播历史之先河，创下鼓舞后人的光辉业绩（尔泰、丛林，1983）。

（十七）国闻通讯社（Guo Wen Tong Xun She）

国闻通讯社于 1921 年 9 月在上海成立，社长为胡政之。1924 年，胡政之创办《国闻周报》。1926 年，《大公报》创立上海版，胡政之就将国闻社员工转为《大公报》成员，国闻通讯社几乎成为《大公报》的附属机构。1936 年，国闻通讯社停办。胡政之一开始就将国闻通讯社定位为全国性报纸，先后在汉口、北京、天津设立分社。在上海的总社设有广告部，北京分社设有英文部，向外国报纸提供英文稿（方汉奇，2002）。国闻通讯社最初仅限于邮寄，1925 年开始用电报传递新闻，是我国新闻史上最早利用电报报道新闻的通讯社之一（方汉奇，1996）。

民国初年，通讯社大都为营利而无所不用其极，如毁谤诋毁、鼓动风潮等，而胡政之对此极不满意，他认为理想的通讯社应当是：真正站在新闻立场，以舆论影响社会，以消息传布民情的（陈纪滢，1974）。由此，胡政之在考察了世界各大通讯社后决心创办国闻通讯社。在报道内容上，国闻通讯社稿件翔实快捷，举凡政治、经济、军事、社会以及国际新闻，都迅速报道（罗婕，2003）。

国闻通讯社的创办有着深远的意义，它是当时中国最早能把稿源范围扩展到全国甚至国外的民营通讯社，也是当时中国较早能把发稿范围扩展到国际的中国人自己创办的通讯社。此外，国闻通讯社采用现代通讯社发稿的模式，甚至招聘东京通讯员，开创国人创办通讯社驻外记者之始，使我国通讯社的发展向现代化方向又迈进一步（王咏梅，2008）。

四、中国政党新闻媒介的发展历程

（一）梁启超（Liang Qichao）

梁启超，字卓如，号饮冰室主人、饮冰子，又号任公。中国近代思想家、政治家，戊戌变法领导人之一，中国近代维新派代表人物。

1. 人物经历概述

梁启超1873年出生于广东新会，17岁中举。后师从康有为，成为资产阶级改良派宣传家，鼓吹变法，并协助康有为编写《新学伪经考》《孔子改制考》等著作。1895年，康有为、梁启超发动“公车上书”，召集千余名举人联名上书清廷，要求拒和，实行变法。1895年6月，康有为在北京创办《万国公报》，梁启超为主要撰稿人，其间鼓吹变法，宣传西学。

1896年，黄遵宪、汪康年等人在上海筹办《时务报》，梁启超应邀主持笔政，其间发表《变法通议》《论中国积弱由于防弊》等文章，系统阐述维新变法的理论，大力介绍西学，鼓吹变法，“法者，天下之公器也；变者，天下之公理也”；弘扬民权论，将历代帝王斥为“民贼”，认为“君权日益尊，民权日益衰，为中国致弱之根源”。这些文章文笔流畅，感情充沛，对当时的知识分子产生了较大影响，梁启超因此声名大噪（夏晓红，1992）。

随着与汪康年的矛盾日益激化，梁启超1897年离沪赴湘，就任长沙时务学堂总教习，在讲学过程中著《变法通议》，以为变法做宣传。1898年，由于在湖南受到反维新势力的攻击，梁启超返回上海，随即辞去《时务报》主笔之职，1898年3月初来到北京，决心为挽救民族危亡跟随康有为奔走呼号。

戊戌变法失败以后，梁启超逃出北京，东渡日本，政治思想逐渐走向保守。为扩大保皇派影响，梁启超于1898年在横滨创办《清议报》，1902年在横滨创办《新民丛报》，并与资产阶级革命派进行论战，同时在檀香山创办《新中国报》，大力介绍西方资产阶级的社会政治学说，鼓吹保皇立宪。辛亥革命之后，梁启超1913年入袁世凯政府担任司法总长；之后对袁世凯称帝、张勋复辟等严词抨击，并加入段祺瑞政府担任财政总长。1917年，孙中山发动护法战争，段祺瑞政府下台，梁启超随即结束其政治生涯，于1918年赴欧学习，后归国宣扬中国传统文化，1929年在北京病逝，享年56岁。梁启超一生，其办报生涯自1895年在北京主编《万国公报》起至1922年脱离报界，前后共有27年，亲自创办和支持过的报刊有17家，撰写各类文字1400万言，其办报实践对我国近代新闻事业的发展具有重要贡献，其新闻思想对报界产生深远影响（方汉奇，2014）。

2. 梁启超不同时期新闻思想与演进

（1）戊戌变法时期："耳目喉舌论"与"去塞求通"。

梁启超这一时期的新闻思想代表了资产阶级改良派最初的新闻思想，即主张通过办报改革弊政，巩固现有政权。他以西方资产阶级新闻理论为借鉴，在总结报业实践的基础上提出了较为系统的新闻思想。其在1896年8月9日上海《时务报》的创刊号上发表《论报馆有益于国事》一文，将报纸比作"耳目喉舌"，是"国家之耳目也，喉舌也，人群之镜也，文坛之王也，将来之灯也，现在之粮也"，指出报纸具有"去塞求通"的功能。同时，他还认为报刊具有"开风气"之效，即"报馆之议论既浸渍于人心，则风气之成不远矣"，"风气"即变法求新的新风气（陈昌凤，2007）。1897年在《〈蒙学报〉〈演义报〉合叙》一文中，梁启超进一步强调了报纸"教愚民""开民智"的功效，认为报纸之所以能开民智，是因为报纸上的消息和言论能够帮助民众掌握新的知识，西方报纸"有一学即有一报，其某学得一新义，即某报多一新闻""阅报愈多者，其人愈智"（潘祥辉，2009）。

（2）主持《时务报》时期：提出"时务文体"，创新报刊版式。

梁启超在主持《时务报》期间创设了著名的"时务文体"，影响了一代文风，对报刊的内容和体例也有创新。1897年《知新报》创办时，梁启超在发刊词中规定了"论说第一""上谕第二""近事第三"等五点，囊括了国内外社会消息及学问知识等多方面，极大丰富了报刊内容；《清议报》创刊时，他规定报刊内容应分为"支那人论说""日本及泰西人论说""支那近事""万国近事”等六项（梁鑫，2015）。这些对内容的具体要求，都反映出梁启超对报刊作用的设想。此外，梁启超还对新闻文体、文风大胆改革且勇于实践，提出了一系列观点，如内容上可以畅所欲言、不拘一格；语言上要大众化、形象贴切、具有亲和力和感染力，能为大众所理解、所接受；可以采用西方传入的新名词、格言谚语，使用标点符号；可以使用拟人、比喻、排比等修辞手法。

除此之外，梁启超还对报刊的版式和编排进行积极改革。在此之前的报纸排版较多采用竖排和固定的字形字号，并统一以线装书册式装订，有的文章标题不清甚至没有标题，对阅读造成很大影响。在此背景下，梁启超积极主导和参与对报刊版面编排的改革。他在主笔《时务报》时，一方面统一进行新式装订，改变了过去线装书册式的装订模式；一方面在版式编排上也进行了新的设计，统一使用新式版面；此外还对文章标题、字号字形等进行大胆改革，很好地适应了当时新闻发展的潮流。

（3）戊戌变法失败至辛亥革命爆发时期：新闻理论体系趋于成熟。

1898 年 9 月，梁启超于戊戌变法失败后逃亡日本。这一时期他接触了更多的资产阶级新闻理论，其新闻思想也发生了变化，在报纸功能、办报原则以及宣传策略等方面，提出了一系列较为成熟的理论观点。如其 1902 年在《新民丛报》上发表的《敬告我同业诸君》，就总结了报纸的“两大天职”：“一曰对于政府而为其监督者，二曰对于国民而为其向导者。”同时，他还提出了衡量报刊优劣的“四条标准”，具体为“宗旨定而高”“思想新而正”“材料富而当”“报事速而确”（张昆，1991）。此外，他还在1910年创办《国风报》时提出了“舆论五本”与“报馆八德”。前者提出健全的舆论应具备“常识”“真诚”“直道”“公心”“节制”等“五本”，后者提出报馆之天职应包括“忠告”“向导”“浸润”“强聒”“见大”“主一”“旁通”“下逮”等“八德”（丁淦林，2007）。这一时期梁启超对报刊相关理论进行了深化，对新闻学问题有了更广泛的涉猎，思考遍及新闻自由、报刊经营、报刊舆论引导功能等方面，其新闻理论体系逐步成熟。

（4）五四运动前后：思想理论沉淀期，弘扬国学，主张中庸。

1912年12月1日，梁启超创办《庸言》杂志，希望能通过报刊宣传进步党的政治见解。刊名的中“庸”意为“一训常，言其无奇也；二训恒，言其无易也；三训用，言其适用也”（梁启超，1912），主张中庸平和之道。随着袁世凯篡夺辛亥革命胜利果实企图复辟帝制，并对新闻界采取高压政策引发“癸丑报灾”，梁启超逐渐意识到创办报刊无法改变积贫积弱的旧中国，随即结束其政治生涯进入校园讲学，其办报经历也就此结束。

（二）《时务报》（*The Chinese Progress*）

19世纪90年代中期，中国资产阶级维新派发动的变法维新运动席卷全国，康有为、梁启超、严复等人创办了一系列报刊，推动了国人的第一次办报高潮，使得外报的在华优势被打破，国人自己的报刊成为推动中国社会舆论的主要力量。在这些报刊中，《时务报》是维新派最重要、影响力最大的一份机关报。

1896年8月9日,《时务报》在南方重要舆论阵地上海创办,由黄遵宪带头筹备,梁启超任总撰述,汪康年任总经理,该报提倡的主要内容包括兴民权、发展民族资本主义、反帝独立、废科举等。

《时务报》每期约30 000字,所刊内容有政论、谕折、京外近事、西电照译等。初期,梁启超承担全部编撰工作,每天除撰写4000多字的评论外,还要撰写、修改20 000多字的文稿。梁启超在《时务报》上发表过数十篇政论,其中包括极具影响力的《变法通议》。这篇长文自创刊号起连载了43期,第一次从政治、军事、经济、文化等多方面系统阐明了维新派的主张。梁启超在创刊号上发表的《论报馆有益于国事》一文,大力鼓吹多办报纸,主张报刊应"广译五洲近事""详录各省新政""博搜交涉要案""旁载政治学术要书",以启民智、开风气、助变法。此外梁启超在论述报馆的功能时还提出:"去塞求通,厥道非一,而报馆其导端也""其有助耳目喉舌之用而起天下之废疾者,则报馆之为也""阅报愈多者其人愈智,报馆愈多者其国愈强"。《时务报》上述大胆而新颖的言论使朝野大为震动,所译外报文章又使读者大开眼界,因而"举国趋之,如饮狂泉"。尤其是梁启超撰写的文章,更是风靡一时,以至于"上自通都大邑,下至僻壤穷陬,无不知有新会梁氏者"。同时,《时务报》也一度得到部分地方官员的支持,由于读者的欢迎和官府的提倡,《时务报》的发行量与日俱增,推动了第一次国人办报的高潮,维新人士纷纷开始办报,时务文体广受欢迎,影响力广大,但同时也遭到封建顽固派的反对和嫉妒(方汉奇,2014)。

1897年10月，梁启超因饱受排挤而离职赴湘，其他维新派人士也先后离去，后期的《时务报》落入了汪康年手中，变成洋务派的喉舌。1898年“百日维新”期间，康有为曾试图夺回《时务报》并展开过一场激烈的斗争。最后，光绪帝批准将《时务报》改为《时务官报》，迁至北京出版，并责成康有为督办此事，但汪康年抗旨不交，并抢先于1898年8月将《时务报》改名为《昌言报》，继续在上海出版。随后戊戌政变爆发，康、梁逃亡海外，围绕《时务报》的这场斗争遂以维新派的失败而告终（方汉奇，2014）。

（三）《国闻报》（*Guo Wen Pao*）

19世纪90年代中期，变法维新运动带来的第一次国人办报高潮中，由维新派主办的政论报刊有很多，并以《知新报》《国闻报》《湘学新报》和《湘报》影响最大。其中，《国闻报》是维新变法时期维新派在华北的舆论重镇，也是维新派创办的第一份日报，由我国近代启蒙思想家、报刊活动家和翻译家严复于1897年10月26日创刊于天津。

严复（1854—1921），字又陵，福建侯官（今闽侯县）人，出生于名医世家，幼年受到严格的中国传统文化教育。甲午海战失败后，作为中国海军成员的严复感到痛心疾首，连续在天津《直报》上发表《论世变之亟》《原强》《辟韩》《救亡决论》等文章，猛烈抨击列强的侵略行径，揭露封建专制制度的弊端，提出了“鼓民力”“开民智”“新民德”的主张。这些文章发表在康有为“公车上书”之前，在当时的思想界有很大影响。

1897 年夏，在维新派办报热潮的推动下，严复与北洋学堂总办王修植、育才学堂总办夏曾佑、内阁中书杭慎修（辛斋）等人集资创办了《国闻报》和《国闻汇编》，大力鼓吹变法维新。

《国闻报》日出对开 1 大张，另有《京报》附页 4 开 2 小张，设有电传、上谕恭录、制台辕门抄路透电讯、论说、国闻录要、本埠新闻、国内新闻、国外新闻、广告等栏，社论大部分出于严复之手。该报尤其注重外报选译和新闻采访工作，在国内各地及伦敦、巴黎、纽约、华盛顿等城市设有特约记者，同时还出版旬刊《国闻汇编》。

《国闻报》在当时的维新派报刊中独树一帜，“以通外情为要务”，创刊号上刊载的《国闻报缘起》强调其办报目的是“通上下之情”“通中外之故”，帮助读者学习西方的“民主”和“西学”，以求中国的富强。因此，国闻报馆不惜重金聘请懂得英、法、德、日文字的翻译人员，大量译载西方的社会政治学说和自然科学知识，以及外电、外报的消息和评论。而最杰出的翻译人员则是严复本人。在译文中加入许多自己的见解是严复翻译的特点，也是其译文脍炙人口的原因所在。在《国闻汇编》上，严复发表的由他翻译的赫胥黎《天演论》，在当时起到了巨大的思想启蒙作用。

由于《国闻报》的出版地点毗邻京都，加上主持者皆为朝廷命官，一言一行都受封建顽固派的注意，为了保住维新派这个重要的舆论阵地，严复等人采取了一套特殊的斗争策略，尤其是在戊戌政变发生后，该报借助日商招牌，大胆揭露事实真相，报道了“戊戌六君子”殉难的真相，为中国近代史留下了珍贵的史料（方汉奇，2014）。

（四）《大清报律》（*The Qing Dynasty Newspaper regulations*）

1906年，清政府宣布实行预备立宪，“报禁”“言禁”有所放松，中国历史上第二次国人办报高潮开始。在严峻的国内外形势下，出于维护自身统治利益的考量，新闻立法被清廷提上了议事日程（邹倩芸，2011）。1906年，慈禧太后颁布了中国历史上第一部新闻出版法《大清印刷物件专律》。以之为基础，1908年3月，清政府颁布了《大清报律》，是中国第一部真正意义上较为完善的新闻法。

《大清报律》规定了报纸开业登记的主管部门、登记程序、禁登内容、发行办法及各项罚则，共有45条，其规定内容较为系统而全面。例如，该法律规定了报刊的“禁载”内容，其中除了现代新闻法通常禁载的内容之外，还包括“诋毁宫廷之语”“淆乱政体之语”等忤逆封建统治者意志的内容。在报刊的发行管理方面，《大清报律》将《大清印刷物件专律》中原有的注册登记制度改为注册登记制加保证金制度。在报刊检查方面，《大清报律》规定样报在开印前须送官衙随时核查，但在实践中并没有实行。1911年1月该法律修订时，将事前核查制度改为事后将样报送官衙存档（陈力丹，2013）。

《大清报律》颁行后即遭到了报界，特别是在中国主办报纸的外国人的抵制。1911年，《大清报律》改称为《钦定报律》，保存了原“报律”的主要内容。

清朝的《钦定宪法大纲》以及《大清印刷物专律》《大清报律》《大清著作权律》等一系列有关言论出版的法律都是在封建专制制度下颁布的，立法者仍然是握有皇权的朝廷，而非作为国家权力主体的现代立法者。因此，这些法律制定的根本目的是更有效地控制言论、合法地镇压媒体，以挽救朝不保夕的清王朝乃至封建专制制度。尽管如此，清末的这一系列有关言论出版的法律还是开创了中国新闻法制走向近代化的先河（周建明，2016）。而从目前我国新闻立法的情况来看，《大清报律》还是比较先进的，基本体现了现代新闻法的特点。它承认了民营报纸的合法性，允许私人资本办报，此外还明确规定了违禁的惩罚措施，可以说是中国新闻史上到目前为止无出其右的一部新闻法（陈力丹，2013）。

（五）“竖三民”（Shu San Min）

“竖三民”指的是《民呼日报》《民吁日报》和《民立报》三份由资产阶级革命派创办的报纸，其创办人均为于右任，报名都以“民”字打头，创办时间又相互衔接，所以史称“竖三民”（方汉奇，2014）。

八国联军的入侵和《辛丑条约》的签订，给中国带来了深重的灾难，同时也促进了民主革命的发展，使得革命宣传运动由海外逐步转移至国内。上海经济发达、水路交通便利、印刷条件先进，又有外国租界庇护，因此成为革命派在国内办报的首选之地。1905 年至 1911 年间，革命派在上海先后创办了 16 家报刊，其中较为著名的就有《神州日报》和“竖三民”报。

1907年4月2日，于右任在上海创办了其第一份报纸《神州日报》并任社长。于右任时期的《神州日报》发行过万、读者众多，为其后的“竖三民”奠定了坚实的读者基础（周纯婷，2013）。离开《神州日报》后，1909年5月15日，于右任在上海公共租界筹资创办了《民呼日报》，自任社长，报名取“大声疾呼，为民请命”之意，革命色彩鲜明，其内容分为言论、纪实、丛录三个部分，除介绍同盟会的纲领和西方社会政治学说外，还以大量篇幅揭露贪官污吏的罪行，后该报因揭露官吏贪污赈灾款而被迫关闭，于右任也被捕入狱（方汉奇，2014）。该报还曾发起募捐救灾活动，开创了我国报社参与社会救灾活动的先河（周纯婷，2013）。

出狱后，于右任又在上海法租界创办了《民吁日报》，取不准“大声疾呼”，暂且“长吁短叹”之意，后因揭露日本政府的阴谋活动而被查封。《民吁日报》停刊后，1910年10月11日，于右任又创办了《民立报》，以“唤起国民责任心”为其创办宗旨。该报创立之初言论较为温和，后随着革命形势发展，言论也日趋激烈，宋教仁、章士钊、张季鸾、范鸿仙等报界精英均担任过编撰工作。该报日销达两万多份，成为当时发行量最大的日报。1911年7月，《民立报》成为上海同盟会总部的机关报和联络机关（方汉奇，2014）。

于右任通过创办“竖三民”报的实践推动了革命运动，对新闻事业做出很大贡献。“竖三民”存在时间虽短却影响极深，于右任的新闻思想也渗透在“竖三民”中，主要表现为：从要求言论独立、报纸独立和新闻道德方面阐述新闻自由思想；从舆论监督的主体是国民、对象是政府及记者职责方面阐释舆论监督思想；从引导舆论、制造舆论以及注意宣传策略方面践行“有济于时局”的实际精神；通过改进业务、广告发行等经营管理策略扩大影响（刘莹,2007）。《民呼日报》《民吁日报》和《民立报》虽然在办报方面有些许不同，但是都积极宣传三民主义思想，猛烈抨击清政府的腐败统治，为辛亥革命提供了思想储备（周纯婷，2013）。

（六）“《苏报》案”（*Subao* Case）

发生在1903年的“《苏报》案”是中国近代新闻史上第一个因言论罪被政府告上法庭的报案（蒋含平，2006）。《苏报》于1896年6月26日在上海创刊，最初为胡璋个人经营的商业性报纸，其内容多为市井琐事或社会新闻。1899年胡璋因经济困难而将该报卖给陈范，《苏报》转向革命立场，成为当时上海资产阶级革命派的言论机关。1903年章士钊担任主笔后，风格更为激进，明确提出了“第一排满，第二排康”的办报方针（方汉奇，2002）。自6月起，先后刊登了邹容的《革命军》、章士钊的《读〈革命军〉》、章太炎的《驳康有为论革命书》等革命文章，最终引起清朝廷不满。6月30日，清政府密谋后由租界当局逮捕章太炎、邹容等7人，并要求处死章、邹等人。后迫于舆论压力，租界当局做出判决：章太炎监禁3年，邹容监禁2年，其余钱陈等人无罪开释，《苏报》永久停刊。后邹容在狱中被迫害致死。

在“《苏报》案”中，章、邹等人把法庭变成了宣传革命的讲台，扩大了革命报纸和革命的影响，同时也打击了清政府对于舆论的控制力量，使得清王朝炮制的这场新的“文字狱”，如抽刀断水，事与愿违（丁淦林，2002）。不过，虽然“《苏报》案”开了近代革命派报刊的一种为唤起舆论而无所顾忌、放言激烈的办报风气，却没有留下那种可以让后世新闻事业生生不息的建立制度的传统（蒋含平，2006）。

（七）《新青年》（*LA JEUNESSE*）

《新青年》于1915年9月15日在上海创刊，初名《青年杂志》，自第2卷改为《新青年》。该刊为综合性文化半月刊，16开，每出满6号为一卷，从创刊至1922年7月共出刊9卷54号，创办人为陈独秀（方汉奇，2014）。《新青年》的创刊意在发动思想改造运动、重建社会价值体系。它批判尊孔复古复辟逆流，高举民主与科学两面旗帜，发起了提倡新思想、新道德、新文学的新文化运动。

1. 作为综合性文化月刊的《新青年》（1915年9月—1920年8月）

《青年杂志》1915年9月15日在上海创刊，创刊人陈独秀在发刊词《敬告青年》中开宗明义地对青少年提出了“六义”，即自主的而非奴隶的、进步的而非保守的、进取的而非隐退的、世界的而非锁国的、实利的而非虚文的、科学的而非想象的（陈独秀，1915）。他总结了近代欧洲强盛的原因，认为人权和科学是推动社会历史前进的两个车轮，进而主张在中国高举科学与民主两面大旗。此后，陈独秀还发表了《一九一六年》《吾人之最后觉悟》等纲领性文章，热情歌颂了西方资产阶级的自由、平等、人权思想，号召青年奋起自救、获得解放。但由于杂志的社会影响力有限，于1916年2月15日暂告休刊。

1916年9月，《青年杂志》更名为《新青年》并复刊，成为五四新文化运动的发起者，销量逐步上升。该杂志在思想层面提倡新文化、批判了尊孔复儒的思想逆流，如易白沙曾在《青年杂志》1卷6号上发表《孔子平议》一文，抨击了孔子的尊权思想。1916年10月至1917年6月，陈独秀在《新青年》上连续发表《驳康有为致总统总理书》《宪法与孔教》《袁世凯复活》等文章，用西方的平等、自由、人权观、进化论等思想猛烈批判尊孔逆流，掀起了批孔运动。在政治层面，该杂志则着力宣扬民主，如陈独秀的《法兰西人与近世文明》和《吾人最后之觉悟》、刘叔雅的《佛兰克林自传》和《美国人之自由精神》等文章，都在大力传播西方民主思想。

1915年至1918年以前的《新青年》杂志基本上属于旧民主主义革命性质，1918年以后，由于受俄国十月革命的影响，中国知识界的思想发生了深刻变化。1918年10月，李大钊在《新青年》5卷5号上发表了《布尔什维主义的胜利》《庶民的胜利》等文章，较早地进行马克思主义思想的传播。1919年五四运动爆发后，《新青年》的革命色彩更为明显，逐渐成为宣传马克思主义的思想阵地。李大钊负责编辑的6卷5号，办成了“马克思主义思想研究专号”（方汉奇，2014）。

在组织发行层面，这一时期的《新青年》采用编辑和发行分离的策略，杂志发行和印刷工作由群益书社负责，编辑工作由“青年杂志社”负责，走商业路线，广告的主体内容为书籍和报刊广告。

在编辑层面，这一时期的《新青年》采用同人杂志的编辑模式，不追求商业利益，作者队伍十分强大。其作者独立于政治集团之外，形成了“以杂志为中心”的知识群体，具备社会团体的动员与组织功能，主要包括陈独秀、高一涵、易白沙、谢无量、李大钊、胡适、杨昌济、章士钊、蔡元培、恽代英、毛泽东、鲁迅等人。

在推广白话文方面，《新青年》发起的文学革命是和白话文运动合二为一的。1917 年 1 月，胡适在《新青年》2 卷 5 期上发表《文学改良刍议》，提出“文学改良”的“八事”。陈独秀随后在《新青年》2 卷 6 期上发表《文学革命论》一文，正式举起了“文学革命”的大旗。在《新青年》的引导下，白话文运动与文教界的国语运动合流，《新青年》同人刘复、胡适、周作人等提出《国语统一进行方案》议案，商务印书馆、中华书局等积极编印白话文教科书。1920 年，北洋政府教育部宣布废止国文教科书，采用白话文教科书，实现了教育界普遍使用白话文的革命目的（陈昌凤，2007）。

2. 作为中国上海共产主义小组机关刊物的《新青年》（1920 年 9 月—1922 年 7 月）

五四运动后，新文化运动阵营内部出现了“问题与主义”之争，《新青年》同人固有的“文化”与“政治”分歧加剧，编辑委员会走向分裂。1920 年起，新文化运动同人分道扬镳，《新青年》随着陈独秀政治运动路线的迁移而南下至上海发行，

1920年9月1日出版的8卷1号被改组为中国共产党上海发起组的机关刊物，由新组建的“新青年社”办理编辑、印刷和发行事务。随后,《新青年》南迁至广州，由陈望道主编，至1922年7月出满9卷后休刊。

1920年4月，维经斯基受共产国际派遣来到中国，经由李大钊介绍与陈独秀在上海相见。维经斯基为《新青年》的继续办刊提供了一系列切实有效的援助，并协助组建了中国共产党早期组织，使《新青年》传播马克思主义的作者队伍具备了相对稳定的组织归属。这一时期加入《新青年》的作者诸如沈雁冰、杨明斋、李达、陈望道等人均为早期共产主义知识分子，进一步推动杂志向马克思主义刊物转变（江巍，2016）。这一时期的《新青年》杂志对马克思主义的传播在形式上建立了相对稳定的风格，1920年8卷1号至9卷6号持续开辟了“俄罗斯研究专栏”，大幅增加了关于马克思主义的文章。在关于支持和反对马克思主义浪潮的论战中,《新青年》也成为捍卫马克思主义的主要力量，为共产党的成立做了理论和宣传上的准备。

3. 作为中共中央理论性机关刊物的《新青年》(1923年6月—1926年7月)

《新青年》杂志于1922年7月出版至9卷6号后，因陈独秀被捕、刊物被罚款、经费困难等原因宣布休刊。1923年6月15日,《新青年》季刊复刊，瞿秋白任主编。此时期的《新青年》杂志已经变为纯粹的马克思主义刊物。

瞿秋白在《新青年之新宣言》中揭示了《新青年》的性质与职责为“无产阶级的思想机关”，其职责和指向是“要与中国社会思想以正确的指导，要与中国劳动平民以知识的武器，使《新青年》成为中国无产阶级革命的罗盘”（瞿秋白，1923）。杂志在内容上以传播马克思主义为主，出版了《共产国际号》《列宁号》和《世界革命号》3个专号，广泛介绍共产国际的纲领策略和会议内容，大量翻译马克思主义经典理论，并主张运用马克思主义理论观点分析思考中国现实问题。

（八）《向导》（*The Guide Weekly*）

《向导》是中共中央第一份政治机关报，也是一份时评政论性的周报。1922年9月13日于上海创刊，1927年7月停刊，一共出版201期。蔡和森、彭述之、瞿秋白先后担任主编，陈独秀、李大钊、毛泽东、罗章龙、赵世炎等是主要撰稿人（方汉奇，2002）。16开4版，初创时不分栏目，后来逐渐增加了通信、读者之声、时事短评、寸铁等栏目（廖金英，2018）。

《向导》一创刊，就集中宣传党的二大制定的民主革命纲领——打倒帝国主义，打倒封建军阀，统一中国为真正的民主共和国（方汉奇，2002）。

《向导》以马克思列宁主义理论为主导，积极发挥政治机关报的作用，同帝国主义宣传工具展开了激烈斗争，戳穿列强的伪善面目，并从54期起设立“外患日志”专栏，逐日刊载帝国主义侵略中国的罪行。《向导》还批驳了各种错误思想与主张，批评“制宪”论、“好人政府”论、“借债兴邦”论、“废督裁兵”论、“联省自治”论等，宣扬革命救中国（方克，1999）。《向导》周报还首次提出“打倒帝国主义”“打倒军阀”的口号（何立波，

2011）。

《向导》深受读者欢迎，影响力逐渐扩大，发行量最高达到10万份，远销至越南、日本等，国内读者称赞它是“黑暗中国社会的一盏明灯”（方汉奇，2002）。《向导》对于中国报刊史的意义也是深远的，它是中共中央创办的第一份政治机关报；是第一次国内革命战争期间影响最大的报刊，是党成立初期创办的报刊中坚持正常出版时间最长的刊物（邓绍根，2012）。

（九）左翼新闻记者联盟（Association of Chinese Left Wing Journalists）

中国左翼新闻记者联盟是中国共产党领导的第一个记者团体，1932年在上海成立。其前身中国新闻学研究会是第一个由中国共产党领导的新闻学研究机构，曾发表《檄全国新闻记者》一文，号召新闻界要“从研究到行动，负起新闻界对社会所应负的任务”（中国新闻学研究会，1932）。“1932年春该会在《文艺新闻》上出版《集纳》专页，并在此基础上于1932年3月20日在上海成立中国左翼新闻记者联盟（简称‘左翼记联’）。”（方汉奇，2014）

“左翼记联”曾在上海法租界创办国际新闻社，为国内外报刊提供有关抗战的消息，4个月后因被法国巡捕房搜查被迫停办。此后，“左翼记联”又创办了中华通讯社，公开发稿并持续活动到其解体（孙萍、赵云泽，2012）。其间，联盟曾短暂出版小型报纸《华报》、刊物《集纳批判》，“还通过上海的新声通讯社、远东通讯社，发表有关中国共产党抗日主张和工农红军北上抗日的消息"。"1936 年 5 月，'左翼记联'同各个左翼文化团体一样，为适应建立抗日民族统一战线的需要而宣告结束。"（方汉奇，2014）

（十）程沧波（Cheng Cangbo）

程沧波（1903—1990），原名中行，字晓湘，笔名沧波，江苏武进人。1917 年起就读于上海南洋中学，后考入圣约翰大学，开始为上海《商报》撰稿。1925 年 2 月进入复旦大学文学院政治学系学习，1926 年 7 月毕业，曾短暂担任政治学系助教，后经陈布雷推荐出任上海《时事新报》主笔。1930 年赴伦敦大学政治经济学院攻读研究生。

1932 年回国后，程沧波成为国民党中央机关报中央日报社社长，并在任职期间推动了报社的一系列改革。在组织机构方面，程沧波提出"经理部要充分营业化，编辑部要充分学术化，整个事业当然要制度化效率化"，主张改总编辑负责制为社长负责制，实行企业化经营改革，报纸和国民党中宣部脱离关系，由社长直接向中央党部负责。在编辑方针方面，程沧波主张加强采访队伍建设，充实新闻内容。在经营管理方面，程沧波主张积极更新设备、完善会计制度、扩大发行网络（王润泽，2015）。

1937 年 7 月中旬，程沧波为蒋介石草拟抗战文告《对卢沟桥事件之严正声明》，获赞"中国第一支笔"（宋庆萍，2012）。1937 年南京沦陷，《中央日报》西迁重庆，1938 年 5 月，程沧波自欧洲考察回国后赴重庆担任《中央日报》重庆总社社长，1939 年年末调任监察院秘书长，其间兼任复旦大学新闻系教授与系主任，在校主讲《新闻评论》《新闻写作》等实务课程，并聘请了赵敏恒、曹亨闻等名师，“使复旦大学新闻学系的教学质量在战时不仅没有下降，而且还有较大幅度的提升”（黄瑚、胡秋元，2015）。1941 年，程沧波离开复旦大学新闻系，赴香港任《星岛日版》主笔，后历任重庆《世界日报》主笔，上海《新闻报》社社长等。“移居台湾后，他亦曾担任台湾新闻评议委员会主任委员，并与成舍我、于右任等人联合发起创办‘世界新闻职业学校’。”（宋庆萍，2012）

（十一）红色中华通讯社（Red China News Agency）

红色中华通讯社（简称红中社）是中共中央在革命根据地创办的第一家通讯社，是新华社的前身，1931 年 11 月 7 日成立于江西瑞金，广播呼号为 CSR（Chinese Soviet Radio），历任负责人包括周以栗、王观澜、杨尚昆、李一氓、沙可夫、瞿秋白、任志斌等。

红中社创立时“与临时中央政府的机关报《红色中华》是同一个机关，两块牌子，一个编辑部，编辑人员既编报纸，又编广播稿件”（王润泽，2015）。红中社每日发稿一两千字，内容包括“中共中央和苏维埃中央政府的文告、宣言以及红军战报、革命根据地建设消息等”（王润泽，2015）。同时，通讯社还通过抄收国民党“中央社”电讯和外国通讯社英文稿的方式编辑油印“参考消息”，供中央机关参阅（方汉奇，2014）。

在 1934 年年末随中央红军长征期间，红中社曾中断新闻广播，但抄报未停；1935 年年末，红中社在陕西瓦窑堡恢复广播；

1936年年末西安事变时，红中社创立西安分社，并印发陕北红中社新闻。1937年1月迁址延安后，红中社更名为“新华通讯社”。

（十二）《红色中华》报（*Red China*）

《红色中华》报于1931年12月11日在瑞金创刊，是中华苏维埃共和国临时中央政府机关报，也是我国在人民政权下创办的第一张报纸，“铅印4开，一般为4至6版，有时增至8至10版。初为周刊，第149期改为双日刊”（方汉奇，2014）。

作为根据地的第一张中央级铅印报纸，《红色中华》报积极宣传建设和巩固工农民主政权的工作，揭露日本帝国主义入侵东三省的罪行，并进行战争动员。因其内容生动活泼，深受读者欢迎，发行量达到4万份，在中央根据地产生了巨大影响（王润泽，2015）。

《红色中华》报于1934年10月3日出版第240期后，因随中央红军长征而暂告停刊，1935年在陕北瓦窑堡复刊，并沿用长征前的期号，1937年1月第325期起更名为《新中华报》。

起初“《红色中华》和红色中华通讯社是一家，‘报’与‘社’两块牌子一个编辑部，担负出版和通信工作两重任务”（王润泽，2015）。直至1939年年初，新华社和《新中华报》才分开成为各自独立的编辑机构，结束了报、社一家的历史。

（十三）邹韬奋（Zou Taofen）

邹韬奋本名恩润，江西余江县人，近代中国著名记者、新闻出版家。“韬奋”是他主编《生活》周刊时所用的笔名。

1. 人物经历

邹韬奋1895年11月5日在福建省永安市下渡村出生，1922年在黄炎培等创办的中华职业教育社任编辑部主任，开始从事教育和编辑工作，负责主编《教育与职业》《职业教育丛书》等刊物。1926年接任《生活》周刊主编，以犀利之笔，力主正义舆论，抨击黑暗势力。“九一八”事变后，邹韬奋在上海全身心投入抗日救亡运动，1933年加入中国民权保障同盟，并当选为执行委员；1933年7月14日因国民党特务暗杀爱国民主人士的形势压迫，开始流亡欧洲。1935年5月爆发“《新生》事件”，11月邹韬奋返回上海并创办《大众生活》周刊，12月与沈钧儒等人组织成立上海文化救国会。1936年5月31日，邹韬奋联同沈钧儒等人在上海发起成立全国各界救国联合会，发表联合声明《团结御侮的基本条件与最低要求》。1936年11月22日，国民党以“危害民国”罪逮捕了正在领导抗日救亡运动的救国会领导人沈钧儒、沙千里、史良、邹韬奋等7人，酿成“七君子事件”，遭到包括宋庆龄、何香凝等在内的全国人民和社会名流的强烈反对，1937年7月31日国民党当局释放“七君子”（张文明，2015）。

1937年8月19日，邹韬奋在上海创办《抗战》三日刊，1938年7月《抗战》与《全民》周刊合并更名为《全民抗战》。此后邹韬奋辗转重庆、汉口、香港继续开展爱国救亡工作，1943年因患耳癌秘密返沪就医，1944年不幸逝世于上海医院，终年49岁。

2. 主办刊物

邹韬奋作为近代著名的新闻出版活动家，主要在20世纪20年代至40年代间主办了《大众生活》周刊、《生活日报》《抗战》等刊物，获得了一定的社会反响，极大支持了抗战事业的宣传工作。

（1）《生活》周刊

《生活》周刊1925年10月创刊于上海，由中华职业教育社主办，王志莘任第一任主编。1926年10月，邹韬奋担任《生活》周刊主编，根据社会和读者需要，对《生活》周刊进行了一次从内容到形式的大幅度革新。他确定该刊的宗旨为“暗示人生修养，唤起服务精神，力谋社会改造”（钱小柏、雷群明，1983），使之成为抗日战争前具有影响力的时事和青年修养刊物。

1930年，为满足日益扩大的读者需求，邹韬奋又成立了“书报代办部”，专办读者服务业务，以后逐步发展成为在全国拥有五六十处分支店及办事处的生活书店。1931年9月26日，“九一八”事变爆发8天后，邹韬奋在《生活》周刊上报道这一事变。与此同时，他还利用《生活》周刊在读者中的影响力，针对抗战形势，屡屡批评国民党政府的妥协行为，积极支持各地的爱国运动，并为十九路军等爱国志士筹集资金、奔走呼喊。《生活》周刊高举“抗日救国”的旗帜，成为以宣传团结抗战、谴责投降卖国为中心内容的舆论阵地。

1933年后，《生活》周刊脱离中华职业教育社独立出版，邹韬奋流亡国外后由胡愈之、艾寒松负责编辑，1933年12月被国民党当局查封，1985年由上海青年报社复刊（方汉奇，

2014）。

1933年7月至1935年8月，邹韬奋游历、考察了意大利、英国、瑞士、法国、比利时、荷兰、德国、苏联和美国等国家，了解各国社会发展状况，研究西方的新闻事业发展，撰写了30多万字的外国通讯，在《生活》周刊和《新生》周刊上发表，后结集成《萍踪寄语》出版（马少华，2012）。

（2）《大众生活》周刊

《大众生活》周刊1935年11月16日由邹韬奋创刊于上海，由上海时代书店大众生活出版社出版，杂志16开40页，为时事性综合周刊。邹韬奋在发刊词《我们的灯塔》中将“力求民族解放的实现”“封建残余的铲除”“个人主义的克服”作为该刊物的三大目标（邹韬奋，1935）。在宣传上，《大众生活》周刊以宣传团结抗日，呼吁建立民主政治为宗旨，其社评几乎都出自邹韬奋之手，下设有《信箱》《大众之声》等栏目，大量刊登读者来信。同时，邹韬奋还开设了《简复》专栏，以最大精力回复读者来信来稿，尽其所能为读者解难。由于《大众生活》周刊反映和加强了海外同胞对抗战胜利、祖国振兴的强烈愿望，因而在海外读者中影响巨大，平均每期销量高达10万份。1936年2月被国民党当局查封，1941年5月于香港复刊，1941年12月太平洋战争爆发后停刊（张洪军、尚金洲，2014）。

（3）《生活日报》与《生活星期刊》

1936年3月，邹韬奋转移至香港，1936年6月7日创办《生活日报》，积极宣传抗日救亡。1936年8月，邹韬奋将《生活日报》移至上海发行，但因国民党政府的种种干涉而未能复刊。

此后邹韬奋根据实际情况，将该刊副刊《星期增刊》复刊，并加以扩充，更名为《生活星期刊》，继续在上海高举抗日救亡大旗，支持各地的抗日爱国运动。《生活星期刊》以显性方式体现其新闻性的栏目有论文、每周时事动态、时事连环画、时事拔萃、各地特约通讯等。它们或以讨论抗日救亡的重大理论问题为主旨，或直接揭露日寇侵华的事实，或反映在中华民族危急存亡的非常时期全国各族人民的反抗斗争（黄禹铭，2012）。

（4）《抗战》与《全民抗战》

1937 年 8 月 19 日，邹韬奋在上海创办《抗战》三日刊，1938 年 7 月，《抗战》与柳湜在武汉创办的《全民》周刊合并为《全民抗战》三日刊，以邹韬奋、沈钧儒、艾寒松、张仲实、胡绳、柳湜等 6 人组成编委会，邹韬奋任主编，柳湜任副主编（张文明，2014）。邹韬奋以“本社同人”名义在创刊号上发表《〈全民抗战〉的使命》，指出该刊的任务有两个：“一是巩固全国团结，提高民族意识，灌输抗战知识，传达、解释政府的国策，剖析国内政治、军事、经济、文化以及国际之情势，为教育宣传的任务。”“另一是使政府经常听到人民的声音，民间的疾苦，动员的状况，行政的优劣，使政府在领导抗战、实施庶政上得到一种参考，为我们政治的任务。”（沈谦芳，1998）该刊设有社论、时事解说等栏目，采用小报形式，时事性、政论性较强。

3.“韬奋精神”

毛泽东在评价邹韬奋时曾表示：“热爱人民，真诚地为人民服务，鞠躬尽瘁，死而后已，这就是邹韬奋先生的精神，这就是他之所以感动人们的地方。”邹韬奋毕生从事新闻出版工作，主办7个报刊，积累了丰富的报刊工作经验，特别是主编《生活》周刊后的一系列论述，构成了一套较为完整的报刊思想，被称为“韬奋精神”，主要包括以下内容（聂震宁，2015）：

第一，报刊是人民的耳目喉舌，应该成为实现民族解放、大众解放大目标的工具；

第二，报刊要成为读者的“好朋友”，真诚地为读者服务；

第三，办报刊要有创造精神，形成报刊的个性或特色；

第四，文风要“明显畅快”，力图避免“佶屈聱牙”的贵族式文字，采用“明显畅快”的平民式文字；

第五，重视经营管理和社会效用，处理好商业性新闻与广告之间的关系；

第六，新闻工作者应“视事业如生命”，有高尚的人格和真才实学。

（十四）范长江（Fan Changjiang）

范长江，原名范希天，生于四川内江，著名新闻记者、社会活动家。1939年加入中国共产党，先后担任新华社总编辑、新闻总署副署长、人民日报社社长等新闻机构的重要领导职务。

1. 人物经历

范长江1909年出生于四川省内江县赵家坝村，1927年年初进入中法大学重庆分校求学，1927年春前往武汉投军，被编入国民革命军第20军学生营，曾参加八一南昌起义，失败后流落到广州、福建、江西、安徽等地。1928年考入南京中央政治学校，1931年“九一八”事变发生，即投身于抗日救亡活动，脱离该校。1932 年又考入北京大学哲学系（方汉奇，2014）。

范长江 1933 年开始为北平《晨报》、天津《益世报》《大公报》撰写稿件，内容主要是文化教育方面的新闻报道。1934 年 12 月，范长江开始在北平《晨报》上以“长江”为笔名发表新闻通讯，1935 年 7 月又以《大公报》记者身份到西北地区考察旅行，历时 10 个月，行程 4000 余里，首次向全国公开报道红军和长征的真实情况，披露国民党的腐败和日寇侵略所造成的严重危机。这些文章于 1936 年汇集成《中国的西北角》一书出版。1936 年 8 月，范长江赴内蒙古西部采访，所撰写通讯汇集成《塞上行》一书并出版。1937 年，范长江进入延安，陆续著文报道革命根据地的实况，产生了巨大影响。西安事变后，范长江撰写了《动荡中之西北大局》，不仅报道了西安事变的真实情况，还传播了中国共产党抗日民族统一战线的政策主张。在抗战开始之后，范长江积极奔赴前线采访，写出大量通讯。1938 年 3 月，范长江与徐迈进等人发起创办中国青年记者协会，团结了一批进步青年记者。1939 年年初，范长江与胡愈之等人在桂林组织国际新闻社总社，向国内外报道了抗日战争的真相和党的抗战路线。1939 年 5 月，范长江在重庆由周恩来等人介绍加入中国共产党。

1941 年，范长江抵达香港，与邹韬奋共同主办《华商报》。1942 年转入苏北解放区，任新四军苏皖鲁新闻学校校长。抗战胜利后，范长江在南京中共代表团中任职，于解放战争期间负责新华社工作。1949 年至 1952 年间，范长江先后任新华社总编辑、人民日报社社长，后任全国政协第二、三、四届委员。

1991 年，中国记协联合范长江新闻奖基金会创立“范长江新闻奖”，是表彰我国中青年新闻工作者的全国性最高层次新闻奖，每三年评选一次。2005 年，根据中央关于《全国性文艺新闻出版评奖管理办法》精神，其与“韬奋新闻奖”合并为“长江韬奋奖”，是经中央批准常设，由中华全国新闻工作者协会组织评选，授予新闻传媒界从业人员的全国性最高奖项（中国记协网，2014）。

2. 新闻实践与著作

范长江的通讯作品以纪实的方式谈古论今，既包含大量的历史、地理、人文与自然知识，更透露了重大的政治信息，笔触生动而富有感情。这些作品以其特有的风格和深远的影响为我国新闻通讯写作提供了新经验与新样本，在我国新闻史上具有重要地位。

（1）1935 年西北考察与《中国的西北角》

《中国的西北角》1936 年 8 月由《大公报》集册出版，记录了范长江作为《大公报》旅行记者，自 1935 年 7 月起在中国西北地区历时 10 个月游历的所见所闻。整本著作由通讯汇编而成，内容涉及面广泛，较为全面地涵盖了社会不同阶层人物的生活场景。该书的选题贴近社会热点话题，间接揭露了在国民党严密新闻封锁下共产党红军的发展情况，同时客观呈现了西部地区鲜为人知的生活风貌，将偏远地区社会底层人民生活的苦难公开于公众视野中，产生了巨大影响力。

“九一八”事变之后，日本加快全面侵华的计划，为了向广大读者介绍西北地区的真实情况，范长江以《大公报》特约通讯员的名义于 1935 年 7 月从成都出发，西达敦煌，北至包头，足迹跨越四川、山西、青海、甘肃和内蒙古地区，全程4000余里，于1936年6月7日在包头结束。《中国的西北角》一书的新闻通讯共有5篇64段。第一篇“成兰纪行”包括14段；第二篇“陕甘形式片段”包括5段；第三篇“祁连山南的旅行”包括13段；第四篇“祁连山北的旅行”包括13段；第五篇“贺兰山的西边”包括19段（范长江，2010）。这些旅行通讯最开始在天津《大公报》上发表，后由《大公报》报馆结集成册以《中国的西北角》为名正式出版。由于影响力巨大，出版后几个月连版9次（范东升、周弯，2016）。

（2）《塞上行》

1936年8月，为了解日本帝国主义觊觎内蒙古西部的实况，范长江长途跋涉深入额济纳旗，后骑骆驼穿行千里戈壁返抵阿拉善旗。绥远抗战期间，他担任战地采访工作，从百灵庙和红格尔图一带抗日前线写出很多通讯。他自西蒙之行以来的通讯后来汇集成册，题名《塞上行》。《塞上行》以“短文选”“行纪”两种形式报道了百灵庙战役、西安事变等重大历史事件发生前后西北地区的政治、民族动向，第一次报道了毛泽东、周恩来关于和平解决西安事变的真相和陕北红色根据地情况；报道了中国共产党建立抗日民族统一战线的伟大政策，批评了封建王朝及民国政府“传统狭义的消极的民族政策”，提出了解决边疆问题的新途径（范长江，2000）。

（十五）斯诺（Edgar Parks Snow）

埃德加·帕克斯·斯诺（Edgar Parks Snow，1905—1972），

生于美国密苏里州，就读于密苏里大学新闻学院，是美国著名记者、作家、反法西斯战士。埃德加·斯诺于1928年来华，直到1972年在瑞士病逝，斯诺一生热爱中国，致力于向世界展示中国形象。20世纪30年代和第二次世界大战期间，以报道中国和苏联闻名于世，1936年采写的《红星照耀中国》一书成为不朽之作，率先向世界报道了中国工农红军的真相（邓利平，2012）。

斯诺于1928年至1930年期间曾任欧美几家报社驻华记者、通讯员，发表了大量描述中国苦难生活的新闻；1933年4月到1935年6月，斯诺兼任北平燕京大学新闻系讲师；1936年6月访问陕甘宁边区，会见了毛泽东、周恩来等中共领导人，写了大量通讯报道，成为第一个采访红区的西方记者；1937年，斯诺在报道基础上，写成《红星照耀中国》（*Red Star Over China*）一书，1937年10月由英国伦敦戈兰茨公司出版英文版。《红星照耀中国》一经问世即风靡全球，被译成十余种文字出版，吸引了诸多国际反法西斯战士不远万里来到中国，也为世界人民打开了一扇了解中国革命和中国共产党真实情况的窗口。

1938年2月，在上海“孤岛”租界中，胡愈之主持的复社自筹经费，翻译出版《红星照耀中国》一书，为避免检查和发行中的麻烦，中文版书名改为《西行漫记》（方汉奇，2002），此后，斯诺又多次来到红军边区采访。新中国成立后，由于中美两国关系不稳定，斯诺生活多次受到打击，1960年、1964年、1970年斯诺三次访问中国，写了很多书，出版了著作，热情介绍中国的建设成就和新面貌（邓利平，2012）。

埃德加·帕克斯·斯诺是第一个来到陕甘宁革命根据地的外国记者，是毛泽东成为中共领袖后直接接触的第一个美国人（孙华，2011）。他对促进中美关系发展做出重要贡献，在中国，斯诺被视为中美沟通的桥梁；在美国，他的作品成为美国政府了解中国的重要资料。通过斯诺的报道，美国及至西方、全世界都能够从一个新的角度来解读中国共产党及其领导的革命（龚文库，2006）。

（十六）《解放日报》（*Jiefang Daily*）

《解放日报》创刊于1941年5月16日，是由《新中华报》和《今日新闻》合并、改组而成，于1947年3月27日停刊，共发行2130期。1949年，中共中央决定将在上海出版的中共中央华东局兼中共上海市委的机关报命名为《解放日报》，并沿用毛泽东题写的延安《解放日报》的报头。1949年5月28日，《解放日报》作为中共上海市委机关报重组并发行至今。

1. 延安时期的《解放日报》

皖南事变之后，国民党掀起反共高潮，中国共产党认为必须在统一战线中坚持“独立自主”的原则并积极宣传全面抗战的主张。当时《新中华报》受到国民政府严格的新闻检查，出版极为困难，难以满足宣传需要，各根据地的分隔也使得党内出现了指导思想和具体行动有所偏离的情况。1941年春，中央政治局决定停办三日刊的中央机关报《新中华报》，将该刊与新华社编发的《今日新闻》合并，在延安出版大型日报《解放日报》，作为中央机关报。1941年5月15日，毛泽东为中央书记处起草了“中央关于出版《解放日报》等问题的通知”，通知中指出：

“将延安《新中华报》《今日新闻》合并，出版《解放日报》，新华通讯社事业亦加改进，统归一个委员会管理。一切党的政策，将经过《解放日报》与新华社向全国宣达。《解放日报》的社论将由中央同志及重要干部执笔。各地应注意接收延安的广播。重要文章除报纸、刊物上转载外，应作为党内、学校内、机关部队内的讨论与教育材料。”（毛泽东，1941）

1941年5月16日，抗日民主根据地第一份大型日报——《解放日报》在延安正式创立、发行，毛泽东为《解放日报》题写报名并撰写了发刊词。该报为中共早期的政治理论刊物，日出对开半大张，1941年9月16日扩版为日出对开一大张，博古任第一任社长，杨松任第一任总编辑。1942年杨松病逝后，陆定一继任总编辑。

《解放日报》初期的主要贡献是对敌后抗日游击战和敌占区人民的英勇斗争以及陕甘宁边区的成就进行报道，对敌伪的暴行和国民党的反共阴谋也做了一定程度的揭露。其存在的主要缺点是党性不强，脱离实际，反映群众生活不够。这些问题主要反映在报纸的版面安排没有突出主次，没有围绕党的中心工作办报（朱清河、汪罗，2018）。

2.1942年《解放日报》改革

1942年春天，中国共产党在全党范围内开展了反对主观主义以整顿学风、反对宗派主义以整顿党风、反对党八股以整顿文风的整风运动，其本质为一次党内的马克思列宁主义教育活动，旨在从思想上清算党内历次“左”“右”倾错误路线和影响。

1942年2月，毛泽东在延安先后做了《整顿党的作风》《反对党八股》等重要报告。3月16日，中共中宣部发出《为改造党报的通知》（赵永华、董翊宸，2018），各新闻单位掀起了整风和检查“党八股”的热潮。1942年4月1日，《解放日报》在中共中央指导下进行改版，在头版登载《为改造党报的通知》，同时发表改版社论《致读者》，宣布从即日起对报纸的版面加以彻底改革，加强党性，坚定地成为党中央的喉舌；密切联系群众，成为人民的喉舌；加强战斗性，与形形色色的错误倾向做斗争；加强组织性，密切注意根据地的实际工作，指导群众运动的开展。上述改革的目的是使《解放日报》能够成为真正战斗的党的机关报，贯彻党报的党性、群众性、战斗性和组织性（方汉奇，2014）。

3.1949年后的《解放日报》与解放日报报业集团

1949年5月27日上海解放，中共中央将《解放日报》改作中共中央华东局和中共上海市委的联合机关报，并接管《申报》为社址。5月28日，《解放日报》正式发行，范长江、恽逸群、魏克明等人组成社务委员会和编辑委员会。该刊创刊后致力于宣传马克思列宁主义、毛泽东思想和党的思想、路线、方针（段春义，2016）。

2000年10月9日，以《解放日报》为龙头组建的解放日报报业集团正式成立。该集团是一个包含《解放日报》《新闻晨报》和《新闻晚报》《报刊文摘》等9份报纸，《支部生活》《上海小说》和《新上海人》3本刊物，解放日报电子网络版和上海沪剧院的“九报三刊一网络一剧院”的体系，实行党委领导下的社长责任制。

2013 年 10 月，解放日报报业集团与文汇新民联合报业集团整合重组并更名为上海报业集团，于当月 28 日挂牌成立。目前上海报业集团旗下总计拥有 20 多份报刊，包括《解放日报》《文汇报》《新民晚报》《Shanghai Daily》《新闻晨报》等 8 份日报，《申江服务导报》《报刊文摘》等 10 多份周报，《支部生活》《新闻记者》等 7 份月刊，以及 2 家出版社、10 家具有新闻登载资质的网站、18 个 App 应用、50 多个微信公众号（上海报业集团，2013）。

（十七）“拒检运动”（The Anti-Censorship Movement）

发生于 1945 年 8—9 月间的“拒检运动”实质上是国统区新闻界争取新闻出版自由的斗争。

抗战期间，国民党政府以“非常时期”为借口，制定一系列出版审查条例，实行原稿送审制度，以此限制新闻出版（黄昌林，2008）。在此背景下，1945 年 8 月，重庆国讯书店在其他进步出版机构的支持下，不送国民党当局审查而自行出版了黄炎培撰写的《延安归来》一书，揭开了“拒检运动”的序幕。《延安归来》翔实记载了中共各项政策的实施情况和解放区政治经济军事各方面的成就，揭露了国民党对中共领导下的解放区的造谣污蔑。为免遭国民党书刊检查机构的无礼删节，决定不送检查，自行出版。

《延安归来》出版后，进步人士张志让、杨卫玉、傅彬然等人起草了重庆杂志界宣布“拒检”的联合声明，在征得《宪政》

月刊等 16 家杂志同意后将正式函寄给国民党。

随即，在中共支持下，重庆《新闻日报》发表社评《为笔的解放而斗争》来支持这场运动。9 月后，拒检运动逐渐扩展到成都、昆明等地，并由出版界扩展到新闻界，9 月 22 日，国民党中央第 10 次党会通过了废止新闻出版制度的决议，至此，为期两个月的拒检运动终于取得了胜利。

拒检运动的兴起与发展，使正在玩弄“和谈”阴谋的国民党当局陷入被动局面。当时国内国共两党正在重庆举行政治谈判，国统区和平民主运动日趋高涨，而蒋介石集团发动内战的时机尚未成熟；国际上各国政府纷纷取消战时新闻检查制度，无形中对国民党当局形成了一种国际压力（方汉奇，2002）。

不过，国民党政府当局虽然公开宣布于 1945 年 10 月 1 日起“废止战时新闻检查制度”，但是并未废止对新闻出版事业的控制和限制（黄昌林，2008）。

（十八）反“客里空”（Anti–kelikong）

反“客里空”是解放战争时期在解放区新闻界开展的以维护新闻真实性为目的的群众运动。“客里空”（Крикун）是苏联剧作家科尔内楚克（Корнейчук）的话剧《前线》（*Фронт*）中的一个战地特派记者的名字，中文音译为“客里空”，俄文意为“乱嚷的人”“好吹嘘的人”或“饶舌者”，在剧中，“客里空”被塑造成一个阿谀奉承、不到实地采访、编造新闻的记者形象（陈力丹、曹文星，2011）。后“客里空”也用来指代新闻失实行为。

土地改革初期一度出现了右的倾向，晋绥地区土改从开始到过火再逐渐走向纠偏，新闻也出现了不少失实报道。在此背景下，《晋绥日报》认真检查了新闻报道工作中右的倾向和存在的新闻失实的问题，采用在报纸上公开进行批评和自我批评方式，发动群众揭露假报道，维护新闻真实性原则，并用第四版整版篇幅刊登苏联剧本《前线》里有关“客里空”的情节（方汉奇，2002）。该报之后又在《不真实新闻与“客里空”之揭露》的标题下，连续曝光报社自我检查或群众揭发的失实报道。此后，《人民日报》《东北日报》等各解放区报纸和新华社各分社迅起响应发起反“客里空”运动，一直到1948年春季才告一段落。

反“客里空”运动是共产党批评与自我批评的工作方法运用于新闻媒体自身的一次尝试（王辰瑶，2011）。其运动意义是深远而重大的，一是发扬了批评与自我批评的优良传统，检查、纠正了新闻报道失实现象，维护了新闻真实性原则；二是克服了土改宣传中的右的倾向，改造了新闻工作者的立场与作风，提高了新闻队伍的政治素质（方汉奇，2002）。不过该运动也存在左的偏向，一度出现夸大事实或捏造事实的新闻，误伤了好人。

（十九）《民报》（*The People Newspaper/Min Bao*）

1905年11月26日，《民报》在日本东京创刊，前身为兴中会机关报《二十世纪之支那》。“该刊是一份大型时事性政论月刊，设有论说、时评、谈丛、纪事、译丛等栏目，每期6万至8万字。”（方汉奇，2014）至1910年2月停刊时，《民报》

共出版26期，其中前5期由胡汉民主编，第6期至24期由章太炎主编（第19期由张继、第20期至22期由陶成章代理主编），东京秘密编发的第25、26期由汪精卫主编。胡汉民、汪精卫、陈天华、朱执信、廖仲恺等人先后参与了编纂工作（王润泽，2015）。

作为同盟会言论机关的《民报》以宣传“三民主义”为办刊宗旨。在孙中山为《民报》撰写的发刊词中，第一次将同盟会纲领概括为民族、民权、民生三大主义。《民报》报道了大量的资产阶级革命运动和民族解放运动，介绍了包括无政府主义和社会主义在内的西方新文化和新思潮，成为当时国内外最有影响力的革命刊物（王润泽，2015）。

围绕三民主义，梁启超的《新民丛报》和《民报》展开了激烈论战。论战焦点为：“第一，要不要推翻清政府，实行反清的民族革命；第二，要不要实行民主革命，建立共和政体；第三，要不要废除封建土地制度，实行民生主义及土地国有。”（王润泽，2015）1906年7月《新民丛报》求和，《民报》不允；1907年11月《新民丛报》随清廷宣布预备立宪后自动停刊，论战遂以《新民丛报》落败告终。论战奠定了辛亥革命的思想基础，保皇派和革命派声望此消彼长，同时促进了国内革命报刊的大发展（王润泽，2015）。

（二十）《中央日报》（*Central Daily News*）

《中央日报》是国民党中央机关报，“为一切党报的主席”（周曙山，1944）。1926年于广州筹办，1927年于汉口创刊，创始之初积极宣传国民革命，具有进步倾向，“七一五”政变后拥蒋反共。汉口《中央日报》出版至9月14日停刊，共176期（王润泽，2015）。1928年2月1日，上海《中央日报》创刊，潘宜之任社长，彭学沛任总编辑，1928年10月31日依据国民党中央决定停刊。

1929年2月1日，《中央日报》在南京复刊，中宣部部长叶楚伧任社长，1929年3月改由程沧波任社长，施行社长负责制，开展企业化经营改革，“有人归纳其改革的性质为先‘日报’，而后再‘中央’”。《中央日报》的改革取得成效，“1935年10月后又在南京建造了中央日报大楼，购进新式轮转机，销量也由6000份上升至3万份”（王润泽，2015）。1937年南京沦陷后，《中央日报》随国民党政府西迁重庆。

抗战胜利后，《中央日报》迁回旧址重新出版，并逐步改为企业组织，“成立中央日报股份有限公司及董事会，发展为报团，拥有12个分社”（陈力丹，2016）。

1949年《中央日报》迁至台湾后，在台湾报禁时期，“以《中央日报》为核心的台湾官报报业集团，直接控制了台湾三分之一的报纸，成为当局控制舆论的基本力量”（王润泽，2015）。

台湾报禁解除后，“《中央日报》努力办成面向社会的报纸，但随着国民党下野，该报逐渐退出主流报纸的行列。2006年6月1日，该报自动停刊”（陈力丹，2016）。

五、1949 年后的中国新闻业发展

（一）《人民日报》1956 年改版（The Revision of the *People's Daily* in 1956）

1. 改版背景

1956 年，随着社会主义改造的基本完成，中国进入全面建设社会主义时期，加之苏联二十大的召开动摇了“苏联模式”，苏共第二十次代表大会公开批评了斯大林的个人错误和对斯大林的个人崇拜。消息传来，在《人民日报》引起强烈反响。此时，国内报道面狭窄、报喜不报忧倾向严重、缺少自由讨论的气氛等问题开始受到重视。在具体的新闻实践中，《人民日报》在其整体内容与风格上受到苏联模式的深刻影响，呈现出文笔僵化、报喜不报忧，写文章喜作泛论、说套话，版面呆板、缺乏创新意识、报道模式千篇一律等诸多问题，改革已十分必要（钱江，1988）。

1956 年 1 月，中共中央召开关于知识分子问题的会议，周恩来在会上做了《关于知识分子问题》的报告。2 月 24 日，中央政治局发出《关于知识分子问题的指示》，肯定了知识分子在社会主义建设中的作用，指出党在具体工作中需克服宗派主义思想，发挥该群体的力量。

1956年4月，中央提出《论十大关系》和“百花齐放百家争鸣”方针，从思想上为社会主义科学文化事业提出了指导方针。党中央要求《人民日报》办成名副其实的党中央机关报，人民群众希望《人民日报》办成既代表党又代表人民说话的报纸。由此，《人民日报》的改革时机已成熟。1956年7月1日人民日报发表改版社论《致读者》，这标志着新中国第一次新闻改革的开始（陈昌凤，2009）。

2. 改版的具体过程

1956年4月2日，人民日报社编委会讨论通过《关于讨论改进〈人民日报〉工作的计划》，要求发动全体报纸编辑人员开展讨论，主要讨论如何丰富和改进报纸的内容，如何消灭错误以及怎样处理版面等问题，并对讨论的内容、时间、步骤等作出了具体详细的规定。编委会还决定成立7人小组和8个业务研究小组，在编委会的领导下具体实施改版工作（王晓梅，2006）。要求编辑部各部门向中央和国家机关、各省市区党委书记、宣传部长、首都六家新闻单位以及各方面读者广泛征求意见。4月6日，胡乔木在改版动员大会上做报告，正式宣布《人民日报》将进行改版，改进报纸工作。动员大会后，全社人员分部门进行了热烈讨论。4月7日，人民日报社编委会召开扩大会议宣布：中央要求我们迅速改进报纸内容并筹备出版8个版。8个业务研究小组和各部门多次召开座谈会、讨论会、研究会，指出存在的问题，提出改进的意见。5月15日，编委会向中央呈送第一份报告，提出7月1日改出8个版。5月17日，中共中央书记处书记邓小平批复了报告，同意改版。1956年6月20日，经胡乔木修改、定稿的第二份改版报告，以编委会名义，向中央正式报送（王晓梅，2006）。

1956年7月1日，《人民日报》发表《致读者》社论，正式向广大读者宣布报纸改版，并阐明改版的具体内容。改版内容包括：其一，扩大报道范围、多发新闻；其二，开展自由讨论、阐发社会言论；其三，改进文风、活泼空气。“扩大报道范围”即阐明其“回归新闻本位”的含义，不仅要提供新闻，而且要向社会提供一切重大的新闻事件。在尊重新闻规律的基础上充分发挥报纸的功能，不但能引发讨论，而且能展开讨论。改变文风，能让更多人接受报纸。（江苏佳、赵云泽，2013）。由此可见，《致读者》从满足读者的需求出发明确了新闻的本质概念，从读者判断明确自身定位，从读者阅读习惯论述了新闻实务的要求。

版面从对开4版改为对开8版，较好地将贯彻党性和人民性统一起来，取得了很大的进步。首先，报道范围有了很大的扩展。头条新闻不再是改版前多见的政治新闻、会议新闻，而是能反映国家经济建设状况的经济新闻。其次，报纸组织了关于“百家争鸣”方针的专题讨论，发表不同观点的文章，为不同意见提供相互切磋的平台。改版的第二天即7月2号，《人民日报》在头版头条报道了科学规划委员会组织600多位科学家讨论“百家争鸣”问题的消息。这个月报纸发表有关“双百方针”

的新闻、文章达23篇，茅盾、马寅初、李长之、黎锦熙、朱光潜、唐钺等知名人士都著文参与讨论。7月21日，报纸发表评论员文章《略论百家争鸣》，旗帜鲜明地阐述了自己的观点，指出“百家争鸣”并不是突如其来的，我国宪法规定了言论自由和科学研究自由，“百家争鸣”只不过是其进一步发展，主张把百家争鸣与“宪法规定的公民有言论出版的自由权利”联系起来探索问题，指出其法律依据、消除种种疑虑。这次讨论造成了生动活泼、思想解放的气氛（江苏佳、赵云泽，2013）。

改版后的《人民日报》还积极开展批评与自我批评，1956年7月发表各种体裁的批评稿件近750篇，比6月增加了一倍多，社论文笔尖锐、版面安排突出，有的还配有漫画，对社会上的不良倾向进行了有力讽刺，受到读者的欢迎，在推动报纸批评和扩大报纸影响力方面起到了积极作用（许诺，2019）。同时，报纸还关注读者来信，加强与读者互动，推动报纸承担监督社会的责任。此外，报纸还力求客观公正地报道国际新闻，改变了过去对社会主义国家只报道成就不报道问题的做法。

改版后的《人民日报》副刊面貌亦焕然一新。《致读者》中规定改版后的第8版上半版是带文学性的副刊，要求把副刊办成贯彻“百花齐放、百家争鸣”方针的园地，力求品种多样、有声有色。改版后的第8版文章贯彻了胡乔木的要求，侧重谈社会伦理方面的问题，提倡新社会应有的道德风尚和教养，评论的内容和形式丰富多样，副刊作者队伍明显扩大，包括了李锐、曾彦秀（严修）、沈从文、张恨水、周作人等（夏杏珍，2011）。此外，文章体裁增多，除了社论外，还经常编发编者按、小言论；同时，通过《读者·作者·编者》《读者往来》等新栏目加大了与读者交流的力度。此外，报纸僵化、死板的文风也有了很大改变。萧乾、杨朔等名作家作为特约记者，撰写了不少脍炙人口的文章。第8版更是划为综合性的文艺副刊，思想性与知识性兼备，读起来饶有趣味（王润泽，2015）。

3.《人民日报》1956年改版的影响

《人民日报》改革措施与经验得到中央广泛推广，有力促进了新闻工作改革的全面开展。1956年8月1日，中共中央向各省、市、自治区党委批转了《人民日报》编辑委员会向中央呈送的关于《人民日报》改版的报告。该批文充分肯定了《人民日报》的改版工作，认为其具体措施行之有效、值得借鉴。同时，该文也强调地方党报是地方党委的机关报，又是人民的报纸。“我们党的各种报纸，都是人民群众的报纸，它们应当发表党的指示，同时尽量反映人民群众的意见。”（中国社会科学院新闻研究所，1980）这一指示体现了党尊重新闻规律的科学态度，体现了党报政策与宪法关于言论、出版自由规定的一致性，标志着党报理论的重大发展。在《人民日报》进行改革的过程中，中央和各地的报纸、通讯社、广播电台均先后进行改革，掀起了大规模的新闻工作改革浪潮。各省市地方报纸在扩大版面、加强批评报道、开展百家争鸣、提倡通俗化等方面都进行了改革。如《中国青年报》《大公报》从“刷新门面”做起；上海《文汇报》复刊，强调独家新闻，力争新、短、多、广；《新民报》晚刊提出了改进报纸的三个口号“短些，短些，再短些；广些，广些，再广些；软些，软些，再软些”（陈昌凤，2009）。

1956年以《人民日报》为典型的新闻工作改革产生了深远影响。通过这次改革，广大新闻工作者的新闻观念得到了更新与解放，冲破了教条主义与对苏联工作经验的盲从心理，认识到发展我国社会主义新闻事业，必须要从中国实际出发，在总结继承中国新闻事业优良传统与经验之后进行创新，将社会主义内容与中国具体的发展情况相结合，才能实现新闻事业的长远发展。此外，各项改革活动收到了广大读者的欢迎与支持，报纸发行量大幅增加，有效推动了媒体行业的发展（方汉奇，2014）。然而，改版后的《人民日报》好景不长，到1957年6月反右派斗争开始时，改版工作不得不全面中断（钱江，1988）。

（二）中华人民共和国政务院新闻总署（The Press and Publication Administration of People's Republic of China）

新中国成立以前，中共的新闻管理是由党政一体进行管理的，党中央设宣传部负责管理；对于中央级媒体，则另设党报委员会管理。1949年新中国成立后，单一的管理模式得以改变，政府机构也成立了新闻管理机构。1949年11月，中央人民政府政务院（后改为国务院）下设的新闻总署成立，胡乔木任署长，范长江、萨空了任副署长。下设一厅（办公厅）、一社（新华通讯社）、三局（广播事业局、国际新闻局、新闻摄影局）、一校（北京新闻学校）（陈昌凤，2009）。

新闻总署的职能是负责领导全国的新闻事业，管理国家的新闻机构。它的成立，改变了以往以党的名义直接领导和管理新闻事业的做法，让“党的中央宣传部能够摆脱行政事务，集中注意于党内外的思想斗争、党的宣传鼓动工作的领导和党的文化教育政策的制定，”首开政府参与新闻管理与政策制定之先河（王润泽，2015）。

新闻总署成立后，首先制定和颁布了有关新闻事业管理的法律规范性文件，如《全国报纸杂志登记暂行办法（草案）》《期刊登记暂行办法》《管理书刊业、出版业、发行业暂行条例》等，“这些法规是新中国传媒事业管理有法可依的基础”（王润泽，2015）。同时新闻总署也出台文件对具体新闻业务进行规定，如《关于统一发布中央人民政府及其所属各机关重要新闻的暂行办法》《关于中央人民政府所属各机关在〈人民日报〉上发表公告及公告性的文件的办法》等。

此外新闻总署主持了全国报刊的分工工作，并在 1950 年对报刊之间的分工进行了具体规定。自此《人民日报》面向干部和先进群众，《光明日报》面向各民主党派及小资产阶级、知识分子，《新民报》面向北京小资产阶级和组织松散的劳动群众。经过报刊分工调整，让新中国的报纸减少重复、各有特点，综合报纸减少而专业报纸增多；又因为强调地方报纸地方化，以指导当地实际工作为己任，地方面向全国发行的报纸大为减少（方汉奇，2014）。

新闻总署的第三项工作是推动“企业化经营”与“邮发合一”。1949 年 12 月 17 日至 26 日，新闻总署在北京召开全国报纸经理会议，决定全国一切公私营报纸都要采取企业化方针经营，公营报纸要逐步实行经济核算制，私营报纸要在已有基础上进一步改善经营方法。“‘企业化经营’有助于激发新闻单位自主经营活力，这与改革开放后传媒事业的进一步改革是一脉相承的。”（王润泽，2015）这次会议还确立了“邮发合一”的发行工作方针。“经邮局发行所花的发行费虽然比自办发行多，但可以扩大发行范围，增加发行量。”（方汉奇，2014）《人民日报》率先实行了“邮发合一”方针，1953 年 1 月 1 日后方针全面实行。

新闻总署的成立对于我国新闻管理的规范化起到了非常重要的作用，对此后中国新闻业的发展产生了深远影响。但新闻总署于 1952 年 8 月 7 日新中国第一次政府精简机构改革中被撤销，党中央及各级党委宣传部门代替政府部门管理新闻事业与新闻宣传工作，直到 1987 年国务院重新设立新闻出版署（王润泽，2015）。

（三）政治家办报（Newspaper Run by the Politician）

“政治家办报”是毛泽东 1957 年出于阶级斗争需要提出来的办报主张，直接针对邓拓的“书生办报”和刘少奇的新闻观点以及 1956 年的新闻改革（吴廷俊，2010）。1959 年，在与人民日报新任总编辑吴冷西谈话中，毛泽东正式提出“政治家办报”的概念。

毛泽东“政治家办报”思想主要包括几个方面的内涵：一是办报要有针对性，要充分发挥社论的作用，社论要从讲政治、讲大局的高度出发，紧密结合变化了的政治形势，旗帜鲜明地表明态度和观点，立场和观点要鲜明，态度和意志要坚决；二是办报人要是政治家，懂政治、懂策略，能够吃透中央的政策和精神，办报人头脑要清醒、灵活，对党的路线方针和政策要有及时、敏锐的判断和分析能力，在加强领导能力、改进领导工作的同时，还要善于凝聚和团结各方力量集体办报；三是报刊宣传还要善于跟着形势“转”，不仅紧跟形势“转”，而且还要“转”得快（沈正赋，2017）。

政治家办报是中国由过去的革命到建设、到技术革命和文化革命历史转变时期的产物，是在当时国内外整体环境下针对当时具有现实危害性的新闻实践提出的。总体上看，中国的政治家办报范式基本上延续了政论报刊到政治报刊再到政党报刊的历史走向，顺着报刊推动政治到报刊服务于政治逻辑发展的（朱清河，张荣华，2009）。

在新闻传播领域，“典型引路”“倾向性报道”“正面宣传为主”等一些耳熟能详、富于中国独特意蕴的新闻报道与传播观念，无不与“政治家办报”思想存在某种互构与联姻关系。为了落实“以人民为中心”这一中国特色社会主义的基本方略，2012年11月15日习近平担任党的总书记后，2012年12月4日主持政治局会议，通过了关于改进工作作风、密切联系群众的八项规定。规定的第六项是：“要改进新闻报道，中央政治局同志出席会议和活动应根据工作需要、新闻价值、社会效果决定是否报道，进一步压缩报道的数量、字数、时长。”这项规定的实质，是党领导的新闻舆论工作体现“以人民为中心的工作导向”（陈力丹，2018）。党的十八大以来，党坚持以人民为中心的工作导向并形成一系列理论体系。2015 年 10 月党的十八届五中全会，首次把“以人民为中心”写入党的正式文件。2016 年期间，习近平全面而集中地论证了“以人民为中心”的思想，使这一思想形成完整的思想体系。2017 年 7 月 1 日，习近平在庆祝建党 95 周年大会上全面总结了党与人民的关系，“坚持不忘初心、继续前进，就要坚信党的根基在人民”“人民立场是中国共产党的根本政治立场”“全党同志要把人民放在心中最高位置”。2017 年 10 月 18 日习近平在中国共产党第十九次全国代表大会上作报告，开篇强调中国共产党人的初心和使命，就是为中国人民谋幸福，这也是激励共产党人不断前进的根本动力。十九大报告中，他论证中国特色社会主义 14 条基本方略，其中最重要的第一条和第二条分别是“坚持党对一切工作的领导”“坚持以人民为中心”。习近平在谈到新闻舆论工作时说：“坚持人民性，就是要把实现好、维护好、发展好最广大人民根本利益作为出发点和落脚点，坚持以民为本、以人为本。”（陈力丹，2018）关于政治家办报，习近平还谈到媒体必须在大是大非面前旗帜鲜明，在重大原则问题上敢于发声、敢于斗争，这既是政治定力问题，也是媒体具有影响力的体现。而提升影响力需要仰仗一定的传播技术，但更重要的是对新闻传播规律的把握，以及很强的政治家办报的意识（陈力丹，2017）。政治家办报不仅是具体的新闻实践，更是一种思想与理论的引领与创造。要坚持这一理念不动摇，坚持以人民为中心，与时俱进提升媒体的引导效用。

（四）《实践是检验真理的唯一标准》（*Practice is the Sole Criterion for Testing Truth*）

“文革”后，为纠正“两个凡是”下的“左倾”主义思想，在邓小平、陈云等人的领导下，新闻媒体开始了实事求是、寻求真理的斗争之路。1978 年 5 月 11 日，《光明日报》在头版显著位置发表了《实践是检验真理的唯一标准》一文，这是拨乱反正以来影响最大、反响最强烈的一篇思想解放的宣言。

文章阐述了马克思列宁主义、毛泽东思想关于真理标准的论点，提出要粉碎“四人帮”加在人们身上的精神枷锁，指出：只有勇于研究生动的实际生活，研究现实的确切事实，研究新的实践中提出的新问题，才能逐步由必然王国走向自由王国，顺利地进行新的伟大长征（陈昌凤，2009）。

（五）四级办广播电视（Fourth-level Broadcasting）

1983 年 3 月，第十一次全国广播电视工作会议做出重大体制创新，提出“四级办广播电视，四级混合覆盖”的事业建设方针，改变原来中央和省两级办广播电视的局面。除中央和省级以外，所有县以上行政区都可以开办广播电台、电视台。“四级办广播电视，四级混合覆盖”的事业建设方针的出现，极大地调动地方各级政府的积极性，拉动地方财政资金，推动广电行业跨越式发展，使得中国电视事业结构向多级办电视转变。目前已建立的电视台中，90% 以上是市县两级开办的。

时至今日，这项政策仍在延续。截至 2017 年 3 月底，全国县级广播电视播出机构共计2050家，广播电视节目合计约6150套；截至2017年底，全国地级以上广播电视播出机构共计517家，地级以上电视节目共计1191个频道/套，地级以上广播节目共计2146频率/套（杨新磊、王东林，2019）。

“四级办广电”对推动中国广电事业发展发挥了关键性历史作用，但同时也存在着弊端：第一，大量的重复建设、重复制作、重复播出、重复覆盖问题，导致重复投资，增加了成本，造成严重的资源浪费。第二，由于各级电视台之间的无序竞争，相互瓜分观众群，使覆盖效益降低。第三，各台之间互相抄袭、模仿，导致节目雷同，缺乏新意，难有特色。第四，一些小电视台为了维持自身的生存与发展，从音像市场购买廉价的海外影视剧，乱播滥放，对中央电视台和省级电视台的主导地位形成冲击，“散”“乱”成为电视事业发展的一个严重问题（方汉奇，2002）。

（六）20世纪80—90年代深度报道（In-depth Report in1980’s and 1990’s）

1. 深度报道的概念与特点

深度报道这一概念，发端于20世纪30年代的西方新闻界，20世纪80年代中期被引入我国并开始在纸媒兴起。深度报道并不是与消息、通讯和新闻评论相并列的一种独立文体。深度报道的呈现形态，有时是单篇通讯，有时是由若干篇通讯组成的系列，有时则是数篇消息和通讯共同构成的组合性的报道单元。因此，对于深度报道，不宜仅仅将此局限于某一种或者某几种文体。

深度报道的类型，大致分为两种：一种是独立文本的深度报道，如某些体现出深度报道理念和效果的调查性报道、解释性报道、预测性报道、深度人物访谈等；另一种是非独立文本的深度报道，如某些跟踪报道（连续报道）和系列报道，以及以特殊的版面编辑形式出现的组合报道（丁柏铨，2014）。

长篇幅、有气势、政论结合、彰显理性是深度报道文本的主要特点。早期的深度报道主要集中于两类主题：一是关注改革，面对社会热点难点，试图对时代进行解惑；二是关注个体，跳出集体至上的传统观念，呼唤个体意识的觉醒（张志安、阴良，2009）。

2. 深度报道的发展进程

20 世纪 80 年代，国内诞生了一批社会影响广泛的优秀的深度报道作品。《中国青年报》1985 年 12 月 13 日至 28 日刊载的《大学生毕业生成才追踪记》被视为我国深度报道的开端。随后，同为《中国青年报》记者的雷收麦、李中伟、叶研、贾永连续发表了三篇深度报道《红色的警告》《黑色的咏叹》《绿色的悲哀》，这个系列报道揭开了 1987 年作为“深度报道年”的序幕。此后，诸如《光明日报》刊载的《一个工程师出走的反思》（1986 年 6 月 7 日）、《中国青年报》刊载的《西部贫困探源》系列报道（1987 年 5 至 6 月）、《经济日报》刊载的《关广梅现象》（1987 年 6 月）、《人民日报》刊载的《鲁布革冲击》（1987 年 8 月）和《中国改革的历史方位》等文章都成为中国深度报道中的代表之作（陈昌凤，2009）。

针对 1987 年兴起的深度报道热，新闻学界称之为“深度报道年”，全国几乎每家新闻刊物都发表了研究深度报道的文章，甚至认为这是“党报的第二次转型”，“完成了从纯新闻报道为重心到深度报道为重心的转变”（肖泳，2000）。1988年全国好新闻评选开始增设“深度报道奖”，也体现了业界和管理部门对1987年深度报道影响力的高度肯定。从发展过程看，基于社会转型的宏观背景、产生于社会现实的强烈推动，新时期中国深度报道兴起于80年代初，到了80年代中期迅速发展，至1987年达到顶峰（张志安、阴良，2009）。

90年代中后期，深度报道进入稳步发展的成熟期。1993年中央电视台《东方时空》开办，首开电视深度报道先河；1994年《焦点访谈》和中央人民广播电台《新闻纵横》开办；1996年中央电视台又推出《新闻调查》，电视媒体逐渐成为深度报道的重要阵地。另外，随着《南方周末》和《南方都市报》的转型与崛起，报纸深度报道也渐成熟。此时期，中国的新闻事业和新闻观念也进一步转型，深度报道的批判从早期多少带有情绪化的方式开始走向全方位的审视，冷静而客观地展现新闻内容，使批判以不动声色的方式进行（王润泽，2015）。

（七）广州日报报业集团（Guangzhou Daily Press Group）

20世纪90年代中期，一些大报、党报因政治导向强、专业水准高、管理规范、财力雄厚，兼并了一批人力财力薄弱、发行量小、难以为继的小报。报纸的兼并为我国报业集团的出现准备了条件。1994年国家新闻出版署在杭州举行的全国首次报业集团问题研讨会上，形成了我国关于组建报业集团的指导性文件。

通过对10家省报和15家市报的调查，新闻出版署选定广州日报社作为组建报业集团的试点（方汉奇，2002）。自此，报纸管理机构开始公开组织“集团化”的探讨，“中国报业‘集团化’的话语由此开始公开登场”（黄旦、邬晶晶、陈静静，2003）。

广州日报报业集团是中国首家报业集团，于1996年1月15日经新闻出版署批准成立，5月29日正式挂牌运行。2007年11月，由广州日报报业集团控股的广州九州阳光传媒股份有限公司在深圳证券交易所挂牌上市，成为第一家经过国家新闻出版总署批准的在境内主板上市的传媒公司。广州日报报业集团现拥有1张主报（《广州日报》）、15张系列报（《足球》《广州英文早报》《岭南少年报》《老人报》《信息时报》《舞台与银幕》《篮球先锋报》《美食导报》《广州文摘报》《赢周刊》《第一财经日报》《羊城地铁报》《时尚荟》《番禺日报》和《增城日报》）、5份杂志（《新现代画报》《南风窗》《看世界》《大东方》和《共鸣》）、2个网站（大洋网和VRHR求职广场网）。集团同时还拥有广州传媒控股有限公司、广州市报刊发行公司和广州大洋实业有限公司等经济实体（童兵、陈绚，2014）。

广州日报报业集团成立后，羊城晚报报业集团、南方日报报业集团、光明日报报业集团、经济日报报业集团和文汇新民报业集团纷纷于1998年成立，1999年深圳特区报报业集团正式挂牌，2000年又有9个报业集团先后经新闻出版署批准成立。“从此，报业集团的组建就成为我国报业发展的一个重要趋势，它标志着我国报业发展到了一个新的阶段。”（方汉奇，2014）

第三章

新闻学理论

一、新闻的定义与相关概念

（一）新闻（News/Journalism）

在中文中，“新闻”一词可上溯到唐代诗人李咸的诗句“新闻多说战争功”，有社会新闻的意味。宋代开始“新闻”特指非官方的消息，“故隐而号之新闻”。在《圣经》“新约·使徒行转”（1—2世纪）中，“新闻”一词是指新鲜的故事。

在英文中，“News”和“Journalism”都可以指中文含义中的新闻，但是由于词语来源和使用历史的不同，二者在含义上有区分。News一词源于古希腊，《牛津词典》解释为“新鲜报道”。1423年，苏格兰王詹姆斯一世（James I）在其诏书中首次使用了这个词语，之后在14至16世纪开始被广泛运用。美国著名新闻史学家埃德温·埃默里（Edwin Emery）称：“直到1500年左右，消息这个词通常用来描述有关时事的报道；造出新闻（Newes）这个词是为了把偶然的信息传播行为与有意识地采集和加工信息区分开来。”（展江，2009）1621年，英国第一家定期刊物《每周新闻》（*Weekly News*）创办，英语的“News”

以新闻之意第一次作为刊名开始流传。1665年，随着《牛津公报》的出现，Newspaper一词也开始固定使用。而Journal在《牛津英语词典》中具有两个含义：一是转移、贯通、记录；二是机器轴颈。19世纪以后和法文中的消息与消息报道广泛结合，形成了新闻页、新闻工作者的意思。《韦氏国际词典》认为："'News'表示对最新事件、消息、信息的议论；报纸、杂志、广播电视上所报道的东西及报纸读者和电台听众所感兴趣的事情。'Journalism'则是表示对流行素材的整理和编辑以通过媒介发表、报纸杂志或者其他媒介本身。"（刘笑盈，2017）

综上，从对"新闻"词语的历史考察来看，有关新闻的理论大致可以分为"作为新闻（News）的新闻"与"作为新闻业（Journalism）的新闻"两大方面。

1. 作为新闻（News）的新闻

目前国内外有关新闻的定义有很多。杨保军将新闻的定义分为两种范式：学院派范式与实践派范式。其中，又可以按照"本位"，划分为"传者本位型"，如陆定一在1943年9月1日发表于《解放日报》的文章《我们对于新闻学的基本观点》中写道："新闻的定义，就是新近发生的事实的报道。""受者本位型"，如范长江在1961年发表的《记者工作随想》中提道："新闻是广大群众欲知、应知而未知的重要的事实。""信息本位型"，如宁树藩的"经报道（或传播）的新近事实信息"（郑保卫，2000）。

陈力丹通过比较新闻与宣传总结出新闻的特性。他将新闻定义为："新闻是客观发生的、具有新闻价值的事实的叙述。"

（陈力丹，2013）新闻传播的归宿是“受者晓其事”。宣传则是运用各种符号传播一定的观点以影响和引导人们的态度，控制人们行为的一种社会性传播活动，宣传的归宿是“传者扬其理”。具体而论，又有六方面可以区别新闻与宣传：第一，新闻重信息，宣传重形式。第二，新闻重新异，宣传重反复。第三，新闻重事实，宣传重观点。第四，新闻重时效，宣传重时机。第五，新闻重沟通，宣传重操纵。第六，新闻重平衡，宣传重倾斜。

中国新闻理论有两个起点：一是政治新闻理论。1896 年梁启超在《时务报》上发表论文《论报馆有益于国事》中，强调报刊的作用是“通上下”，是“有助于耳目喉舌之用”。这篇文章标志着中国政治新闻理论传统的开始。二是学术新闻理论。其标志是 1918 年 10 月北京大学新闻研究会（半年后改为“新闻学研究会”）的成立，理论引进者为徐宝璜，核心思想是论述新闻工作的职业意识，即“以新闻为本位”。

2. 作为新闻业（Journalism）的新闻

“新闻传播事业是指各种新闻传播机构及其各项信息传播活动和经营管理活动的总称。”（童兵，2000）杨保军认为，新闻传播业在社会整体结构中，属于思想意识形态的范畴，是以传播新闻为主来反映客观世界的社会信息、舆论系统，构成这一系统的实体机构——新闻媒体，同时也是经济实体和文化实体。

新闻业产生的过程也是近代报刊的诞生与扩散的过程。近代报刊最初诞生于欧洲，是各种因素共同作用的。首先，15 世纪中叶印刷时代的来临使人类的新闻活动迎来了革命性变化，因为印刷使信息规模化、大众化传播成为可能。“印刷新闻纸的问世，是新闻事业诞生的时间标志。”（郑保卫，2000）其次，地理大发现使欧洲的商业和工业扩展到全球贸易，产生新闻信息的规模化需求。再次，文艺复兴运动使人们基本形成了各自的标准语言与文字，奠定了语言文字基础。最后，文艺复兴使文化转向世俗社会，提供了一定的读者市场。

如果从媒介角度来划分，全球新闻传播业自诞生后共经历了三个阶段的演变。

第一是印刷传播下的报纸主导时期。15 世纪中叶到 17 世纪初封建官报与初级商业报刊并存，之后又进入政党报刊时期；19 世纪三四十年代，美国大众化报纸的出现标志着其进入自由报刊时期；19 世纪末，社会主义新闻业在苏维埃政权下的俄国诞生。

第二是电子传播下三足鼎立的多种媒介时期。无线电技术、电波调制、图像传输技术等促成了广播、电视的诞生，形成了 20 世纪 50 年代至 80 年代末世界范围内传媒业三足鼎立的状态。

第三是互联网产生后的网络传播时期。20 世纪 90 年代互联网进入新闻传播领域后，冲击着报纸、广播、电视构成的传统新闻业格局。不断更新换代的新媒介促使媒介融合不断深入，进入“后新闻业时代”（杨保军，2014）。

3. 新闻的功能

对传媒的功能存在两种不同方位的认识。

第一，从新闻与政治意识形态关系角度定位传媒，包括“喉舌论”“工具论”以及作为治理技术的传媒的“舆论监督作用”等。

第二，新闻专业主义的传媒职能定位，即强调传媒作为精神单位的特征，既讨论精神的自由表达，又讨论传媒的职能权限。美国传播学者哈罗德·拉斯韦尔（Harold D. Lasswell）在《传播在社会中的结构与功能》中提出大众传播的三大功能为环境监测、使社会各个不同部分相互关联以适应环境、使社会遗产代代相传。美国社会学家查尔斯·赖特（Charles Wright）将其补充为四大功能：监测环境、解释和规定、社会化，以及提供娱乐。威尔伯·施拉姆（Wilbur Schramm）和威廉·波特（William E.Porter）又将其总结为政治功能、经济功能、一般社会功能。保罗·拉扎斯菲尔德（Paul F. Lazarsfeld）和罗伯特·莫顿（Robert K. Merton）从社会功能的正负效应的角度补充了三个功能，即地位赋予、促进社会规范实行，以及麻醉的副功能。

4. 新媒体环境对“新闻”定义与新闻业的冲击与影响

随着新传播科技的发展，以报纸为代表的平面媒体走向衰退，发行量大幅减少；而各种新媒体的发展速度却在以集合量级增长，传统媒体走向媒体融合的道路。社交网络的兴起也推动了新闻生产和传播方式的变化，公民记者和“自媒体”出现，新生代媒介使用习惯发生转变，大众掌握了大量新闻原始材料。

李良荣认为，第四次传播革命的基本特征是“去中心化——再中心化”。“去中心化”是指通过解构国家对传播权利的垄断实现传播资源的泛社会化；“再中心化”是指当网络空间的信息供给量超过了个体的处理能力，公民开始委托新人，通过意见领袖筛选信息，形成新的中心。互联网赋予公民以传播权利，实现传播权利（right）向传播权力（power）的转移，这是新传播革命的本质内涵。“整个传媒产业链上，内容生产、提供者，媒体信息分发渠道，受众的媒体接触、使用和消费习惯，媒体技术和硬件发展都发生了巨大的改变，带来了传播范式、传播规则、内容生产方式、内容分享范式和消费方式的颠覆性变革。”（李良荣，2014）其特征可具体概括为以下四点：

其一，新闻生产和传播的主体扩展。

在传统媒体时代，新闻传播的主体主要是具有一定资质的专业媒体机构。但是在网络环境下，业余的或者专业化的“自媒体”出现，“对于信息的再传播，对于网络中信息的内容构成与流向起着重要作用”（彭兰，2017）。受众从媒体的消费者变成了生产者和创造性的受众（creative audience），通过社会化网络媒体来传播自己创作的内容，进入了克莱·舍基（Clay Shirky）提到的“人人都是记者”的时代，一个大众业余化（mass amateurization）的传播时代。西班牙社会学家曼纽尔·卡斯特（Manuel Castells）称其为“大众自我传播”（Mass Self-Communication）时代的到来，即人际传播、大众传播和大众自我传播这三种传播形式共存、互动并且彼此补充。人工智能技术的发展，也推动了机器进入新闻生产主体的行列。

其二，新闻生产模式革新。

大数据以及大数据挖掘技术扩大了新闻信息的来源，以此为基础的数据新闻成为“后新闻业时代”新闻类型变化的最新表征方式。在以数字化、及时性、互动性为特征的互联网传播环境中，新闻生产主体的扩展催生了新的新闻生产模式，产生了如 UGC（User-generated Content）新闻模式、众包新闻模式、迭代新闻（Iterative Journalism）模式以及融合新闻模式。

同时，媒介融合推动新闻从业人员、行业资源重新配置。具有高交互性、高沉浸感、娱乐性，如以新闻游戏、VR、AR新闻等为特点的新型新闻产品形态出现。

其三，新闻传播渠道变迁。

目前主要的新闻分发平台包括整合类平台、搜索引擎、社会化媒体、个性化推荐平台等。首先，社会化媒体是当下新闻传播和接触的重要平台，人们可以更容易更直接地在信息源和其他人之间分享信息，这导致对传统新闻媒体的消费下降，社交媒体将传播权力下放并分散。其次，个性化推荐平台改变了人们接触新闻的方式。算法取代传统的新闻从业者成为新的“把关人”，信息传播精准化垂直化。彭兰认为，多元力量的参与延伸了专业媒体的触角；多种主体生产的“碎片”可能成为专业媒体信息的补充；而“全民投票”的信息筛选机制挑战了专业媒体的“把关人”地位。

但社会化媒体传播与个性化新闻也带来了新的困境。在《信息乌托邦——众人如何生产知识》中，凯斯·R. 桑斯坦（Cass R.Sunstein）提到，尼古拉斯·尼葛洛庞蒂（Nicholas Negropopnte）所预言的“我的日报（the Daily Me）”的实现既是一个机会，同时也是风险，核心问题涉及信息茧房：我们只听我们选择的东西和愉悦我们的东西的通信领域。由此，具有相似想法的人就进入“回音室”，很容易制造“偏激的错误、过度的自信和没道理的极端主义”。

其四，新闻真实性受到挑战。

在信息爆炸和“人人都是记者”的背景下，信息来源难辨，造假成本变低，求证成本变高，很容易导致虚假新闻的泛滥。

除此之外，网络环境下的个人还很容易陷入情绪、情感或认知框架陷阱。2016年，《牛津英语词典》宣布“后真相”（post-truth）成为年度词语，解释为：“人们更容易接受基于自己的情感和信念的观点，而不是基于事实。”彭兰认为，后真相的蔓延与社会化媒体的传播机制不无关系。作为以个人为传播节点、以社交网络为传播渠道的平台，诉诸情感的内容往往比诉诸理性的内容更容易得到传播，意见、情绪和立场会渗透到对于事实的描述中，事实与意见之间的界限变得日益模糊。

（二）《我们对于新闻学的基本观点》（*Our Basic Views On Journalism*）

1. 文章背景

1942年，中国共产党开始在全党范围内开展整风运动。1942年3月，中共中央宣传部发布《为改造党报的通知》，要求各地根据整风精神来检查报纸的党八股现象。1942年4月，中共中央机关报延安《解放日报》在毛泽东的党报理论下实行改版，并连续发表了一系列关于新闻工作的重要文件、社论和理论文章，如4月1日的改版社论《致读者》等，均论述了新的党报工作原则，包括“全党办报”方针，以及党报的党性、群众性、战斗性和组织性等。1943年9月1日，时任《解放日报》总编辑的陆定一发表了《我们对于新闻学的基本观点》，文中用辩证唯物主义的观点、方法，理论性地阐述了无产阶级新闻学的有关基本问题。

2. 基本内容

文章中首先对新闻进行了定义。陆定一从唯物论的角度出发，将新闻定义为新近发生的事实的报道。新闻的本源是事实，新闻是事实的报道，事实是第一性的，新闻是第二性的，事实在先，新闻（报道）在后。同时，文章还从唯物论与唯心论的角度出发，批评了将新闻解释为某种“性质”的本身，脱离开某种“性质”就不成其为新闻的唯心论新闻观，如最早的认为“新闻乃是时宜性与一般性之本身”，以及后来的“普遍性”“公告性”“文艺性”“趣味性”“完整性”等。最后，作者对“性质说”中的“新闻就是政治性之本身”进行了单独的批评论述。他认为，革命的新闻工作者，既然有唯物的社会观，就一定承认每个新闻归根结底具有政治性。但是，这种政治性比起那饱含这种政治性的事实来，乃是第二性的、派生的、被决定的，而第一性的东西、最先有的东西，乃是事实而不是什么“政治性”。说新闻就是政治性本身，就是把事实与其政治性的关系，头足倒置颠倒过来。

文章其次论述了新闻如何能真实。作者认为，要想求得新闻十分真实，只有新闻五要素，新闻记者亲自踏看和摄影报道等形式，虽然是必要的，但是还不够。首先，有新闻五要素并不一定就真实。其次，即使记者亲自踏看，也会因为主观主义、时间和体力分配以及作假等因素而造成不真实。因此作者认为，只有为人民服务的报纸，与人民有密切联系的报纸，才能得到真实的新闻。而结合的方法是：第一，发动组织和教育广大与人民血肉相连的非专业的记者，积极地为报纸工作，向报纸报道他自己亲身参与的事实，因为他们亲身参与这些事实，而且与人民血肉相连，因此他们会报道真实的新闻；另一方面，教育专业的记者，做人民的公仆，对于那些广大的与人民血肉相连的人，要做学生又要做先生。

3. 历史影响和评价

文章用辩证唯物主义的观点、方法，阐述了无产阶级新闻学的有关基本问题，也批判了资产阶级唯心主义的新闻学理论（方汉奇，2012）。但陈力丹认为，“文章认为新闻工作者不是劳动者（当时只把体力劳动视为劳动），因而记者必须为工农服务，否则就是二流子、蠹虫。这种矛盾的论证逻辑，影响到后来我国新闻理论的发展：‘新闻价值’很少被讲到。新闻客观性原则被批判为资产阶级新闻观点，新闻真实变成了有立场的‘本质真实’”（陈力丹，2013）。但以这篇文章为代表，在《解放日报》发表的一系列文章，对党报的性质和作用、全党办报的思想、新闻工作的党性原则、无产阶级唯物主义新闻观和资产阶级唯心主义新闻观的区别，以及马克思主义文风等基本问题，做了比较系统的论述，初步奠定了中国无产阶级新闻学的理论基础（方汉奇，2012）。

（三）宣传（Propaganda）

宣传是运用各种符号，传播一定的观点以影响和引导人们的态度、控制人们行为的一种社会性传播活动（陈力丹，2008）。宣传是一个广义概念，它包括各种符号——有声的符号和无声的符号，传播一定的观念；达到的目的，一是引导人们的态度，二是控制人们的行为；最后，它是一种社会传播活动（陈力丹，2008）。

1. 宣传的起源

英语中“propaganda”一词起源于拉丁文，有播种、繁殖之义，是一个与农业生产相关的词语。第一次出现是在1622年，罗马教皇格里高利15世（Gregory XV）成立圣道传信部（Sacra Congregatio de Propaganda Fide，the Sacred Con- gregation for the Propagation of the Faith），针对宗教改革运动，传播天主教教义（刘海龙，2007）。第一次世界大战前，“宣传”这个词很少被使用，“一战”后，宣传引起人们的广泛关注，这个词也被普遍使用。而在当代，宣传则与广告、公关等市场营销活动联系得最多。宣传概念由宗教到政治再到商业的变迁，从一个侧面反映了宣传与权力之间的微妙联系（陈力丹，2008）。

2. 新宣传与旧宣传

基于组织与公共关系的框架，阿什德和约翰逊提出了旧宣传与新宣传的说法。他们认为，旧宣传是由国家来操作，而新宣传则是由组织通过现代公共关系来操作。而且这种正式的信息发布和控制体制既适用于政治领域，也适用于经济领域，像新闻发布会等措施其实变成了一种新的信息控制和宣传方式（刘海龙，2007）。

新宣传与旧宣传的差异表现在：旧宣传的目标受众是无差异的大众或者待说服的公众，新宣传的受众则是细分化的；新宣传和旧宣传使用的媒体存在差异，旧宣传因为针对大众，选择大众媒体，会重点使用某种或某几种媒体；旧宣传的目标是改变受众的态度、信仰，促成某种行为，而新宣传的主要目的是保持组织的正当性，不需要说服所有人，只需要说服与组织生存息息相关的特定受众即可；旧宣传试图保持自己的可信度，或者要让受众相信宣传所说的是真实，而新宣传关注的是对“真实的使用”，一般通过统计数字和事实的某种诠释来达到组织目标，但是很少向公众说明他们为什么会使用某种方法而不是另外一种方法来分析数据（张涛甫，2017）。

3. 宣传的特点

第一，宣传的本质是劝服。第二，宣传形式总是一个人或一群人（例如各种表演）向特定的多数人传播观点，它以单向传播为主，双向交流在宣传中是辅助性的，因而宣传者始终处于主动者的地位。第三，宣传的对象可以分为两大类，一类是同道者，一类是未被卷入宣传的人群。从宣传策略上考虑，宣传重点应在于未被卷入宣传的人群。第四，宣传者的素养直接影响宣传的效果。第五，宣传不是万能的，是有条件的，纯粹的技巧必须与背景环境相契合（陈力丹，2008）。

4. 宣传的方法和技巧

西方常用的策略和技巧有：第一，加以恶名（又叫“标签法”，name-calling），即给一种观点（或人物、事物）贴上坏标签，使人们不经验证就对某种观点、某个人、某一事物持反感态度并加以谴责，例如“民族败类”“反动派”等。第二，美化（又叫“光晕效应”，glittering generality），即把一种观点（或人物、事物）与美好的词联系起来，使人们不经验证而接受、赞许某观点、某人、某事物。第三，假借（transfer），即以某种受人尊敬的权威、公认的信誉加之于另一事物上，使后者更易为人接受。比如一个人有名了，与之类似的人叫 ×× 第二。第四，现身说法（又名“佐证法”，testimonial），即请某个受人尊敬或被憎恨的人来评价某个观点、产品、人物的好坏。第五，以平民自居（plain folks），即说话人企图让人们相信他和他的观点都是好的，因为它属于人民，来自普通的老百姓。第六，洗牌作弊（card stacking），即宣传者一面倒地美化或丑化某一对象。在表扬己方的时候，只挑对自己有利的方面说；在批评对方的时候，只挑对对方不利的东西说。第七，号召随大流（又叫花车巡游法，bandwagon），即企图让人们相信，我们所属的群体都已接受他们的方案（陈力丹，2008）。

中国常用的策略和技巧有：第一，“最大—最大”策略，强调增加双方利益。第二，求同存异，即强调相同的地方，暂时调和不同的地方。第三，无我策略，即不直接讲出自己的意图。第四，小骂大帮忙。历史上曾把“小骂大帮忙”作为《大公报》的一种传播策略，《大公报》经常刊载一些文章批评国民党，但是在根本利益上，它是帮国民党的（陈力丹，2008）。第五，适可而止，即做事不要太极端，强调中庸。第六，微调，即慢慢调整。第七，强调移情，扮演角色，设身处地为他人着想。

5. 宣传与新闻

新闻和宣传都属于传播信息的行为，可以有相互渗透、交叉的地方，但两者是不同的概念，其出发点、表现方式和归宿等都有区别。新闻的归宿是“受者晓其事”，而宣传的归宿是“传者扬其理”。从两者的表现方式看，差别也很大。第一，新闻重信息，是为了消除人们对某些情况的不确定性，宣传重外在的形式符号，某种仪式、某种标志，往往被赋予较强烈的意义。第二，新闻必须有新的与众不同的内容，因而是易碎品，最忌讳重复旧闻；而宣传的要领之一便是重复施教，以便加深被宣传者对某种观点的印象。第三，新闻重事实，没有事实主体的所谓“新闻”不可能拥有大量读者，而宣传看重的是观点，事实为观点服务，往往为了体现观点而在表达程度、用词造句上反复推敲。第四，新闻重时效，及时发布的新闻对受众心理刺激绝对大于过时的旧闻，而宣传看重的是传播某种观点的时机，时效服从于时机的需要。第五，传播新闻的目的是沟通各方，以便达到信息对称；而宣传观点是要掌握受众的思想，结局是一种新的信息不对称。第六，新闻在报道事实的时候，注重平衡原则，尽可能照顾到事实的各方面和角度；宣传从某种观点出发，本能地突出某一方面而有意无意地忽略另一方面（陈力丹，2004）。

6. 宣传研究

宣传研究在两次世界大战之间一直是政治传播研究中一个相当热闹的领域，但是随着以实证主义为基础的传播科学的建立和传播研究的体制化，“宣传”概念由于缺乏“科学性”，容易引起政治立场上的纠纷，所以和“舆论”等概念一起，逐渐被“大众传播”“说服”“态度”“议程设置”等概念所替代（E. M. 罗杰斯，2018）。“二战”后宣传研究出现了两个趋势：一是把宣传与意识形态剥离，把它作为一个中立的传播现象加以研究；二是反其道行之，把宣传概念作为一个批判现代性、新自由主义意识形态的武器（刘海龙，2007）。

（四）宣传伦理（Propaganda Ethics）

第一次世界大战结束引发了关于宣传的争论。随着战后以克里尔委员会为代表的战时宣传组织遭到社会和学界的质疑，以及战后政府仍然利用新闻操控民众的“家长作风制”和刚兴起的法西斯主义在美国的宣传，20 世纪 30 年代末期美国出现了反对宣传的运动。其代表组织“宣传分析学会”（the Institute for Propaganda Analysis）第一任会长坎特里尔（Hadley Cantril）提出了要识别宣传技巧，而以杜威（John Dewey）和宣传分析学会为首的人文主义者，从民主和思想自由的立场出发对美国第一次世界大战后的宣传提出了批评（刘海龙，2008）。

除了人文主义者的反宣传话语外，以有“公关之父”之称的伯奈斯（Edward L. Bernays）为代表的公关和广告从业人员主张将宣传运用到商业活动中，认为公关宣传是无害的。他认为普通人是乌合之众，由少数明智之士管理和控制对整个社会有利，是现代民主制的必然结果。但同时，另一位公关先驱艾维·李（Ivy Ledbetter Lee）则提出了公关宣传从业人员必须遵守职业道德、严格自律。

除此之外，第三种观点是将宣传现象作为一般社会现象中立地展开研究，以美国政治学家哈罗德·拉斯韦尔（Harold D. Lasswell）和沃尔特·李普曼（Walter Lippmann）为代表。他们并不关注事实的真伪，而是关注象征符号在事实与人们的态度和行为之间所扮演的中介角色，以及如何把这种中介角色的效果发挥到最大。李普曼既批评了政府在新闻中的审查和控制，又提出了专家们需要使用精准的信息确立政策，去引导缺乏理性的大众。

20 世纪 80 年代末，随着冷战的缓和和批判学派的兴起，宣传出现了两个发展趋势：一是沿着拉斯韦尔开创的道路，将其视为一种现代社会普遍存在的社会现象，以法国哲学家雅克·埃吕尔（Jacques Ellul，1912—1994）为代表；二是批判学派将其作为一个批判性概念，对以通俗文化、官僚文化为新特征的思想控制进行批评（刘海龙，2008）。英国的宣传研究权威菲利普·泰勒（Philip M. Taylor）把宣传看成一种中性的传播手段，并认为它的伦理问题并不来自宣传本身，而是来自使用宣传的动机和目的。

（五）正面宣传（Positive Publicity）

1. 诞生背景

“正面宣传”一词正式出自 1989 年 11 月 25 日中共中央政治局常委李瑞环在中宣部举办的“新闻工作研讨班”上发表的《坚持正面宣传为主的方针》讲话。

党的十一届三中全会召开后，国内展开了关于新闻属性的大讨论。1981 年 1 月 29 日，中共中央颁布了《关于当前报刊新闻广播宣传方针的决定》，批评了当前新闻界“没有积极主动、理直气壮而又有说服力地，经常和有系统地宣传四项基本原则”，提出“要大张旗鼓地宣传建设社会主义的高度精神文明”“要正确处理表扬和批评的关系，要坚持以表扬为主的方针”（陈力丹，2013）。

随着1986年政治改革的推进，1987年中共中央发出《关于坚决妥善地做好报纸刊物整顿工作的通知》，指出“端正新闻、舆论阵地的思想政治方向……是反对资产阶级自由化的一个重要方面”。1989年，江泽民、李瑞环代表党中央在中宣部举办的研讨班上分别发表了《关于党的新闻工作的几个问题》以及《坚持正面宣传为主的方针》，强调了新闻事业是党、政府和人民的喉舌，必须坚持党性，要反对人民性高于党性的主张，新闻宣传必须在政治上与党中央保持一致，新闻宣传必须旗帜鲜明、坚持不懈地反对资产阶级自由化（方汉奇，2002）。

2. 基本内容

讲话主要提出，为了巩固改革开放成果和实现治理整顿目标，从当前的实际情况和稳定是压倒一切的大局来讲，关键的问题是新闻报道必须坚持以正面宣传为主的方针；具体来讲就是要准确、及时地宣传党的路线、方针、政策，实事求是地反映社会现实生活的主流，让人民群众用创造新生活的业绩教育自己，形成鼓舞人们前进的巨大精神力量，在当前就是要造成一个有利于稳定局面的舆论环境（李瑞环，1990）。

文中具体提出了十二条原则方法：一是要认真总结历史经验，提出了是否正确地、全面地理解和执行以正面宣传为主的方针，直接关系到舆论作用的发挥，也关系到社会主义新闻事业的成败，尤其对比了20世纪五六十年代的爱国主义、劳动模范、经济建设等典范宣传与新闻界少数同志由于背离了党和人民的立场在1989年政治风波中起的推波助澜作用；二是增强新闻宣传的党性；三是要讴歌人民的英雄业绩；四是要注重舆论的导向作用；五是要重视和改进批评报道；六是要正确实行舆论监督；七是必须讲求宣传艺术；八是要注意新闻工作特点；九是继续坚持新闻改革；十是要提高新闻队伍素质；十一是严格新闻宣传纪律；十二是加强党委对新闻工作的领导（李瑞环，1990）。

（六）舆论（Public Opinion）

1. 舆论的概念和历史

现代西方国家的“舆论”（public opinion）概念出现在18世纪，它的初始含义就包含与现实的权力对应的理念（陈力丹，2008）。因为现实是君主当政，舆论概念的使用作为君主当政的对应词，带有“人民主权”的时代背景意味。当时的人们把舆论视为“人民主权”的表现形式，具有政治上的意义。

英国17世纪的哲学家约翰·洛克（John Locke）曾提出“舆论法则”，与“神法”“民法”相提并论。他提出：“人们判断行为的邪正时所常依据的那些法律，可以分为三种：一为神法（divine law）；二为民法（civil law）；三为舆论法（the law of opinion or reputation）。”

最早直接提出“舆论”一词的是法国18世纪的启蒙学者让-雅克·卢梭（Jean-Jacques Rousseau），1762年他在《社会契约论》中首次将“公众”与“意见”组成一个概念，即“舆论”。然而，卢梭只是在《社会契约论》中的几个章节提到了舆论，没有把它作为一个核心概念来论证。将舆论作为核心概念来论证的、较早的代表作，是沃尔特·李普曼（Walter Lippmann）1922年出版的《舆论》（*Public Opinion*）。

中国古籍中的“舆论”一词最早出现在《三国志》的《魏·王朗传》中，记载道：“设其傲狠，殊无如志，惧彼舆论之未畅者，并怀伊邑。”其中，“舆”的原意是指抬轿子的人，古代抬轿子的人多是社会地位比较低下的人群，这里就是指民众，即一般老百姓。“论”就是观点、意见。“舆论”即民众的意见。可见，中国古代的“舆论”是一种泛指的意见形态，与现代“舆论”的内涵有一些差别，至少在我国古代的舆论概念里，完全不包含人民主权的含义。

马克思把舆论视为“一般关系的实际的体现和明显的表露”。马克思和恩格斯认为：“报纸是作为社会舆论的纸币流通的。”在现代意义上，舆论趋向于成为一种普遍的社会监督的权力。马克思使用过“舆论的陪审团”“名誉审判席”“批判的法庭”等用语；恩格斯使用过“舆论的权力”“诉诸公众”“诉诸公论”等用语，其意思是一样的，即每个人都会感受到周围一种无形的精神力量的制约。这是一种全方位的特殊的精神交往形式，传统、现实、社会关系、心理因素等交织在一起（陈力丹，2012b）。

2. 舆论的构成要素

舆论是公众关于现实社会以及社会中的各种现象、问题所表达的信念、态度、意见和情绪表现的总和，具有相对的一致性、强烈程度和持续性，对社会发展及有关事态的进程产生影响，其中混杂着理智和非理智的成分（陈力丹，2012a）。陈力丹认为上述定义包含着构成舆论的八个要素（陈力丹，2012b）。

其一，舆论的主体：公众。

舆论的主体是自在的（不是有组织的），对外部社会有一定的共同知觉，或者对具体的社会现象和问题有相近看法的人群。这些人在发表意见的时候，不是被别人组织起来的，他们在舆论调查的分析报告中是集合的（我们在进行舆论调查的时候，他们被看成一个集合体），但在现实社会中，一般情况下他们是分散的。由相近或相同的认知而关联、具有社会参与的自主性，这是作为舆论主体的“公众”的两个主要标志。

其二，舆论的客体：现实社会，以及各种社会现象、问题。

舆论的客体就是自然存在的公众讨论的话题，而且这个客体一般是“有争议”的。如果把范围扩大一些，公众对现实社会所表现出来的情绪、态度、观点，只要形成一定规模，表现出某些趋向，那么这种一般的“现实社会”本身，也应视为舆论客体。

其三，舆论自身：信念、态度、意见和情绪表现的总和。

舆论的直接表现是公开的意见，这是能够看到的。能够感觉到的还有情绪——许多时候人们并没有清晰地表达意见，只是流露出各种情绪，这种倾向也是舆论的表现，只是较为曲折些罢了。

当受到外部信息的刺激时，人们常常不以观察和分析为基础，不经检验而做出接受（相信）或拒绝的反应，这是人们的“信念”这个深层次的东西在起作用。谈到舆论本身时，要把它看作信念、意见和情绪表现的总和，这样看问题会全面一些。

其四，舆论的数量：舆论的一致性程度。

舆论的数量是辨别舆论存在与否、存在程度的一个客观标准。掌握了整体中的多少，能够对整体产生决定性影响，或者可以使整体感觉到一种重要影响的存在。这个在整体中的"点"显然是个临界点。应用数学根据系统工程理论得出的计算结果，便是被称为黄金比例的"0.618"。

如果持某种意见的主体数量达到三分之一，那么这种意见就不是个别人的意见，而变成舆论了；如果达到三分之二，就不是一般的意见，而是占统治地位的意见了。如果持某种意见的主体低于三分之一，只能说是少数人或某些人的意见，而不能说它是舆论。

其五，舆论的强烈程度。

凡是被视为舆论的群体，应该有一定的强烈程度，表现出一定程度的赞同或反对。舆论的强烈程度有两种表现方式，一种是用行为舆论来表达，通常行为舆论比言语舆论的强烈程度大些，例如静坐、游行示威和其他更激烈的行为。这种舆论的强烈程度，一般通过实际的观察、访谈和体验进行估量。

另一种除了部分通过言语表达外，相当程度上表现为没有用言语表达的内在态度，其强烈程度需要通过舆论调查来测量其量级，需要根据舆论调查中常用的各种意见量表（例如"语义差异量表""社会距离量表""等线间隔量表"等）分析得来。

其六，舆论的持续性，即舆论存在的时间。

又称“舆论的韧性”，任何舆论都要持续一定的时间，它与舆论客体的情况有关。如果人们议论的客体所体现的理念与公众差距过大，或“问题没有解决”，舆论持续的时间就会较长。

其七，舆论的功能表现：影响舆论客体。

舆论存在的功能表现，即一定能够以自在的方式直接或间接、明显或隐蔽地影响舆论客体。如果一种意见对它的客体完全没有产生影响，那这种意见就谈不上是舆论，只是一种无足轻重的议论。这也是舆论是否存在的标志之一，人们发出的集合性意见，对这件事多少会造成一定的影响。

其八，舆论的质量：理智与非理智成分共存。

舆论是自在的主体的一种意见形态，带有一定的自发性和盲目性，因而可能存在着理智和非理智的成分，这是正常的。即使是多数人的意见，也不一定完全正确，因为有的时候人们可能处于一个非理性的状态。

以上八个要素中，前七个要素是构成舆论的必要要素，任何一种舆论都不能缺少其中一项，否则便不成其为舆论。最后一项不是必要要素，即使舆论的质量很低，它依然是一种舆论。

3. 舆论形成的过程

舆论形成因不同的社会环境、公众心理，以及舆论客体的差异，不会有标准化的形成公式。如果一定要对舆论形成做一大致概述，通常有以下几个步骤（陈力丹，2008）：

第一步，社会变动、较大事件的发生刺激意见的出现。要注意的是，外界信息的刺激引起何种反应，不仅取决于信息本身，而是通过公众已有的既定信念进行判断，从而表现出某种情绪或发出某些议论。正是由于每个人的信念差异，结果是出现议论纷纷的场面。

第二步，意见在社会群体的互动中趋同。在这一过程中，舆论领袖和有组织的群体对意见的趋同的影响将是较大的。

第三步，权力组织及其领导人、大众传播媒介促成所希望的舆论。

第四步，文化与道德传统对舆论形成的影响和制约。

形成舆论还存在一种特殊的情形——舆论场效应（刘建明，2014）。如果以下三个条件同时具备，可能会在短时间内形成舆论，这种情形下形成的舆论通常为负面舆论，并伴随破坏性的行为舆论。这三个条件是：其一，一定空间人们的相邻密度和交往频率。相邻密度越大，交往频率越高，形成舆论的可能越大。其二，空间的开放程度。空间的开放程度越大，形成舆论的可能性越大。其三，空间的感染力度或诱惑程度。相互感染的因素越多或兴趣、利益的吸引力越大，形成舆论的可能性越大。

（七）舆论引导（Public Opinion Guidance）

传播者通过报道新闻的方式营造一种信息环境，使新闻收受者的观念、态度甚至行为方式向他们期望的方向强化或转变，就是新闻传播活动的舆论引导功能。

杨保军认为，作为意见，舆论在整体上是人们对一定事物的一种认知反映，因而必然有对错问题，即舆论有正确的舆论，也有错误的舆论。舆论通过自身的特点，即一致性、强烈程度和持续性等，会对舆论客体的演变发展产生一定的作用和影响，这正是引导舆论必要性和重要性的根据，新闻媒体作为社会公器负有检测环境、守望社会的职责（杨保军，2014）。

国内学者提出的舆论引导的要素构成主要包括舆情分析、议题设置、传播策划和议题接受。目前舆论引导面临的现实困境是一元化与多元化的冲突、民族性与世界性的博弈、及时性与长远性的困惑等（刘春波，2013）。

（八）网络舆论（Network Public Opinion）

网络舆论是互联网作为一种新的传播技术和媒介形态，为社会舆论提供了呈现和发布的新渠道，影响着舆论的形成、传播和作用方式形成的。“是在网络平台中体现出来的社情民意，它不是个别用户的个别意见，而是网络用户作为一个整体所表现出来的态度与意见的综合状况。”（彭兰，2017）

李良荣将我国的网络舆论发展划分为萌芽期（1999—2002）、成长期（2003—2008）和爆发期（2009—2013），认为权利意识觉醒推动公众表达、网络传播催生虚拟表达群体、社会转型重塑社会心理场是三个推动网络舆论形成的因素。网络舆论具有形成的突发性、鲜明的指向性和传播的符号化、意见领袖作用显著、依托新老媒体互动发酵、具有马太效应和次生效应等特点。网络中舆论形成的起点往往通过社会化媒体渠道发布，网络舆论形成的中间环节是讨论的整合，在网络平台，事实的传播可能导致信息的保真、衰减或变形等不同结果，因为网民在传播事实中可以直接加入自己的评价，因此网络舆论呈现事实的传播与意见的传播相交织的情况（李良荣，2014）。

网络舆论可以推动舆论监督的发展、促进政府信息公开、充当社会减压阀。但彭兰提出，网络舆论是否等于现实社会的民意，以及网络舆论引发的网络暴力问题、网络舆论对舆论监督力量的越界形成新形式的媒介审判等社会问题，都值得深思（彭兰，2017）。

（九）谣言公式（Rumor Formula）

1. 谣言公式的提出

1947 年，美国心理学家高尔顿·乌伊拉德·奥尔波特（Gordon W. Allport）和尼尔·波兹曼（Neil Postman）在《谣言心理学》（*The Psychology of Rumor*）一书中提出：在一个社会中，谣言的流通量与问题的重要性（Importance）和涉及该问题的证据模糊性（Ambiguity）之乘积成正比。即：

R（Rumor）=I（Important）×A（Ambiguity）（谣言流通量 = 问题的重要性 × 证据的模糊性）

他们为谣言（Rumor）下的定义是：所谓谣言，是“一种通常以口头形式在人们中间流传，涉及人们信念而目前没有可靠证明标准的一种特殊性陈述或话题”。同时，奥尔波特的上述公式还指出了流言发生的两个特点：第一，流言通常是围绕人们关心的问题、涉及切身利益的重要问题发生的；第二，来自正式渠道的有证据的信息（如大众传播媒介的报道、权威部门的信息发布等）不足会使状况的模糊性和不确定性增加，进而推动人们去通过流言渠道寻求信息。也就是说，涉及的问题越重要，真相越是含糊不清，谣言传播活跃的概率越大（郭庆光，

2011）。

2. 发展演变

在后来的研究中，研究人员发现上述两个变量不足以精准地阐释流言传播的条件，又对该公式做了进一步的修正。

1953 年，荷兰学者克罗斯（Chorus）认为应该增加“批判力”（critical sense）变量，并且成反比关系（Chorus，1953），因此将公式修改为：

R=（I×A）/C

印度心理学家巴萨德（Jamuna Prasad）在 1934 年对地震流言的研究中发现“害怕”（Fear）、“情感不安”（Emotional disturbance）的心理因素是流言发生和传播的重要推动力（J. Prasad，1935）；1973 年，美国学者苏珊·安索尼在实验中增加了“不安尺度”（MAS），结果显示“强烈不安”组流言量较大的结论（R. L. 罗斯诺，1990）。因此，后来的研究倾向于将“含糊性”（Ambiguity）用“不确定性”（Uncertainty）代替，把“I”——重要性（Importance）替换为“关联度”（Involvement）（蔡静，2008）。

胡百精在对谣言公式进行修正时，还拓展了“批判力”变量的内涵，认为人们应对谣言的能力并不仅限于“批判”，还包括对信息渠道、反馈条件的占有能力等，是各种反应能力的综合体现（胡百精，2014）。

不过需要注意的是，郭庆光在提到谣言公式时提到了“流言”与“谣言”的区别。他认为，谣言（lie）不同于流言（rumor）。流言有自然发生的，也有人为制造的，但大多与一定的事实背景相联系；而谣言则是有意凭空捏造的消息或信息，流言包含谣言，因此，他将该公式翻译为“流言公式”（郭庆光，2011）。

（十）舆论动员公式（Formula of Public Opinion Mobilization）

舆论动员公式是指：社会动员 / 经济发展=社会挫折感（塞缪尔·亨廷顿，2008）。

塞缪尔·亨廷顿在他的著作《变革社会中的政治秩序》中专门谈到这个问题。这个公式阐释了这样一种舆论现象：从传统社会向现代社会转型的过程中，官方总要进行社会动员，动员的时候就要许诺（如改革的好处），否则无法把公众动员起来参与改革的计划。然而，经济的发展通常达不到进行动员时的许诺，这就会引发冲突，人们会产生一种社会挫折感。社会挫折感是一种舆论表现形态（陈力丹，2012b）。

（十一）信息（Information）

信息的定义纷繁复杂，从广义的哲学角度看，存在本体论和认识论两种不同的定义维度。前者认为信息就是事物运动的状态和运动的方式，后者强调信息是关于事物运动状态和运动方式的反映（郭庆光，2011）。诺伯特·维纳（Norbert Wiener）认为：“信息就是信息，不是物质也不是能量”，于是把信息和物质、能量并列为客观世界的三大构成要素，成为一种流行说法。

香农在《通信的数学原理》中将信息定义为“用来消除随机不确定性的东西”。香农以比特为单位，通过数学的方法对信息进行量化分析。在其测量中，关键的要素是事件发生的概率问题。如果某件事情发生的概率低，它的不确定性就增大，要了解这件事情也就需要更多的信息。香农还引入了“熵”的概念来补充解释信息，他将自然的冗余、信息的丢失、噪声、误差或失真称为“熵”，即一种不确定性或无秩序性的程度。通过信息的交流，获得“负熵”，消除无序，才能克服“熵”的破坏。传播学研究信息，主要是在此意义上讨论如何减少或消除“熵”的信息。

信息论意义上的信息的特点包括可识别、可转换、可传递、可加工处理、可多次利用（无损耗性）、在流通中扩充等。信息可以控制和支配物质、能量的流动。

20 世纪 50 年代，威尔伯·施拉姆（Wilbur Schramm）把信息论的理论引入传播学。传播过程本身就是一个形成共识、共同协商以减少不确定性的过程（陈力丹、陈俊妮，2014）。在社会传播中，信息并不是完全中立的。传播学对信息的研究，不能仅仅考虑信息是否被准确地传达和理解，还需要考虑更外围的因素，即信息对受者、对社会的作用和影响。

信息具有三个特征：第一，它总是与现实或历史中的事实、现象相关，通过一定的方式（新闻、资料、档案、数据、图像、观点等）表现出来；第二，它只有处在交流中才具有信息的意义，因而需要被相关的接收者接收，无人承认的信息不是信息；第三，信息的功效与传播的时效成正比，失效的信息不再是信息（陈力丹、陈俊妮，2014）。

二、新闻选择与新闻价值

（一）硬新闻（Hard News）

硬新闻通常是指题材较为严肃，着重于思想性、指导性和知识性的政治、经济、科技新闻（甘惜分，1993）。美国的丹尼尔·威廉森（Daniel Williamson）教授又把硬新闻称为“直写”（straight news）新闻（张威，1998）。

硬新闻通常指那些严肃的、事件性的、有时间性的、题材重大的新闻故事。这些新闻故事可能报道重大犯罪、火灾、意外事故、演讲、劳工纠纷等议题（王卉，2006）。按照甘惜分（1993）的说法，受众在阅读硬新闻时，只能产生“延缓报酬”的效应。在新闻导语方面，硬新闻要求将重要的事实放在前面，写作上尽可能开门见山、一语中的。

李良荣（2000）认为硬新闻包含如下特征：它直接关系到人们的切身利益，关系到人们在社会上的生存，是人们赖以采取行动的依据；正是由于上述原因，人们千方百计地需要了解它；也正是由于这个原因，这类新闻有强烈的时间性，晚了就毫无价值。因此，要在条件许可的情况下尽快地及时传递。

（二）软新闻（Soft News）

软新闻通常指那些人情味较浓、写得轻松活泼、易于引起受众感观刺激和阅读视听兴趣、能产生即时报酬效应的新闻（甘惜分，1993）。软新闻导语是不拘一格的，有较大的宽容性，没有定规。

软新闻通常指特写或人类共同兴趣的新闻报道。它们的主题可能有些不应时或不甚重大，但绝不枯燥。软新闻主要为愉悦，通告消息并非绝顶重要。它从感情上吸引受众，不以理智上吸引读者为主（张威，1998）。这些新闻故事使读者欢笑或悲泣，喜爱或憎恨，嫉妒或遗憾。这些故事用更多姿多彩的风格写就，更多地使用奇闻逸事，引语和描写。

甘惜分（1993）认为社会新闻大致属于这类新闻。美国的丹尼尔·威廉森（Daniel Williamson）教授又把软新闻称为“特写”（feature）新闻。国内学者张威（1998）认为，软新闻又可以进一步分为软消息和特写。

李良荣（2000）认为软新闻包含如下特征：它和人们当前的切身利害并无直接关系，仅供一般了解或消遣之用；正由于这一原因，这类新闻对人们的生存斗争并不一定有迫切的关系；也正由于这一原因，报道这类新闻并无十分严格的时间要求。

（三）新闻敏感（News Sensitivity）

新闻敏感是对新闻价值的发现、鉴别和判断能力，它是记者的一种基本素养，是记者业务水平的集中表现（袁爱中，2004）。有了较强的新闻敏感，记者才能在浩如烟海的事实中，通过观察与分析，及时地发现和捕捉具有新闻价值的事实，才能把一般事物和新闻区别开来。

李希光认为，新闻采访与写作的绝大部分技能是技巧性的，是可以通过反复练习、实践提高的（李希光，2012）。但是，成为一名卓越的记者，最重要也是最难培养的素质是新闻敏感。《科学》周刊前主编、《新闻周刊》高级科学记者、"伊朗门"事件的最先报道者鲁宾斯坦在接受采访时说："世界上最优秀的科学记者，有的是学纯科学的，有的是学新闻的。重要的不是他们在大学学了什么，而是他们的新闻敏感，他们了解故事背后的新闻的能力。"（李希光，2012）

从认知心理的角度看，记者新闻敏感始于社会知觉，进而发展成为社会印象和社会判断，这也是意识活动不断深化的过程（倪桓，2001）。可以说，记者面对纷纭复杂的社会现实，迅速、准确地选择出具有新闻价值的事实，进而判断、预见自己所选择的新闻事实的社会反响。记者这一系列的心理过程，既是其认知的过程，也是其新闻敏感产生的过程（刘京林，1999）。

新闻敏感和新闻价值的关系也十分密切，新闻敏感的获得离不开记者对新闻价值的了解和掌握，新闻敏感更多的是记者的职业素养，它与记者的经验、兴趣、思维习惯有密切关联。

培养和提高新闻敏感需要具备的条件包括对世界的好奇心和热情、对社会和公共事务的责任感、丰富的知识储备与实践经验、独特的观察事实的视角、职业的新闻发现力和思维方式等。

（四）新闻价值（News Value）

1. 新闻价值的概念

新闻价值属性是新闻事实与主体的新闻价值关系中显示出的属性，这些属性依赖事实而存在，依赖构成事实的各个要素而存在，而且是在新闻主体与新闻事实的价值关系中具体地、现实地得以确立的（杨保军，2003）。新闻价值是一件事实所具有的足以构成新闻的特殊因素。它是衡量和选择新闻事实的重要标准，无论是对于新闻理论的研究还是新闻实践的操作都具有重要意义。新闻价值是事实成为新闻的一个标尺，它规定了什么情形下事实能够成为新闻。事实能够成为有价值的、值得叙说的新闻，前提条件是接收者的“不知”或对事实有兴趣、关心或需要。而新闻价值产生的前提则是传播者、接收者双方相互认可（陈力丹，2013）。

不同的人，在不同的情境下，对同一事实的新闻价值判断会有所不同，但在共同“不知”和一定程度的共同兴趣的条件下，人们对相当多的事实具有较为相同的“价值判断”。例如非常重大的突发事件“9·11”、伊战爆发、俄罗斯别斯兰人质事件等，几乎所有人都会认为这是新闻。这种共同的对“新闻”的认识，是“新闻价值”概念得以成立的基础。对专业的新闻传播者来说，“新闻价值”是从满足接收者享用新闻信息效用的目的出发，选择事实予以报道的职业衡量标准。贯彻这个标准，有可能在最大的层面上拥有受众；同时，传播者也可以获得较多的交换价值或宣传效用（陈力丹，2013）。

受众接收某条新闻，通常出于对其“使用价值”（包括由于好奇而对事件了解的愿望）的判断。传播者发出某条新闻，一般基于受众对新闻使用价值的考虑，但同时还有经济利益（交换价值）、政治利益宣传效果的考虑；传播者的个性偏好也会影响对新闻事实的价值判断（陈力丹、张建中，2013）。

2. 新闻价值的五要素

中外新闻学者概括了五个新闻价值属性，即时新性、重要性、显著性、接近性、趣味性。

时新性。新闻是新近发生的事实的报道，因此，时新性是新闻价值的基本属性。时新性一是指客观事实发生的时间性，二是指在时间性基础上的事实内容的新鲜性（杨保军，2003）。新闻事实的发生离被受众知晓的时间差越小，新闻价值越大；新闻事实内容越新鲜，新闻价值越大。

重要性。重要性是新闻价值的主要属性，重要性的考量以新闻事实对人和社会的影响为标准。其基本内涵包括以下几方面：一、事实影响人的多少；二、事实对人和社会影响时间的长短；三、事实影响空间范围的大小；四、事实影响人们实际利益的程度（杨保军，2003）。

显著性。显著性是用来描述新闻事实知名度或显要度的一个概念，可划分为人物显著性、时间显著性、地点显著性、事件显著性等，即人物、时间、地点等的知名、特殊、非凡、权威。

接近性。接近性的核心是指新闻事实与新闻主体特别是接受主体的各种“距离”关系。接近性的内涵大致包括以下几方面：一是指事实产生或发生的空间与新闻传播指向空间的关系；二是指事实本身产生的作用与影响与人们利益的关联程度；三是指新闻事实与人们在心理上、情感上的距离关系（杨保军，2003）。

趣味性。狭义上的趣味性仅指新闻事实内容所具有的有趣程度。广义上的趣味性可以概括为如下几方面：其一，新闻事实内容的非常态化，特殊的、非常态的往往能够激起人们的新闻欲；其二，新闻事实富有人情味，能调动人们的同情心和爱憎感；其三，新闻事实充满乐趣，令人愉悦、欢乐（吴菲，2013）。

3. 新闻价值要素的十句话

其一，事实发生的概率越小（包括意外、偶然、异常），便越有价值。

“新闻是从正常的事件流程中脱轨而出的信息，是某种预期的中断。”（陈力丹、张建中，2013）因此，明显偏离常规的事实便具有吸引人的魅力。例如，火车拉汽车不是新闻，但汽车拉火车便具有新闻价值；体育比赛中的第一名也具有新闻价值。

其二，事实或状态的不确定性越大，减少不确定性的事实或信息便越有新闻价值。不确定、无法知晓对受众来说是更加痛苦的事。因此，一些能够减少受众心中不确定性的信息便具有新闻价值，例如对一些自然灾害的受灾情况的报道等。

其三，事件的发生与受众的利益越相关，便越具有新闻价值，特别是直接发生在身边的与利益相关的事实。人们通常对涉及自身利益的信息更为关心，例如买了某行业股票的人会对这个行业发展的新闻特别关心。

其四，事实的影响力越大、影响面越广，越能立即产生影响力，便越具有新闻价值。这类新闻通常涉及人类共同关注的一些问题或事件，例如2001年发生的“9·11”事件。

其五，事件与接收者的心理距离（兴趣、生活地域、性别、年龄、教育程度、专业特长、经济收入、民族或种族、宗教）越近，便越具有新闻价值。从微观角度来看，对某一受众群体有价值的新闻，可能对另一受众群体来说新闻价值很低甚至毫无价值。在具体工作岗位上，“心理接近”是记者经常采用的选择事实加以报道的标准。例如，对于地方媒体来说，与当地相关的新闻相比其他新闻更具有新闻价值。

其六，越是著名人物，其身上发生的事实，越具有新闻价值；越是著名地点，那里发生的事实，也越容易引起受众的关注。出于明星崇拜心理，或对著名地点知悉而产生了关注意识、对故土依恋的怀旧心理等，名人身上发生的事或著名地点发生的事都更容易获得人们的关注。名人也不限于名人自身，与名人相关的东西，如遗物、遗迹、思想等，在一定情形下也可以是“名人身上出新闻”的延展。

其七，含冲突越大的事实，越具有新闻价值。一般地说，和谐等于平淡，冲突表现为竞技、论战、商业竞争、外交斡旋、战争等。有分歧、冲突便激起平静之水的涟漪。凡是冲突都具有一定的新闻价值，最常见的是竞技，这是和平时期人为制造的冲突，尤其是体育比赛等，其他冲突还有商业竞争、外交斡旋、战争等。

其八，越能表现人的情感的事实（悲欢离合），越具有新闻价值。因为悲欢离合的高级情感是人独有的，具有一定的震撼性质，而同质异构的动物活动在被赋予人的情感理解后，同样具有新闻价值。例如，1998 年《作家文摘》转载的新闻《英国小猪胜利逃亡》，介绍了英国《每日邮报》跟踪警察找寻两只失踪的小猪，确定的主题是“两只聪明的小猪胜利大逃亡”，体现了人对动物的美好想象，背后蕴含的是人的情感。

其九，越具有心理替代性的故事性事实，越具有新闻价值。这里涉及类似文学的故事母题，诸如英雄母题、撒旦母题、爱情母题、寻宝母题、大团圆母题等。当某一事件契合某一种母题时便更容易产生共鸣。例如重庆记者报道的 6000 级“爱情天梯”的故事，便属于“爱情母题”。

其十，事实在比较中带来的反差越大，越具有新闻价值。很多时候，事实是否具有新闻价值是相对的，要在各种事实的比较中来确定。例如，汶川地震中新华社的通讯《一个灾区农村中学校长的避险意识》闻名全国，因为作者抓住了与校舍普遍坍塌的情景相对应的一种情形，被报道的中学 2000 多名师生无一伤亡，与周围学校的情形形成鲜明反差（陈力丹、张建中，2013）。

4. 新闻价值的实现被打上多重折扣

首先，相当多的宣传性要求压抑着传播者遵循新闻价值标准选择事实。事实的宣传价值压抑新闻价值的现象在我国长期存在。新闻价值并不能左右一切，还有一个重要的方面——新闻政策在同时制约着人们的选择（陈韵昭、吴文虎，1984）。在平日的新闻工作中，习惯性的宣传意识也会有意无意地抑制记者、编辑对事实的新闻价值选择。

其次，传媒有可能会为了自身利益而不遵循新闻价值标准选择事实。由于传媒本身现在也是利益单元，新闻的采集报道对于媒介企业来讲是要讲成本核算的，如果新闻采写过程中的成本较高，尤其是一些调查性报道或深度报道，媒介企业往往考虑到自身的利益而放弃对一些新闻的深度挖掘和调查，而往往这类报道的新闻价值颇高。这种情况也是当今世界许多商业媒体面临的一个窘境，严肃新闻、调查新闻记者的数量在逐渐减少，这意味着那些关乎公众利益的报道在逐渐减少。还有一种情形，即对广告客户不利但有新闻价值的事实，传媒往往遮掩不报，大事化小、小事化了，同样不遵循新闻价值的选择标准。

最后，传媒运作周期也对新闻价值的实现带来了折扣。事件发生的时间、记者是否在场、值班传媒负责人的偏好、省力原则对记者工作的影响、信息等级的确定、版面的位置、事实本身的性质等都会影响人们对新闻价值的判断和新闻价值的实现程度（陈力丹、张建中，2013）。

5. 新媒体时代新闻价值发生的变与不变

新媒体环境下，新闻价值在延续传统理念的同时也表现出较大异质性，甚至在一定程度上对原有经典价值理念系统进行了改写。

传统新闻观念中的“时新性”的内涵从单纯地对事件发生“时间点”的新的强调转向对受众体验新闻的“迫切性”的

强调。这种从受众体验出发的“迫切性”彰示着新媒体与传统媒体“传—受”关系的进一步分离，同时也将受众的“体验需要”作为判定新闻价值要素的重要依据。经典新闻价值理念嬗变的另一表现是“接近性”理念的变化。传统意义上的“接近性”理念包括“地理接近性”和“心理接近性”，然而以数据新闻、虚拟/增强现实新闻等为代表的新媒体新闻产品在延续“心理接近性”的同时，对“地理接近性”则多采取弱化态度（常江、杨奇光，2017）。

新媒体环境下新闻价值的变化还体现在以下几方面：第一，硬新闻价值受冷落、软新闻价值受追捧。新媒体时代，新闻越来越软、越来越有趣，这在一定程度上也是出于对群众精神生活需求的把握。如今的公众早已不是最初传播研究中的“受众”，他们既是媒体内容的消费者，也是媒体内容的再生者。媒介自身生产更加软性的新闻，加上受众添加了趣味性的二次加工，导致趣味性的增强（左宇坤，2019）。第二，过度竞争使新闻价值的实现缺少责任感。第三，网络水军干扰新闻价值。目前网络水军联合网络媒体对舆论进行掌控，并且已经产生了较为明显的效果，不仅误导了受众的判断，其也在选择新闻信息、衡量新闻价值的标准中偏离了方向。而新媒体环境下新闻价值的不变则体现在：第一，新闻价值是事实价值与认识价值的统一；第二，宣传价值大于新闻价值；第三，新闻价值的评判标准（张玉霞，2017）。

但与此同时，新媒体环境下，对新闻价值几个要素的运用出现了“标题党”等忽视新闻真实、客观，一味追求流量的现象。

能够即时显现一条新闻具有某方面新闻价值的，首先是新闻标题。但若只顾标题吸引人而不顾其他，可能会走向极端，出现“标题党”现象。对媒体（包括新兴媒体）的从业人员而言，对于衡量事实并加以报道的标准（新闻价值）已经颇为熟悉，为确保新闻真实，新闻从业人员必须形成客观报道的职业工作惯习，没有这些职业的规范或道德约束，新闻价值就会被用歪，就会造就出一批“标题党”的写手（陈力丹，2015）。

（五）新闻的价值（Value of News）

新闻的价值强调新闻的效用，即反映着一段社会时期、一定主体对新闻的价值期待。新闻的本体功能实际上就是信息功能，就是表征和认识客观事实本身面目的功能；新闻的派生功能主要有政治功能、经济功能、舆论功能和文化功能。新闻本体功能是新闻所有功能中最为重要的功能，本体功能和派生功能在实际的新闻存在中往往是一体化的，因而在功能转化为实际作用过程中常常是共时性的（杨保军，2014）。

（六）新闻时效（Press Prescription）

在新闻传播中，“时效”通常体现为“及时性”，它强调的是对新近发生的事实的报道。强烈的时效要求是新闻的基本特性之一，时效性作为其特性，一直是衡量新闻的一个决定性标尺，它于传播者来说也是构成新闻最基本的价值要素。新闻必须在第一时间传播出去，一旦被抢先发布或公众知道，再重大的关于这一事实的新闻报道，也会顿时变得毫无价值。新闻讲时效，这是新闻的职业竞争使然（陈力丹，2013）。媒体追求新闻时效，一方面保证了媒体的利益，使其在经济上以及长远的媒体形象上有所作为；另一方面也保证了受众的知情权，使其对自己置身的环境变化有所了解，能够据此做出反应。

（七）用时间消灭空间（Annihilate Space with Time）

“用时间消灭空间”是马克思关于19世纪交往革命下信息、物质流通情况的一种形象化的描述，也是对新闻传播中追求时效观念的一种强调。

19世纪，在工业革命后期和完成以后的若干年内，发生了一场世界性的交通和通信革命，即传播技术革命。它使大众传播媒介和其他各种信息产业得到了突飞猛进的发展，从此世界逐步进入密集型的社会交往的时代。马克思和恩格斯称它为“交往革命”。

“用时间消灭空间”，是现代交往手段给现代物质与精神交往带来的革命性的现实之一。马克思说：“用时间消灭空间，就是说，把商品从一个地方转移到另一个地方所花费的时间缩减到最低限度。资本越发展，从而资本借以流通的市场，构成资本空间流通道路的市场越扩大，资本同时也就越是力求在空间上更加扩大市场，力求用时间去更多地消灭空间。”（陈力丹，2012c）这种革命的趋势打破了舍远求近的小生产的旧意识，鼓励人们冲破原有的狭小的交往圈子而走向世界。

“用时间消灭空间”的实现，需要现代交往手段和工具的更新（陈力丹、王晶，2011）。这里的交往手段既包括铁路、轮船等蒸汽动力工具的发明，也包括电报的使用和海底电缆的铺设，以及消息、书信的传递等。

而交往革命所以能够推动生产的急剧发展与文明的传播，在于现代交往手段具有更大的用时间消灭空间的特殊功能。在物质交换和信息交换频繁的商品社会，交往手段的这种特殊功能适应了资本扩张的本性，使整个世界流动起来（陈力丹、王晶，2011）。1855年，马克思写道："电报已经把整个欧洲变成了一个证券交易所；铁路和轮船已经把交往手段和交换的可能性扩大了一百倍。"（陈力丹，2012）

用时间消灭空间带来的新情况看来主要是物质意义上的，但正是由于物质生产和交换方面的这些巨大变化，大大刺激了精神交往的发展（陈力丹，2012c）。人们为了在新的环境中生存，同样需要用时间消灭空间，不断了解使自己感到陌生的世界遥远地方的情况。现代交易所和新闻业的急剧膨胀，抢行情、抢新闻的职业习惯，实际上是物质交往要求用时间消灭空间在精神交往方面的一种直接反映（陈力丹、王晶，2011）。

用时间消灭空间呈现着一种无限发展的趋势。因而，像抢行情、抢新闻这样的现象，终究会随着时间完全战胜空间而成为多余的。当代社会的信息传递已经接近了这一点，人们开始考虑抢行情、抢新闻结束以后的情景。

（八）新闻框架（News Frames）

社会学中"框架"的定名一般公认来自戈夫曼（E.Goffman）。1974年，戈夫曼出版了《框架分析》一书，首次将框架概念应用于传播情景中。他将框架定义为“个人组织事件的心理原则与主观过程”，认为“人们是将日常生活的现实图景纳入框架之中，以便对社会情景进行理解与反映。人们借助于框架来识别和理解事件，对生活中出现的行为赋予一定的意义，否则这些行为和事件就没有任何意义”（孙彩芹，2010）。简而言之，戈夫曼的框架分析强调没有一个“世界”条理分明地置于我们面前，主体认知深深地嵌入我们对于世界的看法中（肖伟，2016）。

虽然戈夫曼本人并未过多关心新闻框架问题，也不关心媒体框架与社会权力之间的关系，但他提出的框架概念启发了媒体研究者将新闻文本放在框架分析的中心位置，连接新闻生产和消费两端，联系新闻生产者和消费者两个群体（陈阳，2007）。后来的学者正是在戈夫曼的启发下，尝试对信息和文本进行框架分析，使“框架”被赋予了传播学的含义（段善策，2010）。

新闻框架指的是在与其他传播主体的互动中，传播主体对新闻事实和新闻文本所持的认知模式。同时，新闻框架也是记者在处理信息和意义时必然有的整体性的思考基模，或中心意义的组构方式。学者们对新闻框架的已有共识在于：新闻工作者在新闻生产中总是选择一些信息而排除另一些信息，从而影响公众舆论与受众对特定事件或问题的理解。这种“持续不断地选择、强调和遗漏”的过程就是创造新闻框架的过程。

吉特林（Gitlin）认为，框架是不可避免的，因为存在着很多事情，即便一个特定事物也有无数值得注意的细节；框架就是由默认的理论所构成的选择、强调和呈现的原则，借此告诉人们存在什么、发生了什么、其中什么是至关重要的（夏倩芳、张明新，2007）。总体来说，框架的正面意义在于协助人们思考或整理信息，但另一方面，框架也成为人们意识形态或刻板印象的主要来源，“框限”了主观认知世界的活动，具有负面效果（高芳，2008）。

1. 新闻框架的分类（肖伟，2016）

新闻框架的层次以事实客体范围为依据，传播主体的新闻框架可分为三层：

社会层次，即新闻行业框架。认知主体为社会生态中的新闻行业整体，客体范围为所有事实的集合，新闻框架表现为某一国家或社会制度之下新闻行业整体的意识形态。新闻价值观念及标准是该层次框架的核心。

媒体层次，即媒体方针与事实认知模式。总体意义上，该层次新闻框架的内涵表现为传媒组织的媒体方针。具体意义上，该层次的新闻主体为传媒组织，客体范围是具体新闻事实（包括事件与议题），新闻框架的内涵表现为传媒组织对该事实所持的相对稳固的认知模式。这是新闻框架最核心的含义，也是绝大多数新闻框架研究所采用的层次。

个体层次，即新闻从业者的认知图式。认知主体为新闻从业者个体，客体范围是具体新闻事实，新闻框架内涵表现为个体对该事实所持的认知原则。

2. 新闻框架的来源（肖伟，2016）

新闻框架的内部来源：传媒组织的新闻观念。

媒介组织系统内部与组织之间的新闻传播，涉及多种不同的面向。这些传媒组织的新闻观念，均可以划分为三个不同的层次，即行业、组织与个体，并以特定方式结合成传媒组织的框架。首先，行业观念是媒介框架中先天性的部分，新闻再现的过程也是新闻行业与社会其他行业进行互动的过程；其次，不同的媒介组织常拥有不同的框架；最后，在普通编辑、记者、评论员层次上，个体图式通过日常新闻报道活动来影响媒介框架。

新闻框架的外部来源：意识形态与社会文化。

媒介组织处于社会之中，许多外部因素对传播行为发挥着影响，诸多社会观念范畴构成了传播者新闻框架的背景。一方面，意识形态对新闻框架的作用力是最强有力的。意识形态以某种习惯、潜移默化的方式，指挥、影响编辑记者对事实的选择和陈述，使新闻框架成为“观念框架、意识形态框架和知识框架的翻版”。另一方面，社会文化是新闻框架得以形成的基础，新闻框架是呈现与传播文化的桥梁，并在一定程度上建构着新的社会文化。

从主客体关系来看，新闻框架主体的思维逻辑和新闻事实的客体逻辑密切相关，事实逻辑是新闻框架形成的重要来源。传播主体的认识框架，是对应着新闻事实的要素、结构和关系逐步发展起来的。

3. 新闻框架的功能与效应（肖伟，2016）

新闻框架既受到社会结构制约，又对社会生活产生诸多方面的影响，这两个方向纵横交错的相互作用，凝结为新闻框架复杂、丰富的整体功能。

新闻框架的功能：

对于新闻活动的核心——传收新闻过程来说，框架功能至少包含两个重要的向度：认识功能与建构功能。通过新闻框架，媒介在一定程度上塑造了人们认识现实、理解世界的方式。正是在这个意义上，媒介不仅能告诉人们想什么，还能成功地告诉人们如何去想。而与一般认识图式相比，新闻框架有其特别之处：针对客观发生的新闻事实，不同新闻活动主体携带共识或各自框架，共同进行话语建构。这个过程与受众的认知理解一起，直接影响了社会现实建构，相关功能可称为新闻框架的建构功能。

4. 新闻框架的影响（肖伟，2016）

架构效应的研究中，文本框架对受众个体的影响表现在认知心理的多个层面：影响受众使用不同视角来思考该新闻；影响受众对新闻的态度和评价；影响受众对新闻事件因果关系的逻辑归因；影响受众对新闻的追忆；影响受众的情感反应；影响受众决策甚至行动方式。

当新闻主体、客体及背后的社会语境变动时，新闻框架会发生更新与变迁，随之带来报道策略及文本叙事的变动。新闻框架在更新中延续、在延续中更新，反映着人类新闻共同体进行新闻活动的内在逻辑。

三、新闻报道的真实与客观原则

（一）拟态环境（Pseudo-environment）

美国著名新闻学者沃尔特·李普曼（Walter Lippmann）在1922年出版的《舆论学》（*Public Opinion*）中提出了“拟态环境”（Pseudo-environment）的概念，所谓拟态环境就是我们所说的信息环境，也有学者称之为“似而非环境”。拟态环境并不是现实环境的镜子式的再现，而是传播媒介通过对象征性事件或信息进行选择和加工、重新加以结构化以后向人们提示的环境。然而，由于这种加工、选择和结构化活动是在一般人看不见的地方（媒介内部）进行的，所以人们通常意识不到这一点，而往往把拟态环境作为客观环境本身来看待。李普曼指出：“我们尤其应当注意一个共同的因素，这就是楔入在人和环境之间的拟态环境。他在虚拟环境中的表现就是一种反应。然而，恰恰因为这种反应是实际的行为，所以它的结果并不是激发了那种行为的拟态环境，而是行为得以发生的真实环境。”（沃尔特·李普曼，2002）

在媒体高度发达的社会条件下，人们对拟态环境的依赖越来越强。一方面，深处信息环境的现代人由于实际活动范围、精力和注意力有限，不可能和与他们有关的整个外部环境和众多的事物都保持经验性接触，人的行为不再是对客观环境及其变化的反应，而成了对新闻机构提示的某种拟态环境的反应。另一方面，媒体已覆盖和渗透到现代社会生活的方方面面，成为人们不可离开的必备工具，而这种媒介建构的拟态环境越来越接近真实环境，可以使受众具有身临其境的现场感，同时每个人也承担着拟态环境的建构者角色。

拟态环境在人们的认知、交往、协调等活动中发挥着重要作用，媒体对社会事物的认同和倡导，可以引导受众的评价和选择；媒体对社会秩序的建构和诉求，可以转化为现实社会的秩序和诉求；媒体对组织和个体的形象传播，可以促进现实社会中的组织和个体形象塑造。拟态环境的现实化体现了人类社会发展进程中的主体自觉，也使媒介传播具有了强大的社会改造功能。但拟态环境不同于现实环境，社会个体必须通过提高自身的媒介素养来驾驭自己的社会生活，调整好自我与现实对象之间的关系，不要沉溺于媒介所营造的虚拟世界。

拟态环境不仅制约人的认知和行为，而且通过制约人的认知和行为来对客观的现实环境产生影响。这样一种机制，不仅使得现代环境越来越信息化，而且信息环境也越来越环境化。也就是说，大众传播提示的信息环境，越来越有了演化为现实环境的趋势。日本学者藤竹晓曾提出“信息环境的环境化”概念，认为人们由于通过媒介提供的信息来认识环境，并对现实环境采取行动，而使现实环境越来越带有拟态环境的特点，人们很难将拟态环境与现实环境加以明确区分。这种由拟态环境向现实环境的作用过程就是拟态环境的现实化，其实质是人的认识能动作用的体现（郭庆光，2011）。

（二）新闻真实（Truth in Journalism）

1. 新闻真实的内涵

关于新闻真实，李良荣认为“新闻真实指的是在新闻报道中的每一个具体事实必须合乎客观实际，即表现在新闻报道中的时间（when）、地点（where）、人物（who）、事情（what）、原因（why）和经过（how）都经得起核对”（李良荣，2018）。

郑保卫提出“新闻真实的内涵和本质在于以事实为基础来报道新闻。因此，坚持真实性原则，就是要求新闻传播者在报道新闻时，要从客观实际入手，把现实生活中新近发生和正在发生的具有新闻价值的实实在在的人和事如实地报道给受众”（郑保卫，2003）。

而陈力丹则将新闻真实的定义分为两个状态进行了阐释。他认为，从静止状态而言，新闻真实是指“对报道的事件、人物、思想观点，在细节和言语上都要准确可靠；事件发生的原因、对事件的解释，也必须以事实为准绳，引文、数字、史料都要引之有据”。从运动状态来说，新闻真实是“事实或随着事实发展的真实，它表现为一个认识过程。事实的发展完结，报道的真实性也才能全部展现出来；事实进展到什么程度，新闻报道的真实性才可能达到什么程度”（陈力丹，2011）。

2. 新闻真实的特征

其一，新闻真实是事实性。

事实性真实是新闻真实最基本的、首要的特性，新闻的事实性本身就是新闻真实性的另一种说法。真实新闻的本质是一种事实信息，新闻传播者的本职是传播事实信息。在传播状态中，新闻是对新闻事实的反映，是对新闻事实信息的传播，是对新闻事态变化的符号再现。

其二，新闻真实是过程性真实。

新闻真实，表现为一个认识过程。任何报道都只能是对事实的一种简约的、一定程度上割断的、扬弃的、概括性质的报道，不可能将事实原原本本地展现（陈力丹，2008）。因此新闻真实是一种过程性真实，新闻真实只能在新闻传播过程中得到实现。

其三，新闻真实是有限的真实。

新闻真实并不等于绝对真实，新闻传播者只能再现其把握到的真实，新闻收受者只能达到其理解的真实、相信的真实。在各种因素影响下，新闻突出的是事实中具有新闻价值的一面，相当程度上只是真相的一部分，因此无论是在真实的范围上、程度上还是层次上，新闻传播达到的真实都是有限的真实。

其四，新闻真实是即时、公开的真实。

在传播方式上，新闻传播最典型的特点是及时性和公开性。传播方式上的这种内在特点，决定了新闻真实必然是即时性的真实、公开性的真实。即时性的真实，既展现了新闻真实的魅力，也包含着新闻真实的局限；公开性的真实，既充分反映了新闻真实的力量源泉，也使新闻真实最容易受到人们的批评和监督（杨保军，2006）。

3. 新闻真实与文学真实、历史真实和科学真实的不同点

新闻真实是指事实的真实，是对事实世界中部分相对比较特殊的事实（具有新闻价值的事实）的记述和再现，是人类发明出的一种比较纯粹、简单的认知事实世界的方式，是人类理解、把握事实世界最新变化的一种中介或手段。而文学的内容大多是虚构的，但内容是来自生活的，是生活和感受的真实。这种真实性不像新闻真实性那样，必须与具体的事实对象比较严格地相符合，它是一种文学艺术视野中的真实。

新闻真实讲的是新闻与新闻事实的符合，历史真实则是以历史事实为准则来判断真假的一种真实。新闻真实是一种反映新近或正在发生的现象的事实性真实，核心目的在于监测环境的变化。而历史真实，基本的任务是呈现历史的真实面目，把历史上存在的、在历史学视野中有意义的事实面目描述出来，为人类充分认识自身服务，为人类现实和未来的发展提供知识和智慧。

新闻真实与科学真实都基于客观事实，不能虚构，不能捏造，这是它们的共同点。但是，新闻永远不能离开事实进行想象（新闻认识可以运用想象思维，但不能把想象的结果作为事实写入新闻文本之中），而科学认识，可以进行大胆假设、预测和推理，可以在尊重事实的前提下，通过对概念、范畴的操作，运用逻辑运演等方法去探求真理（杨保军，2006）。

4. 制约新闻真实实现的因素

其一，新闻传播主体因素。

在实际进行的新闻传播活动中，参与的主体并不只是我们平常比较注重的传播者和收受者，还有充当新闻信息资源拥有者的源主体，以及存在于新闻传播系统之外的、以各种方式影响控制新闻传播行为的控制主体。所有这些主体在参与新闻活动中的行为，都会制约或影响新闻真实的实现。

制约和影响传播主体新闻传播活动的具体因素可能很多，但重要的大致可以概括为这样几方面：良好的新闻品德和品行，正确合理的新闻价值观，足以支撑并能不断更新的知识素养，充分利用一切新闻传播技术工具（或者说是职业工具）的能力，以及良好的身体素质等（杨保军，2006）。

其二，新闻媒体自身因素的影响。

新闻媒体，大都是由多重身份构成的复杂实体和组织机构。所有新闻媒体，都有自己比较稳定的媒体方针和编辑方针，都有自己的新闻传播理念与价值追求。

如果加以简要的概括，新闻媒体自身诸多因素对新闻真实实现的影响和制约，通常表现在以下几方面：第一，新闻媒体所持有的新闻观、新闻真实观，将从深层价值态度上决定新闻真实实现的方式；第二，新闻媒体的目标报道领域将决定其新闻真实的实现范围和层次；第三，新闻媒体拥有的意识形态观念、政治立场，以及新闻媒体的实际利益追求，将决定或影响其新闻报道关注的重点，从而影响其新闻真实实现的指向，新闻真实实现的程度；第四，新闻媒体的品质与格调，将决定其新闻真实实现的社会意义的大小。

其三，传播环境因素。

新闻传播业是社会大系统中的一个子系统，它的生存与发展必然要受到由各个社会主要子系统构成的社会环境的作用和影响，各种政治力量、经济力量、文化力量等都会以不同的方式介入、干涉、控制、影响新闻传播的进行。

5. 新闻真实的意义

其一，新闻媒体的生存发展之本。

始终一贯地向社会、向公众传播真实新闻、真实信息，首先是新闻传播媒体自身得以顺利生存和发展的基本条件。真实，不仅是新闻的生命，也是传播新闻的媒体的生命、新闻职业者的生命。

其二，新闻传播的优势之源和影响之根。

新闻是新闻媒体的灵魂。一个没有“新闻”的新闻媒体，不再是新闻媒体；一个没有“新闻”的新闻媒介，不再是新闻媒介。想要新闻传播产生效应，发挥社会影响，前提是新闻必须真实。真实是新闻传播的优势所在，是新闻传播产生巨大社会影响力的根据和基础。

其三，信息社会的民主保障与安全前提。

民主的前提之一是“民知”，并且必须是真知。信息社会的一大困境就是信息的泛滥和虚假。真实而有意义的信息是实现民主社会的重要基础。

其四，知识社会与道德社会的内在诉求。

知识社会的重要标志之一，就是大众传播媒介成为人们接受教育、获得知识、实现社会化极其重要的渠道。因此，真实传播已经成为知识社会的内在诉求。这种诉求表现在诸多方面，最突出的一是智识的要求；二是道德的要求。一个社会的成长，一个人的成长，德与智是最基本的东西（杨保军，2006）。

6. 新闻失实的类型和原因

根据新闻的内容，新闻失实可分为以下类型：

其一，基本事实不真实。或是道听途说，或是无中生有，或是移花接木，或是以点代面，或是导演“事实”，等等。

其二，部分事实不真实。例如某些时间、地点、数字、细节（包括所用语言、心理活动）不真实。有的在关键性的时间、地点、人名上出现失实，会造成整个新闻的失实。

其三，新闻背景不真实。例如通过说某单位（或个人）过去落后来显示现在先进；还有的是部分背景不真实，只说有利的方面，回避不利的方面。

其四，原因不真实。发生的事实通常是多种因素促成的，但是报道只说一宗，甚至这种因素明显不是主要的，有的原因几乎与事实无关。

其五，倾向不真实。某些新闻报道的不是物质性事实，而是一种社会观点或倾向。倾向或观点作为事实来报道是可行的，但是常常为了达到过于明显的宣传目的，将作者的主观意向强加于某些人或社会（陈力丹，1999）。

造成新闻失实的原因是多方面的：

其一，体制性原因。有些地方、有些部门党风严重不正，个别领导人想利用新闻来自我吹嘘，骗取荣誉；或掩盖劣迹，欺上瞒下。他们或者亲自出面向新闻记者提供假情况，或指使、暗示、强迫本单位的通讯员搞假报道，或采用组织手段，精心布置一些座谈会，提供假情况。

其二，采访、写作、编辑过程中的操作失实。媒体因各种主观或客观原因在生产新闻时出现的失误，如新闻源造假、编辑不当等，其中对新闻信息的核实不足尤为突出（陈力丹，2013）。

其三，记者、编辑队伍中的作风问题。有些记者心浮气躁，急于成名，不惜弄虚作假博取知名度；有些记者怕苦怕累，不深入实际，靠电话、道听途说、想象编造故事（李良荣，2018）。

（三）报刊的有机运动（lebendige Bewerbung）

“报刊的有机运动”是由马克思（Karl H. Marx）提出的一个新闻术语，用以说明报刊是通过一个有机的运动过程来逐步揭示事物真相，全面报道客观事实这一观点。

1843 年 1 月，马克思在《摩塞尔记者的辩护》一文中写道：“一个报纸记者也只能把他自己视为一个复杂机体的一个小小的器官，他在这个机体里可以自由地为自己选择一种职能。例如，一个人可以侧重于描写他从民众意见中获得的有关贫困情况的直接印象，另一个人作为历史学家则可以讨论这种状况产生的历史，沉着冷静的人可以谈论贫困状况本身，经济学家则可以谈论消灭贫困的办法，而且这样一个问题还可以从各方面来解决：有时较多地着眼于地方范围，有时较多地着眼于同整个国家的关系等。这样，在有机的报纸运动下，全部事实就被揭示出来。这是因为，虽然事情的整体最初只是有时有意地、有时无意地揭示出现象的某一方面，但是归根到底，报纸的这种工作只是为它的工作人员准备材料，让他把材料组成一个统一的整体。报纸就是这样通过分工——不是由某一个人做全部工作，而是由这个人数众多的团体中的每一个成员担负一件不大的工作——一步一步地弄清全部现实。”（马克思，1995）

马克思谈到的历史学家、经济学家，都是指报社中熟悉这些方面的记者，不是指报纸以外的人。他将报纸报道新闻看作一个有机运动的过程。报纸新闻的真实性，表现为从不同角度对所发生事实的报道的总和。每篇报道单独看起来可能会是片面的，甚至有错误，但只要有机的报纸运动在进行着，差误会随着报道的延续和互相补充而得到自然克服。比较成熟的报纸在新闻报道方面的准确性会高些，但不论差误大小、有无，报纸只能在循环往复的有机运动中逐步使新闻事实完整地表达出来（陈力丹，2008）。因此，马克思把报纸看作一个个不停转动的磨车，“它不断从现实世界中涌出，又作为越来越丰富的精神唤起新的生机，流回现实世界”。“如同生活本身一样，报刊始终是在形成的过程中，在报刊上永远也不会有终结的东西。……今天它所报道的事实或所发表的见解中的错误之处，明天它自己就会推翻。”（马克思，1995）

从 1988 年起，报刊的有机运动成为我国新闻学词典中一个独立的词条，它讲的是新闻真实的特点。任何报道都只能是对事实的一种简约的、一定程度上割断的、扬弃的、概括性质的报道，不可能完全将事实原原本本地展现出来。“这并不是说新闻必然都是假的，而是说一个事实非常复杂，只能从某个侧面去报道。我们需要经过努力，才可能做到全面、客观地反映事实的‘真实’。这个真实还加了引号，即尽可能全面、真实地反映事实，但实际上不可能完完全全地做到，新闻工作的特征决定了新闻的真实是有限的。”（陈力丹，2017）

（四）传媒假事件（Pseudo-event）

中国学者陈力丹在美国历史学家丹尼尔·布尔斯廷（Daniel Boorstin）提出的“假事件”（Pseudo-event）概念的基础上，将其引申为“传媒假事件”，认为“它以新闻报道的形式出现，活动策划和报道的行为主体都是传媒本身。对传媒来说，新闻是自身之外客观发生的事实，传媒可以‘组织报道’，即讨论如何报道、从哪个角度报道。但是‘策划’容易与‘无中生有’挂钩，如果理解为传媒可以制造事实，然后报道该‘事实’，这便是传媒假事件”（陈力丹，2008）。

传媒假事件不是一般意义上的假新闻，它的“假”有以下几个特征：

第一，消息来源与报道者重合。照理说，新闻的消息来源在传媒之外，除非记者正好在事件发生的现场，不过这种事情的概率很小。在传媒假事件中，制造事实和报道事实的都是传媒从业者，这种情况下的新闻真实是可疑的。

第二，传媒假事件隐藏着传媒自身的公关需求，或记者的单纯职业主义动机。有时候事实不是由传媒这个组织推动的，而是由记者推动的，制造一个轰动的事实，把它报道出来，客观效果是自己出名。

第三，传媒或记者导演事实。传媒出于各种动机生产了假事件，而对事件的导演构成了其中重要的一环。导演事件是指传媒及其记者对采访对象的行为流程、存在状态进行设计安排。

第四，事件媒介化。媒体对自己导演的事件进行报道，就是将事件媒体化了。传媒运用处理新闻的各种技巧来对事件进行诠释，或通过报道框架（主题），提供给受众一种经传媒精心组合的“媒介事实”。

第五，暧昧的“真实”。这种由传媒建构的社会真实已经存在，但它是传媒掌控的“客观存在”，由传媒决定事实的发展方向。由于我们的传媒对这样的策划习以为常，很多当事人认识不到它与新闻真实的要求相悖（陈力丹、周俊，2006）。

对于传媒假事件，应当引起以下思考：

一是传媒的身份重合现象。当消息来源与报道者重合时，代表着二者有共同的利益，传媒不可避免地给人留下谋取自身利益的印象。而媒介选择消息来源时如有明显的偏向，新闻将无法得到公正，也难以展现社会现实，新闻媒介的功能与可信度都将受到严重的伤害（罗文辉，1995）。

二是隐藏的动机可能产生更大伤害。当传媒由于特殊原因不得不进入报道的事件中时，首先要把自己看作一个普通组织，不能利用该事件和得天独厚的传播资源，有目的地为本传媒谋取利益。

三是警惕公共新闻、参与式新闻等概念的本土化。我国与欧美传媒生态有本质的区别，且我国传媒商业化的程度非常低，若将概念简单移植到国内，可能为传媒假事件的生产提供曲解的理论依据，促使其合理化和常态化。

四是事件媒介化与新闻选择的公正性。某些传媒的懒惰依赖于传媒假事件可以像工厂生产线一样被批量和标准化地生产，但如果其一直批量生产下去，就会产生新闻选择的公正问题，使许多客观发生的具有新闻价值的事件被忽略，而传媒制造的事件则会被不断放大和传播。

五是传媒假事件建构的不是真实的世界。传媒不可能镜子似的反映社会真实，但要尽可能给观众提供“整体真实”，传媒的报道有很多“点”，一定程度上能够反映“整体”，需要合适的“量度比例”（杨保军，2001）。

（五）新闻的客观性原则（The Objectivity in Journalism）

1. 客观性的起源

客观性原则“起源于 19 世纪，在美国和英国广泛地被赞为 20 世纪前 25 年中对于新闻学的独特贡献”（威尔伯·施拉姆，1993）。

首先，客观原则是新闻传播业伴随社会政治、经济、文化、科学等同步发展的产物。“在历史向度上，我们可以说客观报道是物质生产发展到一定的历史阶段的产物，是体现自由主义经济的物质生产方式特点的一种精神生产方式。”（单波，1999）这种生产方式要求新闻实现市场化运作，以满足大部分人的信息需求。客观原则的出现，也受到当时科学中的经验主义和文学中的现实主义的影响。在 19 世纪中叶，“绝大多数从业者受的是文学、自然科学方面的专业训练”，他们“很自然地相信，对人类社会加以精密的观察和描述，同样可以像自然科学一样揭示其内在规律”（李良荣，2000）。因此，“他们深信自己应当写真，在报道中侧重事实”（迈克尔·舒德森，1993），剔除所有偏见、个人色彩和风格，去如实地报道事实。新闻的客观原则还植根于人的精神交往需要和人的社会性道德意识，更是“植根于人的理性精神和求真意识”（单波，1999）。同时，客观报道原则是自由主义报刊理论的必然产物——自由主义报刊理论强调，新闻报道的目的不是向公众提供某种必须遵循的意见，而是客观反映现实，它“把客观地向公众提供事实作为新闻报道的最高标准和新闻从业人员的职业道德标准。所以，自由主义报刊理论崇尚并提倡客观性报道。可以说，客观报道是自由主义报刊理论在新闻实践中的具体体现”（李良荣，2000）。

其次，便士报（Penny Press）是客观原则发育的土壤，“与新闻史上的这一伟大事件（便士报产生）相伴随的是有关新闻概念的新观念被引了起来，在发展迅速的机器时代，通信传播的速度也在不断增强，这一切导致了一场新闻报道方面的革命”（李良荣，2000）。“这场革命使‘新闻’战胜了‘社论’，‘事实陈述’战胜了‘意见呈现’。”这种“战胜”不仅标志着报纸由“言论纸”过渡到了“新闻纸”，告别了政党报纸的“黑暗时代”，更意味着“不久之后，客观便成了新闻界人人必须遵守的法则”（迈克尔·舒德森，1993）。

最后，美联社等通讯社也是客观报道原则得以确立的重要动力，它强化了新闻的商品性，为了把自己采集的新闻供给持有不同立场、不同办报方针的报纸，就得在新闻中去掉自己的立场和观点，只提供客观的事实信息。1900年，美联社进行改组，把“报道事实，而不报道意见”作为宗旨，“这是美国，也是西方国家第一次正式把客观性定为新闻传播原则，也标志着‘客观性’作为一个重要新闻观念的问世”（童兵，2002）。1923年美国《新闻规约》第5条对客观原则的确认，是客观报道原则确立的最终标志，“不偏——健全的工作可以使新闻报道和意见表达清楚地区别开来。新闻报道不应该掺加意见或任何偏见”，“到了20世纪30年代，客观已成为新闻界常见的说法”（迈克尔·舒德森，1993）。

2. 客观原则的内涵

所谓新闻报道的客观性，就是指传播主体在报道本身之外的对象时，不能用自己的意识、意志、情感等改变对象的本来面目，即不改变对象自身的内容。这种客观性的具体内涵包括两方面：

一是作为新闻精神的客观理念，也被称为客观精神。“无论在何处，对于事实的客观态度都是进行这一切活动的基础；也就是说，要把观察者和被观察者、思想意识和客观世界、理想和现实区别开来。”（贝尔纳·瓦耶纳，1986）显然客观精神要求传播主体始终具有明确的自我意识和对象意识，在新闻报道中能够自觉地将对象与自身加以区分。客观性的本质在于传播者的超然性，即“新闻工作者摒弃个人好恶，主观世界服务客观世界，而‘没有权利从一群事实中摒弃不符合我们的立场和观点的新闻’，力争以最充分的事实展现客观世界的完整面貌”

（迈克尔·埃默里、埃德温·埃默里，2001）。客观原则，作为一种新闻精神，作为一种职业理念，在它的背后更深层次的要求是一种价值追求，即追求新闻报道的公正性。“客观性要求新闻工作者尽可能地、全身心地投入新闻工作中去，并且以所了解之事实与自己的看法互相印证。简言之，作为主观性的反义词，客观性就是不断地努力摆脱自我，寻求他人，宁肯坚定不移地尊重事实，决不随心所欲地屈从人意。”（贝尔纳·瓦耶纳，1986）

二是作为新闻报道操作规范的客观方法。在操作层面上，客观原则的核心是把事实与意见分开。“所谓客观性，就是依据事物的是非曲直如实报道事实。”（赫伯特·阿特休尔，1989）具体说，客观报道在操作上有这样的规范：1. 以倒金字塔方式在第一段简述基本事实；2. 以五个 W 报道；3. 以第三人称语气报道；4. 引述当事人的话；5. 强调可以证实的事实；6. 不采取立场；7. 至少表达新闻事实的两面。在客观精神与客观报道方法之间，只有具备客观精神，才能进行客观报道，“没有客观性的思想，就没有客观报道的方法”（郭镇之，1998）。

3. 客观原则的意义

坚持客观原则对新闻传播有极其重要的意义：第一，客观原则是实现新闻真实的基本途径。客观首先是以超然的实录方式将事实的本来面目记录下来，这是实现新闻真实的基础。尽管新闻报道中的“有闻必录”和“客观主义”不被广泛赞同，但新闻中包含的信息必须是客观事实的反映，必须有客观的根据，这才能去证实新闻的真实性（甘惜分，1993）。

第二，客观原则是确保新闻报道可信和公正的核心手段。归根结底，报纸是靠信任生存的，失去了信任，新闻业也无法存在。而“新闻事业的客观性是通向‘合法’和‘可信’的途径”（郭镇之，1998）。客观原则以超越自我的态度和方式面对世界、面对事实，这种坚持无涉的姿态和做法是可信的基础、公正的保证。“客观性已经成为一种公认的语汇和普遍的模式。它代表了现代社会对新闻媒介的常识、期望，是人们的构思、定义、安排、评价新闻文本、新闻实践和新闻机构的标准。”（郭镇之，1998）

第三，客观原则是充分实现收受主体知情权的保证。客观原则排除传播主体对客观事实的主观干涉，不以传播主体的私利隐瞒或遮蔽事实信息，而以自觉的意识、尽可能的公开性和透明度，力求把事实信息的原本状态呈现在收受者面前，把判断、评价事实的机会和权力留给收受主体。如果提升到人类生活的整体层面，可以说，客观原则的价值在于它“通过扫除偏见而扩大精神交往的空间，通过公开的报道、公正的呈现而使人拥有民主、自由、平等的理想和探求真相的理性精神，维持主体的社会性道德意识网”（单波，1999）。正因如此，客观再现新闻事实的原则已经为中西方的新闻界所共同接受，成为人们普遍认同的新闻传播原则。

4. 客观性的限度

客观报道是可能的，但客观性的实现是有限度的。事实上，人们只有通过在实践基础上形成的能动的主观性，才能达到对新闻事实的客观反映。正因为人们具有明确的主观意识和对象意识，才能在思维中将客体和主体区别开来，才有可能将不属于对象自身的东西排除在报道之外，从而达到客观再现和陈述。但是，承认客观报道的可能性，不等于新闻报道可以与新闻事实达到天衣无缝、完全符合的地步。新闻传播作为一种认识活动，也要遵循一般的认识规律，即“任何认识与客观对象都不是绝对符合的，认识的客观性是历史的、具体的、相对的”（杨保军，2005）。所以，确立客观报道的有限性观念，是一种实事求是的态度，也是科学的、符合新闻传播实际的态度（李良荣，2000）。

新闻报道中的客观性始终是相对主观性的客观性，是传播主体把握到的客观性，是传播主体认识水平范围内的客观性，是通过主观实现的客观性，这正是客观性之有限性的主体根源。传播主体对新闻事实的认识不是大脑对新闻事实的机械复制或镜子式的反映，也不是新闻事实单独作用于传播主体大脑后留下的印记或印象，而是传播主体与新闻事实在一定认识环境中相互作用的结果，是经过一系列复杂的感觉、观察、思维、理解的结果。在这种结果中，必然或强或弱渗透着传播主体的情感和意志的影响。

从新闻传播的实际出发，客观原则的限度就是达到客观报道的规范要求，即如果一则新闻报道达到了专业标准或规范，就被认为是客观的。专业标准和规范是专业领域的共识，是有公有性的，而非私人性的，是历史经验的总结和概括，必然是一定认识水平的表现，是主观限度内的客观标准。毋庸置疑的是，客观报道的规范与标准也会随着新闻传播本身的发展而变化。

（六）社会状况的活的写真（Live Photo of Social Conditions）

1922年2月12日，李大钊与胡适、徐宝璜受邀出席北大新闻记者同志会成立大会，他针对胡适提出的“新闻宜注意活的问题”的看法，阐述了自己的观点。他说：“新闻是现在新的、活的社会状况的写真。历史是过去、旧的社会状况的写真，现在的新闻，就是将来的历史。”

陈力丹教授认为：“李大钊关于新闻的定义，其中‘新的、活的’，这两个定语说明的是新闻这种信息的基本特征，不仅是新发生的，而且是正在发生的（活的）。‘社会状况’，确定的是新闻报道的范围和对象，它是发生在社会上的公开的，不是与社会无关的私人事项，是现实的状况，不是经过人为修饰的，这也是对新闻内容的一种必要的界定。‘写真’，这是李大钊使用的日本用词，即照相。”他心中的理想的新闻，应该是像照相那样原样再现社会的真实状况。如果在这个意义上理解新闻，那么新闻就应该是对社会的真实的反映（陈力丹，2006）。

而甘惜分先生曾撰文指出李大钊在新闻的时效性问题上的不足之处。针对李大钊在北大新闻记者同志会的发言，甘惜分先生表示：“他对新闻与历史的关系的观点还是陈旧的。李大钊虽然认为新闻与历史都是‘社会状况的写真’，却把新与旧完全割裂开来。”（甘惜分，1996）

（七）一般的公正（Common Fairness）

一般的公正是马克思（Karl H. Marx）新闻观中与新闻客观性相关的一个非常重要的概念，指在报道新的事实、争论双方观点时，报刊一般应持一种形式上的公平、平衡的态度。报刊面对每一事件都可能会出现不同的看法，报刊本身也会有自己的看法。但作为社会性的传播媒介，要取得社会的承认，就不能只报道自己赞同的观点或偏爱的事实，而要尽量表现出公平的态度（陈力丹，2008）。马克思在1860年给一位德国报纸编辑的信中，使用了“一般的公正”，信中就英国报刊的现状写道：在我们这里，“最低限度是common fairness（一般的公正），即任何一家英国报纸（无论它的派系如何）都不敢违背的这种公正”。

一般的公正是报刊的一种形式上的姿态，就具体的关于事实的报道或描述而言，“公正”表现为客观，即按照事物的本来面目全面反映，后来也出现了所谓的“客观报道”。马克思把这种方式概括为“根据事实来描写事实”。恩格斯则进一步提出了这种报道方式的基本原则，即“完全立足于事实，只引用事实和直接以事实为根据的判断，由这样的判断进一步得出的结论本身仍然是明显的事实”。

一般的公正原则能够得到大体的承认，也在于英国当时的报刊早已失去了政府的津贴，必须依赖订户的支持。这种无形的契约来自订户，当然要求报刊的报道要公正客观。此外，现代权利和义务的观念对于客观性原则也起到了相当大的促进作用。1891 年，德国社会民主党中央机关报《前进报》在发表党内一次私人纷争的文件时，只刊登了一方的声明，没有发表另一方的反驳声明。恩格斯就此事致信报纸编辑，他站在一般编辑的角度，认为编辑个人“可以不赞成他们的做法，但必须承认他们有权按照自己的意愿来维护自身的利益”。在这里，“一般的公正”是指可以反对对方所说的，但不能剥夺对方讲话的机会。

马克思和恩格斯都认为，新闻记者应当“以历史学家的公正态度记述事实”，记者的立场与记者的公正态度并不矛盾。恩格斯作为《新莱茵报》的记者，曾经连续报道了 1848—1849 年匈牙利民族的独立战争，他声明：“一开始，我们就坚定地站在马扎尔人（匈牙利人）一边。但是，我们决不允许自己的倾向性影响我们对马扎尔人报道的判断。”

（八）客观主义（Objectivism）

学术上的“客观主义”与历史上出现的“客观主义”是两个概念，学术上的“客观主义”是中性概念，指新闻报道要坚持客观性原则这种认识或主张，而历史上出现的“客观主义”是一种反面概念，它在我国党报理论中存在了 40 年，所指的是这样一种新闻写作现象，是对新闻客观性理念的否定。

该概念最早起源于 1948 年 10 月 13 日，中共中央宣传部对华北《人民日报》关于自然灾害的报道提出批评，在下达的指示中写道：该报道三分之二罗列各种灾害，构成一幅黑暗的图画，使人读后感到异常沉重的压迫。既然华北全区有七成收获，就应当从积极方面宣传展示灾害的“巨大成就”（陈力丹，2013）。毛泽东1957年4月批评《人民日报》时提道：“客观主义不对，没有报纸的意见。”这表明，当时的“客观主义”是对报道中没有表明自己的立场的批评，是一个批评性的政治概念（霍仟、陈力丹，2013）。

此后，若是在文章中罗列事实而没有观点，或者讲述了很多事实，但归纳的观点不符合上级的意图，“客观主义”便成为指责这类据实报道的批评性帽子。从那以后，“客观”一词在中国的新闻学中，很长一段时间是作为被批判的对象存在的，直到20世纪80年代中期，“客观”这个概念还在新闻理论中被视为“资产阶级观点”，这样的情况一直持续到20世纪80年代后期，国内对新闻客观性原则的看法才逐渐有所改变。

（九）有闻必录（You Wen Bi Lu）

1883年6月，《申报》在一则报道中法战争黑旗军获胜的新闻中说：“此信不知自何而来，官场中亦多有传述。是真是伪，万里关河无从探悉，亦以符有闻必录之例云尔。”它的主要含义可概括为：只要听到有人讲过的事实，报纸就可以报道，至于真伪如何，报馆不负责任，是当时报纸处理新闻客观性的一种原则。

有闻必录自出现之后，便很快在新闻界流传开来，到了19世纪90年代已流行很广。中日甲午战争期间，很多中文报纸纷纷采用有闻必录的手段对战争进行报道，引发人们关注。到了民国初年，有闻必录作为判案的依据得到了法官认可。然而，在 20 世纪 20 年代后期，有闻必录开始遭到新闻学者的猛烈批判，直指其在真实性方面的欺骗作用。在抗日战争期间，中国共产党领导的新闻界发动了对有闻必录的批判，指其违背了新闻的客观主义原则，尤其对党报观念危害严重。

作为一种报道原则，有闻必录是不合理的，在实践中起着越来越严重的消极作用。但应该看到，有闻必录是在我国新闻业起步阶段出现的，是新闻报道开始反映社会实际的一种表现，在新闻行业发展的不同时期发挥着不尽相同的作用，不能全盘否定（宁树藩，1986）。

四、新闻制度及其社会功能

（一）新闻体制（Press System）

1. 新闻体制的定义

“体制”代表了社会学中所指的“机构”及其稳定关联所形成的结构，以及这种关联所遵循的规范与准则。体制的核心是制度，即定义、制约和促成社会个体行动和互动的正式或非正式规则（秦汉，2015）。新闻体制指的是新闻业的体制，主要包括新闻资产的所有制问题、新闻业的组织结构问题、人事制度问题等，其中新闻资产的所有制是新闻体制的核心，它决定着其他体制内容的具体安排方式。李良荣认为，新闻体制指的是新闻事业的所有制性质、决策机构的构成、新闻事业的结构和国家社会对新闻事业的制约机制等。甘惜分等人认为，新闻体制是新闻事业的组织制度，它包括新闻事业的行政隶属关系、内部结构、组织体系、干部制度等。

新闻体制在新闻业的运行中存在着根本性作用。新闻体制决定着新闻业的整体利益取向，决定着新闻传播的总体方针和价值取向，影响着新闻业的经营管理方式。新闻业因国家政治制度、经济制度、文化制度等多方面因素的差异，在历经长时间的发展周期后已经呈现出诸多类别，且彼此差异显著。

杨保军按照新闻资产所有制的视角将新闻体制划分为国有型体制、政党型体制、公共型体制和私有型体制四大类别（杨保军，2014）。国有型体制是指由国家创办并控制新闻业或新闻机构的体制，新闻媒体属国家所有，因而该种体制下的新闻媒体被称为国家媒体或政府媒体。国家媒体的负责人由国家指派任命，资金来源为国家财政拨款、广告收入、发行或视听收费等。国家所有制下的新闻媒体是国家政权的附属物，是国家的耳目喉舌，是政府的宣传工具，因而属于政治宣传型媒体。该类型媒体主要宣传报道国家的内外政策，通过新闻舆论推动政府工作目标的实现以及维护政府形象，编辑方针和价值取向围绕国家层面而制定。政党型体制是指由一定政党创办、控制媒体的体制形式，在这种体制下，新闻媒体所有权掌握在政党手中，因此又可被称为政党媒体。该类型媒体领导者由政党组织委派，其运作经费主要来自政党资产，是政党的耳目喉舌和宣传工具。其宣传报道核心是政党的路线方针，报道内容围绕政党的宣传诉求展开。公共型体制是指新闻媒体属全体人民或全体国民所有的新闻体制，通常被称为公共媒体，以公共利益为传播价值的基本取向。该类型的新闻媒体不受政府或私人控制，主张独立运作，运作经费的主要来源是视听收费和其他经营收入。最后一类私有型体制是指新闻媒体属于私有所有，可以是独资所有也可以是合伙所有。该类媒体以营利为目的，按照市场化方式经营，故又常被称为商业媒体，广告是其经费的主要来源。

2. 媒介与政治的三种模式

弗雷德·西伯特（Fred S. Siebert）、西奥多·彼得森（Theodore Peterson）和美国伊利诺伊大学教授威尔伯·施拉姆（Wilbur L. Schramm）于1956年发表的新闻传播学著作《报刊的四种理论》中归纳了近代以来世界各国传播事业的四种主流体制以及相关的四种观念：传媒的威权主义理论、传媒的自由主义理论、传媒的社会责任理论和传媒的苏维埃共产主义理论。这“四种理论”开辟了比较新闻学的先河，从宏观视野揭示出新媒介与社会发展的关联，对学界产生了深远影响（施拉姆，2016）。在此之后，众多学者在此基础上对该理论进行了补充与修正。1984年美国批判学者赫伯特·阿特休尔（J. H. Altschull）在《权力的媒介》（*Agents of Power*）一书中，通过对不同国家的政治经济文化进行分析，提出将媒介体制划分为马克思主义计划经济模式、资本主义市场经济模式与第三世界国家模式。此后，美国学者丹尼尔·C. 哈林（Daniel C. Hallin）与意大利学者保罗·曼奇尼（Paolo Mancini）在合著的《比较媒介体制：媒介与政治的三种模式》（*Comparing Media Systems*：*Three Models of Media and Politics*）中，依据媒介市场的发展、政治平行性、新闻专业主义的发展与国家干预媒介体制的程度和性质这四个比较的框架，将西欧和北美的18个国家的媒介体制概括为自由主义模式、民主法团主义模式、极化多元主义模式，进一步发展了新闻制度理论（丹尼尔·C.哈林、保罗·曼奇尼，2012）：

（1）自由主义模式（Liberal Model）

自由主义模式又被称为北大西洋模式，该模式主要分布在北大西洋国家和地区，代表国家有英国、美国、加拿大、爱尔兰。该模式的显著特征是市场机制和商业性媒介的相对支配性突出，自由主义国家报纸将多种形式的非商业性媒介逐出了该媒介体制。商业性报纸的强劲发展推动了发行量，并且将媒体的规模高度扩大，将媒体从对政治家或国家津贴的依赖中解放出来。商业性报纸侧重新闻，进而牺牲了早期报纸的政治修辞和评论，主张快速而准确地采集新闻，强调事实层面的报道。新闻事业已经发展成为一个独特的职业共同体和社会活动，具备一个植根于公共服务的意识形态价值体系和它自身的时间标准，具备相当的自主性。在自由主义国家，新闻事业的自律主要是以非正式的方式在单个的新闻组织内部建立。自由主义国家的修辞虽然倾向于强调媒介与国家之间的对立关系，但并不意味着国家对新闻制作过程影响较小，其新闻内容依然受到源自国家各机构内部信息、议程和诠释框架的强烈形塑。

（2）民主法团主义模式（Democratic Corporatist Model）

民主法团主义模式发展于北欧和中欧地区，如斯堪的纳维亚国家、低地国家，代表国家有奥地利、比利时、丹麦、芬兰、德国、荷兰、挪威、瑞典、瑞士。在某些国家群体内，文化与政治模式之间的相互影响和经验交流一直十分强烈，进而影响了该地区的新闻传播体制。这一地区各国共同的历史及其平时或战时的深度互动促使其媒介具备了重要的共同特征。该地区的新闻媒介具备高度的政治平行性，并与高度的新闻事业专业化共存。媒介层面具备对专业行为标准的高度共识，秉持对普遍公共利益负责的观念，具备其他社会力量的高度自治体系。在民主法团主义国家中，自由主义制度较早地得到了创立与巩固，新闻自由程度较高，强大的福利国家政策和积极的国家干预形式在20世纪得以发展，报纸发行量较大，大众新闻媒体发展较为成熟。

（3）极化多元主义模式（Polarized Pluralist Model）

极化多元主义模式主要分布在地中海沿岸国家，又被称为地中海模式，代表国家有希腊、意大利、葡萄牙、西班牙、法国。在这些地区，包括资本主义工业主义、政治民主等在内的自由主义体制发展较为滞后，土地贵族制、教会势力强大，自由主义在20世纪之后才逐渐占据主流。因此，相较于北欧与北美，该地区的政治差异更为鲜明，呈现出多元极化的差异。

西欧地中海地区向民主转型的滞后与争议，产生了特殊的媒介类型。一方面，地中海国家的大众媒介曾深入整合进该地区的政治冲突，并有一种将它们视作意识形态表达和政治动员工具的强大传统；另一方面，商业性媒介市场发展相对低下，使得新闻媒介经常依赖国家、政党、教会或私人富豪庇护者，阻碍了媒介的专业化进程和作为自治性公共机构的发展。这一区域的媒介相对来说是强烈政治化的，政治平行性相对较高，新闻事业的风格侧重评论，报纸倾向于展现鲜明的政治倾向性。新闻工作者和媒介所有者常有政治联系或盟约，新闻工作者变身为政治家十分常见。

3. 我国新闻体制的基本特征

我国当前的新闻体制是政治属性、商业属性和新闻专业属性三者之间互动、演进下的综合体。当今中国的新闻媒体属国家所有，任何非公有资本不得投资新闻媒体，新媒体直接隶属于国家机关或必须存在国家认定的主办单位和必要的上级主管部门。新闻媒体是党和国家事业的一部分，思想上要始终以马克思主义为指导方针，政治上要坚决同党中央保持一致，正确宣传党的纲领、路线、方针、政策，组织上要自觉接受党的领导，严格遵守党的组织原则和纪律要求。

新闻媒介组织的主导观念为宣传新闻主义，宣传既是新闻的出发点也是新闻的直接归宿，新闻本质上是宣传的工具和手段。新闻媒介是党、政府和人民的耳目喉舌，新闻媒体必须坚持党性原则，服从党的领导，坚持把新闻作为重要的舆论引导手段，坚持以正面宣传为主的实际操作手法。

我国新闻既有意识形态属性、事业属性，又具备一般产业的属性。新闻业肩负着思想舆论中心的作用，必须坚持社会主义意识形态原则和马克思主义的指导。而作为一种信息生产的主体，新闻媒体必须按照社会主义市场经济的发展逻辑，在法律和道德允许的范围内追求经济效益。在新闻和宣传两种功能中进行传播，是当代中国新闻业突出的特征之一。对于中国的新闻媒体来说，一方面要把传播报道新闻作为直接目的，另一方面要把报道新闻作为手段以实现宣传目的。中国新闻业的双重基本属性、两种主要功能，加之与社会各领域的密切联系，使其受到多种力量的共同制约。当代中国新闻业在双重基本属性中生存，在产业与事业中协调平衡，在追求社会效益与经济效益中统一（杨保军，2014）。

（二）新闻媒介的双重属性（The Dual Attributes of Media）

新闻属性理论发展变化的核心在于“对新闻本质的理解以及由此产生的新闻理论研究取向”问题。在丰富的新闻理论中，新闻属性理论起着纲举目张的作用（张立春，2011）。

20世纪90年代，中国新闻学界界定新闻媒介具有双重属性，即一方面具有经济产业性质，即“商业属性”；另一方面具有意识形态性质，即“文化属性”。西方学者在研究传媒经济性质的同时，也基本认可其具有意识形态属性的一面，认为媒介“不只是一般企业”，也具有“社会与文化意蕴”。

从符号角度来说，新闻媒介之所以同时具备商业属性和文化属性，主要出于两方面原因。一方面，新闻媒介提供的产品主要是信息。随着人类社会分工的加深以及人群联系度的加强，人们对信息的需求会大大增强，有需求必然就催生了商业开发空间。另一方面，信息可以消除不确定性，可以影响接收者的知识结构，在此基础之上，它还能影响接收者的认知、态度、情感。这就为新闻生产者借助符号形式表达自身观点提供了机会，使得新闻产品又得以和意识形态发生联结（王玉宝、何思翀，2009）。

这一共识发展出了新闻事业具有双重性的新认识，即新闻事业具有形而上的上层建筑属性和形而下的信息产业属性。“事业性质，企业管理”是上述双重属性在当前我国新闻事业中的外在表现形式。新闻事业的性质决定了它不能像一般企业那样可以自由出入市场，可以自定方针，而是必须服从党和政府领导。但同时，新闻媒介又在管理上采取企业方法，作为独立法人，在经济上必须自主经营、自负盈亏、依法纳税。

新闻媒介的双重属性极大解放了其生产力，给新闻媒介带来了许多积极变化，具体表现为新闻媒介形成了积极竞争的态势，更注重人才的培养和设备的更新，更注重受众的反馈和自身管理。

当然，新的转变也带来新的问题。有些新闻媒介为争取受众，不惜传播一些低级庸俗的煽情新闻和格调低下的节目；有些新闻媒介搞有偿新闻，甚至将整个新闻版面标价出售给一家企业。可见，在竞争中如何保持新闻媒介一定的品位，是我国新闻媒介需要解决的问题（李良荣，2001）。

（三）媒介公信力（Media Credibility）

公信力最先是政治学中的一个概念，指领导者获得其选民信任和信心的能力。媒介公信力在我国的提出，与在激烈的新闻竞争中出现的传媒行为失范，并导致传媒可信度降低有着直接的关系。

新闻传媒的公信力指的是新闻传媒能够获得受众信赖的能力。它是新闻传媒以新闻报道为主体的信息产品被受众认可、信任乃至赞美的程度的反映。传媒公信力受到传媒内部制度建设及自律规范、从业者职业道德素质和修养、新闻观念及经营理念、物质条件等内部因素，以及社会政治经济文化状况、国家和政府的传播政策及法律法规、社会与公众对传媒的监督机制、受众思想、道德和文化等外部因素的制约。

不同传媒机构的公信力有强有弱，但均可通过以下三个层次的指标加以评价，并通过受众调查而确定其公信力的强弱：受众对传媒单篇报道的信任度；受众在发生重大新闻事件或遇到真相不明的事情时，对传媒的依赖度；受众对传媒诚信、信誉等做出的倾向性、整体性评价的美誉度。

虚假新闻和虚假广告对传媒的公信力是最为严重的伤害。除此之外，刊播低俗新闻、刊播偏见报道误导受众、刊播“有偿新闻”侵扰受众都会降低传媒的公信力。“有偿新闻”在20世纪80年代开始出现，在90年代日益泛滥，它以新闻报道的形式堂而皇之地传播广告信息，是新闻传播活动中腐败现象的集中体现，也是侵害传媒公信力的主要因素之一（郑保卫、唐远清，2004）。

除上述因素外，新闻道德也通过影响生产主体行为选择的方式，直接影响到新闻产品的质量和公信力。加强新闻机构和从业人员的道德建设，提高新闻报道的真实性、客观性和权威性，是维护媒体公信力的必要措施。这要求从业者和传媒机构要担当媒体职责与提高个人修养；注重人文情怀与增强职业精神；强化监管职能与强调道德自律；防止故意失范与避免无知出错；加强对新兴媒体的引导与规范（蒋颖，2011）。

（四）《传媒的四种理论》（*Four Theories of the Press*）

传媒的四种理论又译为“报刊的四种理论”，是指近代以来世界各国传播事业的四种主流体制以及相关的四种观念，它们包括传媒的集权主义理论、传媒的自由主义理论、传媒的社会责任理论和传媒的苏维埃共产主义理论（弗雷德里克·S. 西伯特等，2007）。这四种理论的提出源于弗雷德·西伯特（Fred S. Siebert）、西奥多·彼得森（Theodore Peterson）和美国伊利诺伊大学教授威尔伯·施拉姆（Wilbur L. Schramm）于1956年发表的新闻传播学著作《报刊的四种理论》。

1. 传媒的集权主义理论

理论背景：集权主义理论又称威权主义理论，起源于16至17世纪欧洲封建专制主义。该理论的思想来源于古希腊哲学家柏拉图（Plato）、意大利政治家马基雅维利（Niccolò B. Machiavelli）和英国哲学家托马斯·霍布斯（Thomas Hobbes）等人的思想学说。

理论内容：第一，封建君主和特权阶级对报刊拥有绝对的统治权；第二，报刊是封建统治阶级发号施令、维护专权统治的重要政治工具，严禁报刊批评政府；第三，统治者拥有批准或限制报刊出版的权力，并有权监督报刊的活动和审查报刊的内容。

2. 传媒的自由主义理论

理论背景：自由主义理论诞生于17世纪末期资产阶级反对封建统治的斗争和思想启蒙运动中，是来源于理性主义与自然权利的一种哲学思想，最早由约翰·弥尔顿（John Milton）在其著作《论出版自由》中提出，约翰·洛克（John Locke）、约翰·斯图亚特·密尔（John S. Mill）等人的启蒙思想著作也为其发展奠定了基础。

理论内容：第一，人的理性高于一切，言论自由和出版自由是天赋人权的一部分；第二，人可以依靠自己的理性辨别正误、区分善恶，要使人的理性得以发挥，就必须让人们不受限制地发表不同的思想和观点，真理只有通过公开市场上各种意见的自由竞争才能获得；第三，反对政府对报刊的操控，主张任何人都可以在报刊上发表意见、传播消息，通过真理与谬误的较量，真实的、正确的、积极的思想必然会被大多数人所接受，虚假的、错误的、愚昧的思想必然会被人们所抛弃。

3. 传媒的社会责任理论

理论背景：社会责任理论初现于20世纪20年代，1923年，美国报纸主编协会制定《报业法规》，提出了报纸的责任问题。1924年，美国芝加哥大学校长R.M.哈钦斯（Robert M. Hutchins）主持的“新闻自由委员会”经过调查，发表了《自由与负责的报刊》《新闻自由：原则的纲要》等调查报告，运用“社会责任论”这一概念，对自由主义理论进行了修正。

理论内容：第一，否认绝对自由的存在，强调自由是伴随着义务和责任的，“一个人的言论自由权利必须与别人的个人权利以及主要的社会利益相平衡”。第二，报刊自由涉及三者利益，即报刊拥有者的利益、公众利益和社会利益。报刊作为一种媒介，它的自由并不等同于公众的自由，而社会应当保护的是公众的自由。第三，社会责任论提出了“消极的自由”和“积极的自由”两个概念，认为自由主义报刊理论鼓吹的自由概念是消极的自由，即“不受外界限制的自由”；而社会责任论所追求的是积极的自由，即“具有行动所必需的手段和设备”。第四，社会责任论主张政府应对传播媒介进行干预，政府不应是报刊自由的旁观者。

4. 传媒的苏维埃共产主义理论

理论背景：该理论诞生于苏联，其思想内涵源于马克思（Karl H. Marx）、列宁（Vladimir I. Ulyanov，Lenin）和斯大林（Joseph V. Stalin）的思想，糅合了黑格尔（Georg W. F. Hegel）与 19 世纪前的俄国思想。

理论内容：第一，大众传媒被视为国家和党的工具，与其他国家权力工具和党的力量紧密结合；第二，大众传媒是维护国家统一和政党统一的工具，是国家用于宣传和鼓动的工具，是用于揭示党内问题的；第三，大众传媒应当严格执行国家和党的意志。

理论评价：“四种理论”开辟了比较新闻学的先河，从宏观视野揭示出新媒介与社会发展的关联。《报刊的四种理论》一书不但在美英等国被当作教科书，引起了热烈的讨论与争辩，而且还被译成多种文字（McQuail，2000）。童兵、林涵认为关于报业四种理论的考察是 20 世纪西方新闻理论最大的主题和最重要的内容（童兵、林涵，2001）。芮必峰则认为《报刊的四种理论》的历史功绩在于探究了不同社会制度与报刊的关系，这种研究方法对西方新闻学研究产生了深远影响，从哲学根源上对各种报刊体系之间的差异进行了探究，充分提升了新闻学的理论层次，并借此将“社会责任论”发扬光大（芮必峰，1996）。

理论反思：《最后的权利：传媒的四种理论再探》一书指出“四种理论”本身存在很多不周严的地方（郭镇之，1997）：首先，《报刊的四种理论》一书对不同时期的现象描述程度存在差异；其次，理论概念不一致，引用来源不严密，对概念存在概括、约化；此外，该理论对资本主义私人所有制的权力集中描述过少，有掩盖“自由至上主义理论”实质之嫌。有学者也认为“传媒的四种理论”的提出只是对媒介体制的大致分类，是理论最终建立的引子（Nord，1977）。持有同样观点的美国学者约翰·梅里尔（John C. Merrill）和拉尔夫·洛温斯坦（Ralph L. Lowenstein）则在其著作中对“四种理论”提出了尖锐批评，认为“四种理论”概念缺乏灵活性，无法适用于世界上所有国家的新闻传播体制，需要进行修改（Merrill & Lowenstein，1979）。

（五）瞭望哨（Sentinels）

哈罗德·拉斯韦尔（Harold D. Lasswell）在阐释环境监视功能（surveillance of the environment）时指出，自然与社会环境是不断变化的，只有及时监控、把握并适应环境的变化，个体才能保证自己的生存和发展。从这个层面来说，传播对社会起着一种“瞭望哨”的作用。

“守望环境，揭示影响社会及其组成部分价值地位的威胁，显示其机会。总体上，人类社会和动物社群中能找到一些生物

对应现象，在单个有机体身上，与人类社会对应的现象也是可以看到的。”（哈罗德·拉斯维尔，2012）

“在一些动物社会里，某些成员扮演特定的角色：守望环境。其功能是‘哨兵（Sentinels）’，它们站在离群的地方，每当环境里出现警讯时，它们就一阵鼓噪，发出警报。吼叫、咯咯叫、尖叫都足以使群体迅速撤离。功能特化的‘领袖’从事许多活动，其中之一是激励‘随从’有条不紊地适应环境，回应‘哨兵’发出的预警。”（哈罗德·拉斯维尔，2012）

（六）喉舌论（Mouthpiece Theory）

既然新闻总体上具有阶级性、政治性、党性，那么对传播新闻的媒体作为一个机构的职能定性就有了多种理解，把传媒比喻为“喉舌”是其中较早的一种（陈力丹，2008）。新闻理论中的喉舌论所指的主要是新闻媒体表现出来的立场、观点、态度、看法，即通过报纸、广播、电视这个“喉舌”喊出来的到底是谁的声音（张睿，2010）。

1896年，梁启超在《时务报》上发表论文《论报馆有益于国事》，强调了报刊的作用是“通上下”（“上有所措置，不能喻之民，下有所苦患，不能告之君，则有喉舌而无喉舌”）。将报刊的职能定性于与政治的关系，肇始于这篇文章（陈力丹，2008）。

孙中山是最早在中国新闻思想史上提出报纸应该充任“党的喉舌”的革命家。孙中山眼中的报纸是党的宣传工具，他要求《民报》作为同盟会的喉舌，将“非常革新之学说，其理想灌输于人心而化为常识”。他认为报纸的关键在于制造舆论（张睿，2010）。

在我国，将中国共产党党报视为“党的喉舌”的比喻出现频率最高，较多出现在党的新闻工作领导人和其他高级领导人的讲话中。其中较早的论述是延安《解放日报》社长博古在1944年的一次内部讲话中使用了“喉舌”的比喻。毛泽东也曾在谈及“党报的力量和作用”时表示，如果用一种比喻来表达党报作为党的领导机关中专门对外说话的部门所发挥的单向传播作用，“喉舌”是最为恰当的。改革开放后，江泽民在讲话中也强调新闻事业是“党、政府和人民的喉舌”。1956年，胡耀邦作为共青团领导人为《中国青年报》讲话时，也曾谈到党报应做“代表群众的喉舌”（陈力丹，2008）。除了党报之外，也曾有人把邹韬奋和他主办的刊物誉为“人民的喉舌”。

从“喉舌论”的发展可以看到，报刊“喉舌论”产生于内忧外患的中国近代，特殊的历史环境要求报刊成为抨击时事、唤醒民众的宣传工具。在解放后，我国又一度处于一穷二白、意识形态严重对立的政治环境之下，将媒体定位为“喉舌”有其必要性。改革开放后，百废待兴，要保持稳定、凝集人心，同样需要媒体发挥其“喉舌”功能。可见，是现实国情决定了媒体的这一功能定位（李铁锤，2008）。

（七）报纸工具论（Newspaper Instrumentalism）

报纸工具论强调报纸是不同阶级进行政治斗争的一种工具。列宁创办的全俄最早的社会主义报纸《工人报》在创刊号中明确指出，其办报宗旨和任务是使工人认识到自己的切身利益和历史使命，为在俄国建立统一的社会民主工党而奋斗。

20世纪20年代，中国的国民大革命失败后，共产党被迫转入地下办报阶段，一些报刊开始陆续介绍列宁的党报思想。《红旗日报》发刊词曾写道："在现在阶级社会里，报纸只是一种阶级斗争的工具。"在中国新闻史上，这是对"报纸是阶级斗争工具"的最早的明确表述。在粉碎了国民党第四次"围剿"后，共产党革命根据地的新闻事业成为人民大众的耳目喉舌，党和政府都通过报刊动员组织人民群众投入革命斗争和做好各项工作，充分体现了列宁的党报思想。在抗日战争和解放战争中，报纸也被我党用于巩固工农民主政权，成为争取中华民族解放与人民革命胜利的锐利武器（郑超然、程曼丽、王泰玄，2000）。

在十年"文革"中，我国新闻业的领导权被两个反革命集团篡夺，报纸性质发生畸变，从普通的新闻娱乐工具演变成单一的阶级斗争工具，党报从头到尾沦为阴谋家的政治传声筒，党的新闻事业失信于民，权威扫地，达到历史上的最低点（方汉奇，2002）。

五、新闻自由、法治与职业道德

（一）新闻法治（Press Law）

“法治”指用法来治理政治，是一种稳定的社会状态，是“人治”的对立面。新闻法治的重要内容是人的言论自由和出版自由（汪振军，2018）。“新闻法治”是指新闻领域涉及的法治，即用法来规范和治理新闻传播行为（张晶晶，2010）。

我国新闻法治的历史可以追溯到1898年光绪皇帝提出制定报律。1898年8月9日，光绪皇帝发布制定报律（新闻法）的上谕，但最终由于戊戌维新失败，报律未能颁布。1906年慈禧太后掌权时颁布的《大清印刷物件专律》，是中国历史上第一部新闻出版法，实行的是出版批准制。这部法律对报刊的发行管理呈现出两个鲜明的特点，即确立了注册登记制度和“不为邮递”的惩罚办法（武志勇，2010）。1908年3月颁布的《大清报律》改为注册登记制度加保证金，该法是迄今为止我国历史上最现代化的新闻法（陈力丹、张建中，2013）。1912年，南京临时政府制定了临时新闻法《中华民国暂行报律》，该法令的出台激起了报界的反对，后孙中山宣布该报律无效。1914 年 4 月袁世凯颁布《报纸条例》，同年 12 月颁布《出版法》，新闻业的自由空间受到压缩。后来的新闻法内容都没有超越《大清报律》，未能再向现代化法律迈进一步。1978 年 11 月，以立法保障新闻出版自由的问题被再度提及，直至 1984 年，全国人大决定制定新闻法。

“新闻法治”是指新闻领域涉及的法治，即用法来规范和治理新闻传播行为。新闻法治是法治社会的内在要求，也是依法治国的一部分。目前，我国同世界上大多数国家一样，没有一部专门的新闻法，但在宪法的、民事的、刑事的、行政的、经济的等各种法律中，有很多条款都涉及新闻传播工作，还有专门针对新闻领域的若干司法解释；而且，新闻官司出现以来，法院也大都能在上述条款中找到判决依据。因此，“新闻法治”理应成为我们追求的目标（张晶晶，2010）。虽然我国尚没有新闻法，但仍需要以新闻法的理念来指导和规范新闻工作。新闻法中的一些重要理念包括与新闻传播法相关的“四权”理念，即公众对权力组织的“知情权”、公民的“隐私权”、为新闻来源保密的“隐匿权”、“更正与答辩权”（陈力丹、张建中，2013）。

（二）新闻专业主义（Journalistic Professionalism）

1. 新闻专业主义的含义

新闻专业主义主要指的是新闻工作者的职业意识，以及围绕着职业意识的一套新闻传播专业的基本要求，可具体概括为专业意识、职业规范意识和评价标准、新闻从业人员具备专业知识技能和传媒的专业培训机制、严格客观的专业资格认可制度、专业内部的自律、专业精神的范例六条具体内容（陈力丹，2008）。

1977 年戴维德·卡尔（David Carr）归纳出构成专业主义的五个标准：可提供一种重要的服务；既有理论背景又有实践背景的专门技能；有特别的伦理维度且一般明确体现在实践规范中；具备组织内部的约束规则；职业从业人员具备较高程度的独立判断力。而新闻专业主义作为一种职业概念，其发展经历了一个较为漫长的过程。19 世纪 30 年代，西方政党报纸向大众化商业报纸发展，报业具备了独立发展的经济实力，独立报刊开始初现雏形。新闻传播媒介的社会功能、新闻从业者的使命与社会责任感以及新闻从业者的行为准则逐步成型（陆晔、潘忠党，2002）。塔奇曼认为 19 世纪 90 年代出现了新闻工作的专业主义，当时美国的报业人员开始标榜作为专业新闻生产者的职业观念，并开始尝试建立新闻职业教育体系。20 世纪 20 年代，新闻的真实性才意味着专业性、中立和客观（吴飞，2009）。西方新闻专业主义核心理念认为，新闻传媒具备社会公器的职能，新闻工作不仅限于服务政治集团，而是要为公众利益而服务；新闻从业者是社会的观察者、事实的报道者；新闻工作者受制于专业社区的自律，不受威权的控制（陆晔，1999）。

中国的新闻专业主义与西方新闻专业主义具备吻合的部分。《大公报》总编张季鸾在该报创刊词中提出“不党、不卖、不私、不盲”的办报理念，与西方新闻专业主义强调媒体要中立、独立的观念不谋而合。之后在王韬、梁启超、邵飘萍等近代诸多著名报刊活动家的新闻实践中，都或多或少地体现了报人的职业素养、职业理念与职业诉求。

2. 新闻专业主义的主要理念

吴飞结合中国的新闻实践，将客观性理念、自由与责任的观念、服务公众的意识、自律与他律体系作为新闻专业主义的重要构成理念。

新闻客观性原则可以分为理念、操作两个层面。恰如李普曼所言，在客观新闻（objectivity journalism）被成功建立起来之前，新闻业不可能开始成为一个专业。客观性与专业主义长期扭结在一起，甚至可能互为标识（黄旦，2005）。新闻客观性作为一种理念，要求新闻从业者客观、不带偏见地报道事实，尊重事实本身；新闻客观性作为一种操作层面的标准，要求新闻从业者采用客观的报道手法对新闻事实进行传播报道，建立必要的更正机制。学界普遍认为作为职业理想的客观性法则在19世纪末20世纪初到20世纪40年代确立，在操作层面的客观性原则在19世纪30年代至19世纪末初现雏形（陆晔，1994；黄旦，2005；迈克尔·舒德森，2009）。

新闻专业主义框架中的自由与责任问题实质上是如何处理好政府、媒体与公民之间的关系。专业主义的基础是该组织在社会中具有自己的独立地位，就新闻媒介而言，所谓的“第四等级”“公共机关”都在论述这一点。新闻自由为新闻媒介提供了政治中立、不受政党或政府支配的理论武器，即为没有外来干预而从事新闻报道提供了前提条件。言论自由的理论基础来自弥尔顿等人的思想观点，即认为人具备理性并能充分利用理性分辨错误与正确，自由讨论与交锋的结果是真理的自然浮现。而报刊与政府之间关系的关键性转折是大众化报纸的出现，报刊与政府的关系无论在观念层面还是在实践层面均发生了根本性的变化。大众化报纸的经济来源不依靠政府或政党，通过自身销售额与广告收入能够实现报刊的生存与赢利，加之市场的扩展、教育的普及、城市化进程的加速以及民主体制的逐步完善，使得大众化报纸的生存空间得以形成。新闻自由为新闻业提升自身的社会政治地位提供了一个良好的契机，为报刊的专业化路程搭建了第一个台阶。然而自由与责任是同一现象的两方面，新闻专业崇尚独立与自由的同时也应担负着社会责任（吴飞，2009）。社会责任论强调新闻业的“积极自由”与“消极自由”并行，认为言论自由是有条件的自由，需要对他人的思想负有义务；社会责任论主张在必要时，政府应采取行动以保护公民自由，对观点的自我纠正过程的功效持怀疑态度，认为新闻界有责任倡导道德、捍卫社会道德、激励公民运用理性。

从新闻从业者的使命和社会责任看，新闻专业主义的突出特点是“公共服务”，目标是服务于民众而非某一利益团体，其最高理想是传播真实、真相或真理。传媒业应当是一种自治体系，必须采取独立和批判的态度。新闻记者应站在中立立场，客观地报道事实、反映观点，以赢得公众信任。新闻记者应当提供真诚、真实和准确的新闻报道，叙述应当详尽、平衡、全面。新闻记者必须公正，应当行使公众代言人的职责（陈力丹，2008）。

新闻专业的伦理道德是自律与他律的结合。道德他律基于功利主义的结果，道德主体依靠外部规范对自身行为加以约束进而摒弃不道德的行为方式，按照社会所提倡的道德选择行为。道德他律机制主要包括道德法律化、道德政策化、道德规章制度化三个层面。行业自律机制如新闻评议会（news council）、专业协会及其章程、内部督察员和专业批评期刊的存在，能够有效敦促新闻业维持自身的公正客观与专业性。而提升新闻业自律机制有效性的另一个重要手段是媒介批评，媒介批评的力量在于公开性，媒介批评必须走出自律的框限，公开面对广大公众（吴飞，2009）。

3. 新闻专业主义的发展与挑战

信息技术的发展与广泛使用使得社会和文化层面产生了多层次的深刻变迁，也使新闻呈现的样态、新闻传播的平台、新闻生产的流程以及新闻的流通均发生了新的变化。这些变化激发了“元新闻话语”的重建活动，催生了“新闻业危机”与“新闻范式变革”的话语。新闻专业主义作为一种话语资源，激发了新闻改革的实践创新，在新环境下则更需要进行创新与坚守（潘忠党、陆晔，2017）。从另一个层面来说，新闻业危机所折射出的是以职业知识阶层为代表的价值理性的衰落，新闻媒体商业化的推进加速了职业知识阶层合法化的崩坏（翟秀凤，2018）。

在新环境下，新闻专业主义仍被视为规范新闻从业者的“实践纲领”和凝聚其新闻职业以及阐释共同体的话语资源。新闻职业者将其视为内在职业发展的动力与参照，媒体行业在以专业主义取向进行新闻实践的过程中也取得了新的成功尝试，如新闻媒体与非政府组织、学界等多方力量的联盟，进一步推动了融媒体或平台式媒体的建构，促进了新闻媒体的转型。从更深的层面来说，新闻专业主义在新时代需要从工业生产情境下的职业意识形态转向为彰显民主公共生活的“元传播范本”。新闻专业主义是服务于大众开展民主公共生活的规范体系，它蕴含了理念与行为规范两个层面的意涵，不仅要坚守新闻专业主义的核心理念，更要将它们与现实情境相联结，激发大众建立更为民主、理性的公众生活空间。新闻媒体应当被视为支撑公共生活的机构之一，新闻专业主义理念也应当从行业内在机制走向更为广阔的大众，在形构公共生活的过程中丰富自身。

（三）《一个自由而负责的新闻界》（*A Free and Responsible Press*）

《一个自由而负责的新闻界》是传媒的社会责任论的代表性著作，又被称为“哈钦斯报告”。

20 世纪 40 年代，美国大众传媒的集中和垄断趋势日益加剧。1942 年，美国《时代》周刊的创办人亨利·卢斯（Henry R. Luce）邀请芝加哥大学校长罗伯特·哈钦斯（Robert M. Hutchins）领导一群大学教授，以局外人和学者的身份探讨大众传播界越来越多的问题，组成了后来闻名遐迩的美国新闻自由委员会（又名哈钦斯委员会），其成员包括传播学者拉斯韦尔等十多名一流学者。他们对美国新闻自由的现状和前景展开了一项调查，其研究范围包括当时美国的广播、报纸、电影、杂志和图书等主要的大众传播媒介，同时对新闻界的业主的良知、责任，以及这些责任对于形成公众舆论的普遍益处进行了讨论。

1947年，哈钦斯委员会听取58家代表性媒体的证词和255人的意见，召开了17次全体会议，对新闻业的弊端进行了系统梳理，以传媒社会责任理念为基础，提出了一系列新闻专业主义的原则（陈力丹、张建中，2013）。其中提出的“传媒的社会责任”的主要观点包括：

新闻传播业在享受“自由”的同时，必须担负“社会责任”。“这意味着新闻界必须是可以问责的。它必须对社会负有如下责任：满足公众需求，维护公众权利以及那些没有任何报刊代言、几乎被遗忘的演说者的权利。它必须明白，他的缺点和错误不再是个人的无常行为，而已经成为社会公害……放眼未来，新闻自由只能以一种可以问责的自由而继续存在。”（哈钦斯委员会，1947）其具体主张包括：

言论自由、信息自由是基本人权，而新闻自由（美国意义的）仅为传媒发行人的权利，所以对这种新闻自由的过分保护，并非符合个人和社会利益；

鼓励实行新闻自律，维护新闻的自由流通，以及意见表达的公正性；

建立新闻评议会，使受到新闻传播业伤害的个人、团体有申诉的机会（陈力丹、张建中，2013）。

（四）媒介失范（Media Anomie）

失范的内涵有：第一，“道德主体”（媒介组织及其从业人员）在传播行为中对“道德客体”（传播文本中的人或者物）以及“道德波及者”（受众）做出的善与恶的道德判断，即对道德客体和道德波及者在道德范畴内的利益侵害与否。第二，传播者在收集资料的过程中涉及的道德问题（唐庆文、陈璇，2011）。

媒介失范可以定义为媒体及其从业人员违反社会、公众所认同其从事媒介相关活动“应当如何”“不应当如何”的行为。媒介失范包含对新闻真实和客观公正报道原则的违背、对隐私权的侵犯、人文关怀的缺失、一味追求经济效益等具体行为（郑玉莹，2013）。我们常说的新闻职业道德的内容由两部分组成，一部分是一般社会道德在新闻传播职业领域的运用，诸如要体现人性、尊重人格、不说谎等，即“什么不能做”的道德责任。另一部分是职业规范，即对“应该如何做”的专业技术方面的要求（陈力丹、张建中，2013）。目前几类比较普遍的媒介失范的表现有：“有偿新闻”、财经记者利用职业之便获取利益、“媒介审判”、制造“传媒假事件”、缺乏人性的报道等。

造成媒介失范的主要原因包含以下几点：一是体制转型。长期以来，我国的传媒是党政权力机关的一部分，不是一种社会职业。当传媒在市场经济中的资源和空间不足时，在新闻道德意识弱化和职业规范不明确的情况下，很容易发生“权力寻租”现象，这是现在对传媒市场的健康发展最大的负能量。二是商业利益。实行社会主义市场经济后，传媒成为一个个经济利益的单元，这样就有了维护和扩张自身利益的驱动力。外部的诱惑越来越多，传媒追求传媒自身利益和传媒从业人员追求个人利益的动力也越来越大。于是，这种利益的追求与传媒所担负的社会责任之间，会发生矛盾和冲突。如果传媒人缺乏基本的新闻道德，没有有效的职业规范来约束，自然会造成传媒从业人员职业道德意识的淡化。三是行业内混岗。制度上要求传媒编辑部与经营部的分开，但实际上还存在混岗现象。四是传媒人的劳动保障不到位和人员流动率过高（陈力丹、张建中，2013）。

（五）有偿新闻（Paid-news）

有偿新闻是指新闻工作者采取不正当手段向被采访报道对象索取物质报酬的活动。改革开放以来，新闻业不正之风最突出的表现就是有偿新闻。为了杜绝有偿新闻，中宣部，原国家广电总局、新闻出版署，中华全国新闻工作者协会于 1997 年发布了《关于禁止有偿新闻的若干规定》，其中详细列举了可能涉及有偿新闻的种种行为，如“新闻工作者不得以任何名义向采访报道对象索要钱物，不得接受采访报道对象以任何名义提供的钱物、有价证券、信用卡等”。

有偿新闻是新闻传播活动中腐败现象的最集中体现，也是侵害传媒公信力的主要因素之一。特别是 20 世纪 90 年代以来，很多报刊经营者和管理者产生了“经济利益第一”的片面思想，新闻道德自律受到前所未有的关注。受有偿新闻等行业不良风气的影响，1991 年中华全国新闻工作者协会通过了《中国新闻工作者职业道德准则》，第一次对新闻工作者的职业道德做出了明确规范，杜绝有偿新闻等违规陋习。

（六）有偿不闻（You Chang Bu Wen）

有偿不闻，又称“受贿无闻”，是目前存在的一种违反新闻行业职业规范的现象。过去有个词叫“受贿有闻”，就是拿人家的钱替人家说话，现在出现了一种新的现象，就是拿人家的钱替人家遮掩，闭嘴不说话（陈力丹，2008）。

有偿不闻产生的背景是复杂的，原因也是多方面的。第一是我国媒体记者地位特殊，但少数新闻从业者职业道德水平低下。第二是一些新闻媒体内部管理混乱。第三是外部环境缺乏对新闻媒体行之有效的监督机制。

（七）媒介审判（Media Trial）

媒介审判即犯罪嫌疑人尚未经法院判决是否有罪，传媒已经在报道或评论中对其定罪，或传媒对嫌犯在法庭的辩护做倾向性的评论，做出定罪的判断。这是违反新闻职业道德和新闻职业规范的（陈力丹、张建中，2013）。关于媒体报道庭审，应遵循以下规范：

案件判决前不做定罪、定性报道；对当事人正当行使权利的言行不做倾向性的评论；对案件涉及的未成年人、妇女、老人和残疾人等的权益予以特别关切；不宜详细报道涉及国家机密、商业秘密、个人隐私的案情；不对法庭审判活动暗访；不做诉讼一方的代言人；评论一般在判决后进行；判决前发表质疑和批评限于违反诉讼程序的行为；批评性评论应避免针对法官个人的品行学识；不在自己的媒体上发表自己涉诉的报道和评论（徐迅，2004）。

第二项中的“当事人正当行使权利”，主要是指被告人为自己辩护。作为专业化的传媒机构，其职责是客观报道被告的辩护，记者不能在消息中添加任何主观成分，不能依照自己的主观感觉来评论当事人。庭审前，传媒不能发表带有倾向性的关于被告辩护的评论，这是基本的新闻职业规范。最后一项要求指的是，当传媒或传媒的从业人员是某案的当事一方或当事人的时候，该传媒不刊载关于这个案件的自己写的报道和评论。

媒介审判是媒体角色的越位或错位，这种情形往往与新闻炒作有关，形成的舆论氛围会影响司法公正地进行审判（郭赫男，2004）。

此外，“媒介审判”还会带来三方面的非法治影响：第一，人们会怀疑法院的判决受到舆论的影响，传媒先给嫌犯定罪，不按程序法办事，即使法院后来的判决正确无误，人们也会怀疑这是传媒影响的结果。第二，造成舆论导向错误。第三，有损我国的国家形象（陈力丹，2013）。

（八）匿名消息源（Anonymous Message Source）

匿名消息源，又称秘密消息来源，即不公开身份的消息提供者。按照国际惯例，媒体有责任和义务保护匿名消息源（程曼丽、乔云霞，2012）。

《纽约时报》20 世纪 70 年代的执行总编辑曾经提出过一系列有关使用匿名消息源的规则，被称为“新闻铁律”，其主要内容包括以下几点：第一，编辑和记者必须确定，除非报社没有其他的方式可以取得这项新闻，而且该新闻有其确定性与重要性，才能使用。第二，在无法使用真实姓名的情况下，必须尽最大努力，指出消息来源的形象。第三，非特定知名的消息来源不能乱讲或夸大其词（喻继军，2016）。

匿名消息源在使用上给媒体带来了“双刃剑”效应。一方面，它能够帮助媒体揭露事实真相，满足公众知情需要，同时还提升了媒介的公信力。比如《华盛顿邮报》对“水门事件”的报道就体现了匿名消息源的正效应。另一方面，匿名消息源有可能造成新闻失实。不仅使单个媒体的公信力受损，而且使整个新闻行业的信誉蒙羞（陈力丹、费杨生，2005）。

（九）《论出版自由》（*Areopagitica—A Speech for the Liberty of Unlicensed Printing*）

《论出版自由》是英国诗人、哲学家约翰·弥尔顿（John Milton，1608—1674）于1644年向英国国会提出的一篇演说词，也是一篇争取出版自由的战斗檄文（熊一然，2019）。

《论出版自由》的诞生有其特定的历史背景，当时政治经济动荡、宗教斗争激烈、人文主义盛行。它促使弥尔顿积极投身于社会变革的伟大实践，呼唤理性，呼唤自由，呼唤民主，成为英国“文艺复兴的殿将和启蒙运动的先驱”，同时也促使他形成了在西方新闻自由思想史上具有奠基意义的出版自由思想（丁俊杰，2002）。

丁俊杰在《简论弥尔顿的出版自由思想》一文中总结了弥尔

顿的出版自由思想，并可以从以下八方面来解释：

（1）出版自由是一种人权自由，它是一切自由中最伟大的自由；

（2）出版自由是人文主义文化的体现，也仰赖人文主义文化来实现；

（3）出版自由是一种对生命的张扬，对人类理性的维护；

（4）出版自由有利于帮助人们区别善恶，明辨是非；

（5）出版自由有利于人们培养美德和体现真理；

（6）出版自由是一种有条件的自由，是一种相对的自由；

（7）禁止出版自由是无用而不可实现的；

（8）禁止出版自由的主要危害是破坏学术，窒息真理。

弥尔顿猛烈抨击了当时英国的书报检查制度，呼吁政府给予人们写作和言论自由。学者在《报刊的四种理论》中就指出："从弥尔顿这种思想出发，形成了现代关于'观点的公开市场'以及'自我修正过程'的概念，那就是让所有想说什么的人都自由地表达自己的思想。真实的、正确的思想会保存下来，虚假的和错误的思想会被克服。政府不应该参加战斗，也不应该协助其中的一方。虽然虚假的可能取得一时的胜利，但真实的意见通过吸引新的力量来维护自己，会通过自我修正过程最后战胜其他意见而保存下来。"（韦尔伯·斯拉姆，1980）

作为新闻自由运动的思想先驱，弥尔顿及其出版自由思想的影响是深远的。它不仅有力地推动了资产阶级革命的发展，还为后来西方报刊自由主义理论的发展奠定了基础。后来，人们从他的出版自由观念中，自然地引申出了新闻自由，故又有人称他为新闻自由运动的思想先驱（张昆，2001）。不过现在西方新闻学也将“出版自由”统称包含出版权利、报道权利和批评权利等在内的新闻自由。此外，弥尔顿的思想中也有一些明显的局限，如坚信人类理性的力量、认为出版自由纯属上天赋予的绝对个人权利等思想也在后世大多数自由主义者那里保留了下来（刘敏，2008）。

（十）报道的最小伤害原则（Minimize Harm）

在西方新闻界，“采访悲伤的人，特别是在事故中失去了配偶、儿女或父母的人”常常被记者们认为是最害怕的采访任务，这在西方新闻界被命名为“侵扰伤痛”。应对这一特殊任务，西方新闻界以“最小伤害”为准则。如美国职业新闻工作者协会于 1996 年修订的《新闻职业伦理规范》中就专设有“最小伤害”（Minimize Harm）一章，其中规定：“记者应当同情那些因新闻报道可能受到负面影响的人，特别是儿童及没有接受采访经验的人；采访和使用那些陷于悲痛中的人的照片时，要格外谨慎，要明白采访报道可能伤害他人或使其不安。”（陈昌凤，2008）

减少伤害原则是新闻传播业对社会负责任的体现，已成为全球新闻职业规范的主要内容之一。坚持减少伤害原则，并不是抛弃客观与公正原则，而是一种人性和同情心的表达，也是在遵循人道主义，是一个人及社会善的表现和德行的表现。《中国新闻职业规范蓝本》中将减少伤害的原则定义为以下几点（陈力丹，2012）：

（1）尊重和保护未成年人、少数民族、女性、残疾人等特殊人群；

（2）保护消息来源的权益；

（3）舍弃可能会伤害报道对象名誉的无关紧要的细节；

（4）舍弃可能会煽动暴力或冲突的有关仇恨的内容；

（5）舍弃可能会引起公众心理伤害或不适的无关紧要的内容；

（6）尚未被法院判罪的犯罪嫌疑人应被认为是无罪的，不在报道中对其进行有罪断定。

（十一）新闻职业道德（Journalism Ethics）

1. 新闻职业道德的定义

新闻职业道德即新闻传播（大众传播）业的行业道德，指新闻从业人员或者大众传媒自身，遵循一般的社会公德和本行业的专业标准，对其职业行为进行理性的自我约束和自我管理。我们常说的职业道德的内容应当由职业规范和职业道德标准组成（杨保军，2014）。前者为职业操作层面的技术性要求，后者则是根据社会公德所规束的道德责任。

职业道德即该行业应当履行的基本社会职责，包括职业理念、职业态度、职业纪律、职业责任四方面。中国新闻工作者职业道德准则应当包括全心全意为人民服务、坚持正确的舆论导向、遵守宪法法律和纪律、维护新闻的真实性、保持清正廉洁的作风、发扬团结协作精神等（李良荣，2002）。

新闻职业道德准则是指记者本身所采纳与控制的一套专业行为的指导原则。最早的新闻职业准则之一是 1923 年由“美国报纸编辑人协会”（American Society of Newspaper Editors）制定的。不同国家或地区的准则反映出在惯例与传统上的不同，但均反映出新闻媒介希望保护自己免受外界干预与自主性减低所带来的威胁（麦奎尔，2010）。

2. 新闻职业道德的结构

新闻职业道德关系由新闻职业道德主体、新闻职业道德客体和新闻职业道德中介机构构成。

新闻职业道德主体既指代新闻职业工作者，也指代作为组织主体的新闻媒体。新闻道德客体就是新闻道德对象，是指新闻道德主体道德行为的指向或施与对象。在职业新闻活动中将新闻职业主体作为当然的道德主体，把职业道德主体行为施与的对象主体称为道德客体。在特定关系中，新闻源主体也会充当道德主体的角色，新闻接受者也会担当道德主体的身份。新闻媒介道德中介是指将新闻道德主体和客体连接或联系起来的事物，主要是新闻作品或新闻报道，包含生产、创制新闻的具体行为（吴飞，2009）。

通常情况下，新闻职业媒体作为新闻道德主体，与新闻源主体、新闻报道对象主体构成直接的新闻道德关系，新闻道德主体与新闻道德客体之间的关系是通过直接的新闻互动关系形成的。而在间接新闻道德结构关系中，控制主体通过对新闻传播内容和新闻传播方式的控制来实现对新闻道德主体——新闻媒体的控制，新闻控制的合理性和正当性充分体现着新闻道德的效用。新闻媒体和职业工作者通过对新闻报道的具体实践来调整其与控制主体的关系。

新闻职业道德规范按照不同主体层次可分为世界层次的新

闻道德规范、具体社会层次的新闻道德规范、新闻媒体层次的职业道德规范和职业个体层次的自我道德规范。世界层次的新闻道德规范诸如 1945 年联合国经济及社会理事会《国际新闻道德公约》、1954 年国际新闻工作者联合会《记者行为基本原则宣言》和 1999 年国际新闻工作者联合会颁布的《媒介伦理和自律》。具体社会层次的新闻道德规范如中华全国新闻工作者协会颁布的《中国新闻工作者职业道德准则》、英国 1994 年颁布的《英国记者联合会规范》、德意志新闻出版委员会 1973 年制定的《新闻界规范》、俄罗斯制定的《俄罗斯新闻工作者职业道德准则》等，这些文件均适用于该国的具体新闻实践情况。新闻媒体层次的职业道德规范是从媒介自身的利益价值需要和价值取向出发而设置的道德标准，如著名的美国《纽约时报新闻伦理》、日本《NHK 国内节目标准》、英国《BBC 约章》、美国《华盛顿邮报标准和道德规范》等文件，就从具体标准层面规范了机构内部新闻实践的行为，是一种体现自身价值取向和利益诉求的自我约束性条例，充分体现了其自身的专业素养和社会责任感（陈力丹，2009）。

3. 新闻职业道德的意义与效用

新闻职业道德最大的意义在于它能够促使一定社会的新闻业、新闻活动成为为社会普遍利益或共同利益服务的良好、独特的手段。新闻职业是特殊的职业，职业工作者占据特殊的社会位置，其行为的道德性、品质的美德化具有特殊的社会意义和价值。新闻媒体对公民具有示范和引导的社会作用，新闻工作者的行为在客观上具有广泛的社会示范作用。因此从职业角色上来说，对其提出高要求是十分有必要的。

健康、有序的新闻业得以形成的重要手段和核心标志是形成了具有道德素养的新闻实践活动，新闻职业道德也是评价新闻职业群体、职业个体发展的有力手段和重要标志。新闻职业道德的直接意义在于使新闻业自身成为道德的存在、道德的事业，传播新闻成为道德的行为，新闻人成为有品德的人。新闻职业道德是衡量新闻业是否健康的试金石（杨保军，2014）。

新闻职业道德是新闻自由实现的保障和标志。新闻职业道德是防止滥用新闻的一种手段和一个屏障。新闻自由是新闻职业道德的前提，新闻自由是新闻职业道德的理由，自由的新闻才可能是道德的新闻；不自由的新闻缺乏担当道德责任的主体基础，被逼迫的新闻传播是很难担当社会责任的。

（十二）新闻评议会（Press Council）

19世纪后半期到20世纪初，欧美各国新闻业大体处于标榜新闻绝对自由的"黄色新闻时期"，人们在实践中开始认识到新闻自由必须与媒介的社会责任相结合。但仅用文字表述的条文往往难以给实际工作提供明确的界定，于是新闻职业道德监督机构——新闻评议会就应运而生了。1916年在瑞典成立的"报业荣誉法庭"便是世界上第一个新闻评议会（宋双峰，2006）。

新闻评议会是一种新闻行业自律的监督与仲裁机构，其基本职能和主要任务是负责处理新闻业内部或新闻业与社会间的新闻纠纷，即因新闻传播行为所引发的矛盾纠纷。它以国家宪法及相关法律为依据，按照行业规约和评议会章程，对涉及新闻职业道德问题和新闻侵权所引发的新闻纠纷进行仲裁，并监督裁定决议的执行。它是新闻行业实行集体自律的一种有效组织机构，也是目前世界上许多国家通行的一种行业自律组织。在有的国家，由于与政府机构或新闻行业组织的紧密结合，使新闻评议会带上了某种半官方色彩，它可以核发或取消记者证，甚至可以对记者进行惩处、向报纸征税和罚款（裘正义、黄瑚，1996）。

新闻评议会组织的建立已有近百年的历史，考察其运作情况，既有成功之处也有不少教训。有些国家的新闻评议会组织由于其独立地位得不到认可，活动经费得不到保障，工作职权不够明确，执行裁决不具权威性，加之新闻界一些媒体和个人出于私利不愿揭短，因而活动起来困难重重，甚至形同虚设，无法正常发挥应有的作用（郑保卫，2002）。

（十三）《中国新闻工作者职业道德准则》（Code of Professional Ethic for Journalists in China）

1. 颁布背景

1991 年 1 月，中华全国新闻工作者协会第四届理事会第一次全体会议通过我国第一个新闻工作者职业道德规范《中国新闻工作者职业道德准则》（下文简称《准则》），它是在狠刹行业不正之风的背景下出台的。新闻界的不正之风最突出的表现就是有偿新闻，有偿新闻是新闻传播活动中腐败现象最集中的体现，也是侵害传媒公信力的主要因素之一。由此，新闻道德自律受到前所未有的重视，《准则》应运而生（肖燕雄、李淑华，

2017）。1994年、1997年、2009年、2019年曾四次修订《准则》，修订后的内容更富时代针对性（王润泽，2015）。

2. 内容

立足新时代的新形势新任务新要求，中华全国新闻工作者协会对《准则》进行了第四次修订，并于2019年11月7日经中华全国新闻工作者协会第九届全国理事会第五次常务理事会审议通过。2019年12月15日新修订的《中国新闻工作者职业道德准则》向社会公布，共7条31款，主要内容如下：

第一条：全心全意为人民服务。忠于党、忠于祖国、忠于人民，把体现党的主张与反映人民心声统一起来，把坚持正确舆论导向与通达社情民意统一起来，把坚持正面宣传为主与正确开展舆论监督统一起来，发挥党和政府联系人民群众的桥梁纽带作用。

第二条：坚持正确舆论导向。坚持团结稳定鼓劲、正面宣传为主，弘扬主旋律、传播正能量，不断巩固和壮大积极健康向上的主流思想舆论。

第三条：坚持新闻真实性原则。把真实作为新闻的生命，努力到一线、到现场采访核实，坚持深入调查研究，报道做到真实、准确、全面、客观。

第四条：发扬优良作风。树立正确的世界观、人生观、价值观，加强品德修养，提高综合素质，抵制不良风气，保持一身正气，接受社会监督。

第五条：坚持改进创新。遵循新闻传播规律和新兴媒体发展规律，创新理念、内容、体裁、形式、方法、手段、业态等，做到体现时代性、把握规律性、富于创造性。

第六条：遵守法律纪律。增强法治观念，遵守宪法和法律法规，遵守党的新闻工作纪律，维护国家利益和安全，保守国家秘密。

第七条：对外展示良好形象。努力培养世界眼光和国际视野，讲好中国故事，传播好中国声音，积极搭建中国与世界交流沟通的桥梁，展现真实、立体、全面的中国。

3. 评价

国内学者对于《准则》的解读不外乎或肯定或批评的态度。肯定的话语主要有两点：一是肯定修订稿的与时俱进、关注现实，二是肯定它的可操作性在逐渐加强。而批评的话语则集中于《准则》的“虚置性”，即实际操作程度偏低的特性。

尽管《准则》在一定程度上缺乏可操作性，但其提出我国新闻职业道德的一些准则，同时也是国际新闻界普遍认同的基本规范，例如“报道要做到真实、准确、全面、客观”“要通过合法途径和方式获取新闻素材”“认真核实新闻信息来源，确保新闻要素及情节准确”“摘转其他媒体的报道要把好事实关”“刊播了失实报道要勇于承担责任，及时更正致歉”“维护采访报道对象的合法权益，尊重采访报道对象的正当要求”，等等（陈力丹，2015）。这些内容实际上也符合现实的操作，具有现实指向性。

六、新媒体环境下新闻职业理念的更新

（一）后真相（Post-truth）

牛津词典将“后真相”（post-truth）评选为2016年度词语，用来描画“客观事实在形成舆论方面影响较小，而诉诸情感和个人信仰会产生更大影响”的情形（胡泳，2017）。这个概念最早由美籍塞尔维亚剧作家史蒂夫·特西奇（Steve Tesich）在1992年刊于美国《国家》杂志的一篇文章中使用。此后，美国学者拉尔夫·凯斯（Ralph Keyes）、博客主大卫·罗伯茨（David Roberts）等人又对该词进行了解读。总的来说，“后真相”主要缘于西方政治运行中对民众隐瞒不光彩的事实、进行选择性披露、诉诸情感刺激乃至有意欺瞒而形成的政治文化，后来也被用来指涉社会生活中对真相进行加工、润色或说谎的行为机制（支庭荣、罗敏，2018）。

造成后真相时代来临的原因众多，学者胡泳总结了几方面的原因：诸如算法一类的新技术强化了人们的偏见；媒体不断演进，社交媒体已逐渐成为大众的主要新闻来源，网民们依赖着

意见相似的社交圈获取新闻信息，导致人们进入相似想法的回声室；经济和社会的不确定性加大了人们对事实的怀疑；此外，后现代主义和相对主义等思潮的全面深入也造成了真相和虚假混为一谈。

后真相的特征表现为：一方面，被原有社会秩序规定的真相界定者和界定方式正在受到公众前所未有的质疑；另一方面，公众与真相提供者之间原本较为稳定的契约关系变得飘忽不定。公众只需要那些符合其推测的“真相”；公众对于传播者的诚意看得比真相更重要（胡翼青，2017）。

后真相引发的冲击主要集中于政党竞选活动，史安斌认为借助于社交媒体海量传播的后真相使得西方主流社会引以为傲的“知情的民主”最终演变为“盲情的媒主”，导致“黑天鹅”式的事件和人物频出成为政坛的“新常态”。后真相的影响还不仅于此，庞金友指出“后真相”强调价值先于事实、真相让位于情感的秩序逻辑，在催生传统传播格局解体和新兴社交媒体生态成熟的同时，也加速了精英群体的溃败，并在一定程度上引发了理性坍塌、信任异化、道德相对主义泛滥等问题。

（二）媒介融合（Media Convergence）

媒介融合是“在数字技术和网络技术等推动下实现的，内容、渠道、终端、组织等不同层面相互渗透和相互交融的过程”（童兵、陈绚，2014）。

20世纪70年代末，在为麻省理工学院媒介实验室筹集资金的巡回演讲中，麻省理工学院学者尼古拉·尼葛洛庞帝（Nicolas Negroponte）对融合（convergence）的阐述启发了传播学者。他用三个圆环分别表示计算机工业、出版印刷工业、广播电影工业，通过三个圆环相互交叉并逐步重合演示了不同工业“即将和正在趋于融合”的趋势，并提出三个圆圈的交叉处将成为成长最快、创新最多的领域（曹漪那、付玉杰，2009）。“在此基础上，他将媒介融合理解为‘各种各样的技术和媒介形式都在汇集到一起’。”（刘颖悟、汪丽，2012）这一观点引导了新闻传播学界的后续研究。

美国传播学者伊契尔·索勒·普尔（Ithiel De Sola Pool）教授推广了媒介融合的概念。在他1983年的著作《自由的科技》（*The Technologies of Freedom*）中，普尔指出数码电子科技发展促成了传播形态聚合（the convergence of modes）。普尔将媒介融合作为学理概念提出，并将其总结为“各种媒介呈现出多功能一体化的发展趋势”。

美国新闻学会媒介研究中心主任安德鲁·纳齐森（Andrew Nachison）从媒介经营角度出发，将媒介融合定义为：“印刷的、音频的、视频的、互动性数字媒体组织之间的战略的、操作的、文化的联盟。”他关注的并不是众多媒介融合而成的终极媒介，而是各种媒介之间的合作关系。

美国西北大学教授李奇·戈登（Rich Gordo）对五种融合新闻类型的归纳，正是对安德鲁定义的具体化。戈登将媒介融合分为五种：所有权融合（Ownership convergence）、策略性融合（Tactical convergence）、结构性融合（Structural convergence）、信息采集融合（Information-gathering convergence）、新闻表达融合（Storytelling or presentation convergence）（刘兆明，2013）。

蔡雯认为戈登的研究一定程度上描绘了融合新闻在当时条件下的状态，但是缺乏统一的标准，前三种类型是基于媒介组织行为的划分，而后两种划分则基于新闻采编技巧。她更加推崇美国学者戴默（Lori Demo）等人对媒介融合的类别划分。在论文《融合连续统一体：媒介新闻编辑部合作研究的一种模式》（*The Convergence Continuum：A Model for Studying Collaboration Between Media Newsrooms*）中，戴默等人界定了融合新闻的几种模式和具体含义：交互推广（Cross-promotion），指互为合作关系的媒介相互利用对方推广自己的内容；克隆（Cloning），指互为合作关系的媒介不加改动地刊播对方内容；合竞（Coopetition），指互为合作关系的媒介之间既有合作也有竞争；内容分享（Content sharing），指互为合作关系的媒介定期交换线索和新闻信息，并在一些报道领域进行合作，彼此分享信息资源，甚至共同设计报道方案，但各媒介的新闻产品仍是各自采编人员独立制作；融合（Convergence），指互为合作关系的媒介在新闻采集和新闻播发两方面进行全方位合作。（Dailey，Demo & Spillman，2005）

总体而言，媒介融合内涵颇丰，既包括作为信息处理技术和传播技术的融合，传播渠道、网络和传播终端的有机结合，还包括产业范畴的媒介所有权和组织结构方面的市场整合。

媒介融合趋势由多方推力共同促成，首要推动力是数字化和网络技术的发展，同时市场需求的变化、媒介竞争的加剧和媒介产业的制度创新也是重要推手（童兵、陈绚，2014）。媒介融合的意义在于降低媒介市场的进入壁垒、提高媒介市场的集中度，促进不同媒介之间的竞争与合作，形成资源配置的协同效应，推动媒介产业价值链的重组与完善，节省开支并分散经营成本。

另一方面，媒介文化学者亨利·詹金斯（Henry Jenkins）指出了当代社会媒介活动背后隐藏的文化逻辑——媒介所衔接的不同要素之间，以一种融合的方式互连共生（毛湛文、李泓江，2017）。他在2006年出版的专著《融合文化：新媒体与旧媒体的冲突地带》中提道："我所使用的融合概念，包括横跨多种媒体平台的内容流动、多种媒体产业之间的合作以及那些四处寻求各种娱乐体验的媒体受众的迁移行为等。"（詹金斯，2006）在詹金斯眼中，媒介融合是一个持续的过程而非结果，是各种媒介技术、产业、内容、受众的交点；特别当用户被引入媒介融合概念之后，詹金斯趋向于把受众用户的积极参与和媒介间隔阂的逐渐消弭看作"融合"的两大主要趋势（Jenkins，2001）。

在詹金斯的话语中，融合超越了简单的技术融合的线性逻辑，进入理论话语空间。他所定义的融合文化超越了简单的技术、信息生产、产业结构层面的简单融合，而是哲学意义上的转变。新的数字化的媒介体系吞并了旧有的媒介体系以及其内部的角色、关系、规则、资本，媒体不再是单一的生产者、把关人、信息聚集者与阐释者，用户开始介入信息生产流程，共同生产彼此间沟通的共享资源（刘兆明，2013）。

（三）社交媒体（Social Media）

社交媒体，又称社会化媒体，普遍认为最早源自美国学者Antony Mayfield在2007年出版的名为*What is Social Media*（《什么是社会化媒体》）的电子书，这些媒体具有参与、公开、交流、对话、社区化、连通性的特点，赋予每个人创造并传播内容的能力（谭天、张子俊，2017）。社交媒体的发展历史可以追溯到20世纪70年代产生的Usenet、ARPANET和BBS系统，甚至可以追溯到电脑时代来临之前的电话时代。90年代开始发展，在2004年以后，Web2. 0运动兴起，社交媒体爆发式发展起来（曹博林，2011）。

社会化媒体的主要特征有两个：一是内容生产与社交的结合，社会关系与内容生产两者间是相互融合在一起的；二是社会化媒体平台上的主角是用户，而不是网站的运营者（彭兰，2016）。当今社交媒体已广泛存在于互联网应用的各个方面：虚拟社区、即时通信、移动直播、微博微信、音视频等。目前社交媒体也已形成多种传播形态和运营模式，如平台型、社群型、工具型、泛在型（谭天、张子俊，2017），诸如微博、微信、抖音、快手、Twitter、Facebook、Instagram等时下热门的社交媒体都具备上述的功能与特性。

社交媒体专家阿耶莱特·诺夫（Ayelet Noff）认为（2011），社交媒体将来最显著的特征是信息不请自来。将来，适当的信息会在适当的时候被传递给适当的人，为我们节省了大量的时间和精力。这实际上是一个智能社交的概念，人工智能将会让社交媒体变得更聪明，更善解人意，而更加智能化和人性化便是明天的社会化媒体。社交媒体使得分散性的个体网络关系类型化，处于不同社会关系的群体利用移动互联技术实现虚拟圈层的互动：普通用户的网络行为由于社交媒体的出现进一步地结构化，社交媒介平台建构出的公共性用户在互动中建构出新的群体性，最终形成集体化的共同圈（李先知、金兼斌，2013）。社交媒体的出现使得社会意见环境变得更为复杂，社交媒体时代强调用户内容的新闻生产模式进一步改写传统新闻价值理念。社交媒体的核链式传播特征一方面有利于用户实现联动，但另一方面也会加剧虚假新闻的弥散，催生"后真相""新闻反转"等诸多问题。加之社交媒体的集群性，使得公众情绪在短时间内积聚，易伴生大规模的网络行动（罗坤瑾，2019）。

（四）数据新闻（Data Journalism）

1. 数据新闻的定义

数据新闻又称"数据驱动新闻"（Data-driven Journalism），是一种新兴的新闻实践形式。新闻生产机构通过特定技术软件对数据进行抓取、分析，并通过可视化数据图、互动图表或在线演示等呈现方式，对数据新闻进行可视化报道。目前针对数据新闻的概念界定尚无定论，学者方洁主张从新闻呈现形态、新闻生产流程、新闻行业发展三个角度来理解数据新闻（2013）：

从新闻呈现形态来看，数据新闻是一种有别于传统新闻报道的新形态。早在19世纪，新闻业就存在运用量化数据报道的具体实践，其使用数据、分析数据的动机与如今的数据新闻如出一辙，但在报道规模上仍未成型（方洁、颜冬，2015）。2011年，来自BBC、《卫报》（*The Guardian*）、《金融时报》（*Financial Times*）、《纽约时报》（*The New York Times*）等媒体的诸多数据新闻领域的倡导者利用网络协作的方式共同编写了《数据新闻手册》（*The Data Journalism Handbook*），众多新闻工作者表示数据的引入使得新闻报道的形式获得了更多的可能，数据可以解释新闻要素之间的具体联系，能够向公众公开新闻的获取过程，互动式图表可以让复杂的新闻事件呈现出较为清晰的"故事轮廓"或提供"新的视角"。

从新闻生产流程来看，数据新闻在数据收集、数据处理和数据可视化三个层面改变了传统的新闻生产流程。数据是数据新闻的重要基石，而数据的开放性是数据新闻赖以生存的前提条件。数据新闻的数据来源主要为政府机构、非政府机构、社交媒体、数据采集平台等，此外也可按照传统新闻采编模式，由访谈进行搜集。这些数据来源通过新闻工作者的有机采集、整合形成数据新闻的新闻源。而在数据处理的过程中，新闻工作者通过数据处理工具对数据进行分析，提升新闻数据整体的信度，对各变量进行相关分析并对新闻报道内容进行校正，找到数据背后的关联模式，突出数据新闻的价值所在。数据新闻相较于传统新闻，会更注重新闻的呈现形式。数据可视化的目的是用直观易懂的图表将丰富的数据做较为清晰的呈现，主要方式有数据抽取（number pullquote）、静态地图（Static map）、列表与时间轴（list and timelines）、表格（tables）、曲线图或图表（graph or chart）、动态地图（Dynamic map）、文本分析（textual analysis）和信息图（infographic）等，常用的工具有Google Fusion Tables、地理信息系统Qgis、ArcGIS等。这些工具能够根据具体数据进行模型的建立，进一步丰富数据新闻的呈现形式（方洁，2013）。

从广义上看，“数据新闻”是在大数据时代新闻学发展过程中形成的新领域，其主要特点包括：

数据新闻以服务公众利益为目的，这是数据新闻的出发点。数据的处理和呈现最终是为了广大民众理解我们所身处的大数据时代中的数据变迁的内涵，了解宏观数据如何影响个体。

数据新闻以公开的数据为基础，这是数据新闻存在的前提。数据新闻十分依赖客观、有效的数据来源，缺乏数据分析材料，数据新闻也不可能得以推行。

数据新闻依靠特定软件、程序对数据进行处理分析，这是数据新闻的技术保障，也是数据新闻与一般新闻相区别的核心特征。

数据新闻强调以形象、互动的可视化方式呈现新闻，这是数据新闻的展现形式，主张将抽象、复杂、晦涩的数据转化为简单、具体、生动的新闻报道（方洁，2013）。

2. 数据新闻的发展历程

从理论脉络上看，数据新闻与精确新闻、计算机辅助报道（Computer-Assisted Reporting，简称CAR）等概念具有一脉相承的关联。20世纪60年代，美国新闻界兴起新新闻主义和社会调查研究两股潮流，在此背景下，美国学者菲利普·迈耶

（Philip Meyer）提出“精确新闻”（Precision Journalism）的概念，认为精确新闻的精确性源于新闻采集方法的改变——记者将调查、实验和内容分析等社会科学研究方法运用到新闻报道过程中。该概念的提出反映出新闻界对新闻报道准确性和客观性的追求。从 20 世纪 50 年代大型计算机在政府工作中的运用，到 20 世纪 70 年代计算机的普及、20 世纪 90 年代利用互联网进行新闻采集、制作，计算机辅助报道强化了新闻报道的技术导向，数据新闻是在计算机辅助报道的基础上对新闻业的再度推进（吴小坤，2017）。

国外较早对数据新闻展开实践的是《纽约时报》和《卫报》，两家媒体在 2011 年和 2012 年围绕犯罪、骚乱、同性恋等议题开展了大量的数据新闻报道，并获得了广泛的社会影响力。如今，《洛杉矶时报》《华盛顿邮报》、ProPublic、Buzzfeed 等新闻媒体都在数据新闻方面开展了丰富的实践，中国国内的财新网、网易新闻、第一财经、新华网等媒体也运用数据处理工具实现了数据新闻的生产与传播（苏宏元、陈娟，2014）。

（五）算法新闻（Algorithm News）

算法新闻是运用智能算法工具自动生产新闻并实现商业化运营的过程、方法或系统，它包括信息采集、储存、写作、编辑、展示、数据分析及营销等业务的自动化实现（Da & Shin，2016）。2006 年，路透社使用算法为其网站编辑财经新闻，这是算法新闻的第一次推广实践。

与传统新闻生产及运营模式相比，算法新闻有三大特征。

一是算法软件的引领性，无论是机器人新闻、数据驱动新闻还是机器生产新闻，背后的关键因素仍是算法。二是数据资源的基础性，算法新闻高度依赖数据资源环境，特别是高质量的数据资源，如结构特征显著的数据、精准有效的行业数据和客观真实的最新数据等。故而算法新闻能在天气预报、股票市场、体育赛事等领域率先突破。三是智能操作的自主性，除前期的程序设计外，现今的算法新闻技术能够在无人干预（或较少人工干预）的条件下自动生产新闻，在采集信息、分析数据、新闻撰写、文章发布及推广等环节均可实现自动化操作（吴锋，2018）。

随着算法深度卷入新闻的编辑、聚合、发布及内容分发，媒介的生产和消费过程正在逐渐自动化（王晓培、常江，2019）。一方面，智能算法大大提高了信息生产、管理、分发方面的工作效率，是注意力经济中的一个优化解决工具，可以做到信息的个人化（陈昌凤，2018），但是另一方面，算法新闻不仅是对传统新闻生产方式和商业模式的挑战，也给传统新闻的价值理念、理论规范和法律法规带来新的挑战（Dorr，2017）。算法的运用本身是人类所主导的，带有人类的价值观，会受到来自经济、政治等非技术力量的影响，在看似客观的代码中运行着人的意志（陈昌凤，2018）。而且，算法构造的过滤器所组成的“过滤气泡”（filter bubble）促使用户在信息接触与接收方面的认知呈现出“窄化”效应，尽管这更多归因于媒体内容提供方还是用户个人因素尚存争议（王斌、李宛真，2018）。

（六）新闻策展（News Curation）

新闻策展是在新技术主导的传播环境下产生的一种新闻生产模式。策展本指在文化艺术展览领域的构思、整合等智慧工作，在数字技术领域意指数据的创造者和使用者以各种方法让数据增值，以使数据得以更好地共享、再利用。在新闻领域，策展指的是对新闻的创造性归纳、整理、推介、“集展”。换言之，策展并非原创性的内容生产，而是通过对现有新闻资源的筛选与整合来实现“资产增值”（王斌、顾天成，2019）。新闻策展有两个突出的应用，一是在不同事件中筛查有价值信息并传递给大众，实现信息的精准投递；二是在同一事件中筛查信息，起到“信息降噪”的作用（高杨，2016）。

澳大利亚学者布伦斯（Axel Bruns）认为（2011）：大众媒体守门（gatekeeping）式的生产垄断面临着看门（gatewatching）这种新型新闻实践的挑战，个人博客和意见平台未必能提供第一手新闻，但是可以通过对新闻进行评估策展，从而发挥巨大作用。布伦斯将这种新的新闻生产模式概括为“协作式新闻策展”（collaborative news curation）。这一新闻生产模式具有以下特点：“生产过程的去组织化、去科层化；开放、多节点、动态的个体化实践；没有被最终文本所装载，而是不断被再生的新闻内容”（陆晔、周睿鸣，2016）。“策展人”（curator）的角色与传统“把关人”（gate-keeper）的不同之处在于，策展将新闻生产的常规流程拆分，不再强调新闻生产者与消费者的角色区别，转而更关注对用户个人信息需求的洞察与互联网闲置传播资源的激活（王斌、顾天成，2019）。新闻策展需要新闻从业者更多地关注以编辑归类原子化、社交化的信息流、编译各类语言信息为主的“新闻打包”（storified journalism）。因此，新闻策展的主要策略包括历时叙述、提供语境解读和细节深描三个策略，新闻从业者需要运用自身的专业素养整合有价值的信息，并为它们塑造语境、提供解读（仇筠茜，2013）。

新闻策展的出现很大程度上归结于技术发展的推动。新技术提供更大的信息容量，让专业生产者的工作从剔除不重要信息转为选择更重要信息着重呈现；同时，社交媒体让大众得以自发挖掘、排序、分享、讨论新闻，颠覆了传统的新闻生产与使用逻辑。另一方面，新闻策展的出现也满足了用户新的信息需求。“互联网信息环境的变化（从信息稀缺到信息超载）带来了用户信息疲劳，催生了他们对相对开放、优质和结构化的信息秩序的渴望。”（邓建国，2015）策展可以被视为对零散的信息结构化的过程。经过策展，信息得以有逻辑、有主次地呈现，减轻了用户面对信息洪流应接不暇的焦虑。但无论是依托于人工筛查而实现的新闻策展，还是借助智能算法实现的自动化新闻策展，都存在局限与隐忧。依靠人工筛查所实现的新闻策展并无“新闻策展”所强调的“去组织化、去科层化”价值内核，策展组织模式和运行逻辑仍未脱离传统媒体思维主导的生产模式。此外，这类策展虽然在理念上强调受众的参与，但是新闻策展依托的生产工具并未升级，本质上未能让更多人参与其中；而依靠智能算法实现的新闻策展则暗含公平性难以保证、无法进行伦理判断以及缺乏良善价值观倡导能力等诸多隐忧（陈昌凤、师文，2019）。

总体而言，新闻策展“代表一种技术特征，一种文化，一种与专业控制截然相反、打上鲜明互联网烙印的意识形态，它正在形塑互联网时代的新闻生产特征、新闻呈现形态和新闻接触模式”（陆晔、周睿鸣，2016）。

（七）新闻聚合（News Aggregation）

新闻聚合是 Web 2.0 技术环境下的一种常见的新闻内容服务，通常由两部分组成：线上的内容供应商，以及装载于用户上网终端的客户端软件或网络应用（常江，2018）。最早的新闻聚合服务即为 RSS（Really Simple Syndication）服务，其分发模式与传统报刊订阅模式相似，因而很快被传统媒体接受。常见的新闻聚合服务有三种形式：一是新闻聚合网站；二是基于网络的新闻阅读器；三是新闻阅读应用（邵国松，2005）。

新闻聚合服务的出现，不仅改变了新闻生产和运作模式，同时也影响了用户的信息接收习惯。在新闻生产流程中，新闻聚合类媒体通过纳入 UGC 内容，使传统媒体与自媒体之间的用户争夺更为激烈；机器算法和爬虫技术的运用，则极大提升了内容生产和分发的效率，使依赖人工编辑的传统媒体面临更大的内容生产焦虑。在内容分发过程中，新闻聚合类媒体通过基于社交关系或机器算法的分发机制，得以获得更多的用户份额，并对传统媒体的内容分发渠道形成了近乎垄断式的占据，传统媒体因而面临受众流失和广告份额减少的困境。此外，新闻聚合类媒体正在使受众的新闻消费方式趋向个人化，并可能使受众陷入由信息偏向导致的“过滤泡”和“回音室”的困境中（陈昌凤、王宇琦，2017）。

（八）对话新闻学（Dialogic Journalism）

对话新闻学是西方新闻理论关于新闻本质属性认识的两大体系之一，与客观新闻学相对应，核心观点为：新闻报道是报道人与报道对象之间对话沟通的产物，是不同话语和立场冲突、调和、协商的结果；媒体和记者并非中立客观的第三方，而是特定政治与社会群体的一部分；新闻文本是具有多重意义的开放性“话语建构”（discursive formation），具有多种阐释的可能性；新闻报道的功能是引发在政治和社会领域的“公共对话”（史安斌、钱晶晶，2011）。

对话新闻学是对客观新闻学的反思与发展。对话新闻学并不强调反映客观世界，而是“强调一切新闻实践都应致力于建构公共对话平台，反应多元声音，促进各阶层、社团和文化间的交流和理解”；它不满于旁观地记录和报道，认为“记者和媒体要主动介入公共事务中，发起公民讨论，组织社会活动，使公共问题最终得到解决，成为社会进步的有力推动者”；同时对话新闻学重新审视了读者的地位与自主性，“新闻的‘读者’（reader 而不是 recipient）拥有充分的、对等的新闻传播权力和表达空间，从而在自主自为的新闻传播中，更深层、更主动、更切实地参与社会事物的决策和实践之中”（李习文，2010）。对话新闻学对客观新闻学的质疑，体现了后现代主义哲学对现代主义哲学的反思和批判，他们认为现代主义哲学的“吾它关系”“否认了自我与他人之间的平等地位，从而阻断了对话的可能性，导致了‘独白’和‘自说自话’的结果”（史安斌、钱晶晶，2011）。

“对话新闻”概念在中国的发展经历了从一种狭义的新闻体裁与实践形式逐步扩大成为一种新闻理念乃至职业精神的过程。早期学者“只是将‘对话’作为新闻报道的一种形式，却早已意识到对话的‘平等协商、相互理解、求同存异、互相纠正和补充’的精神，而将新闻与对话建立了关联”；如今在“后现代的思想语境、新媒体的技术语境、全球化的社会语境以及构建和谐社会的本土语境”的沃土之中，对话新闻展现出了更强的适应力、说服力和生命力。

面对后现代思想的挑战，“它既不否认语言、言语的意图性和行为性，也不否认作为传播主体的新闻记者的历史性和社会性，同时，也不否认外在语境的意识形态性和权力属性，相反，它就是基于对不同语言、不同人、不同文化、不同意识形态之间的差异性的肯定，才提出新闻需要实现‘对话’而非反映‘真实’的观点”。在“人人都是记者”的新媒体时代，它超越了“新闻是否客观”“信息是否可信”“记者是否专业”等怀疑，选择“承认新闻传播主体自身所携带的历史性、社会性、意识形态性，不以‘是否真实’‘是否客观’作为唯一的新闻准则，而以是否促成平等、和谐、民主的‘对话’为目标为旨归……帮助我们跨越公民共享新闻学的权威性与可信度的‘合法性门槛’，促成我们在新媒体环境下更客观、更平和、更从容地面对自媒体的‘所有人对所有人’的传播格局和‘人人都是新闻记者’的新闻形式”。此外，新闻“对话观”就国际社会，在一定程度上实现了对不平等的国际传播秩序“合法性有效制衡”；就国内现状，“接应转型社会的中国建立‘和谐社会’的目标”（蒋晓丽、李玮，2012）。

（九）公共新闻（Public Journalism）

公共新闻在美国又称公民新闻（civic journalism），该概念最早由纽约大学新闻学系主任杰伊·罗森（Jay Rosen）教授提出。公共新闻是20世纪后期由美国一部分新闻工作者和新闻媒体主导的新闻报道业务改革和职业记者的行动。这场运动以新闻媒体为主导，吸引了新闻传播院系、社会团体和公众力量的联合行动，一大批新闻从业者、学者和教育工作者广泛参与其中，深刻影响了美国社会与新闻传播研究和实践，并影响到了欧洲、大洋洲等地（蔡雯，2019）。

公共新闻并没有一个明确的定义，其特点是新闻报道与媒介活动相结合，新闻传播者在报道新闻事实的同时，还以组织者的身份介入公共事务中，发起公民讨论，组织各种活动，寻求解决问题的对策，使公共问题最终得到解决（蔡雯，2004）。

公共新闻的发展离不开当时的社会背景，一方面是当时的社会事务需要大量民主参与，而民主对于政治却越来越麻木，另一方面是新闻界自身面临着读者流失、社会地位降低的困境。由此，一批新闻媒体和记者开始反思并落实到实际运动之中。

美国的公共新闻运动最早出现在政治传播领域，随后扩展到涉及公共事务的多个领域。在报道方式上，《维吉尼亚导报》

（*The Virginia Pilot*）编辑部将其开展公共新闻报道的方针总结为以下几条：（1）让新闻报道揭示出公众带给这些新闻事件的价值，而不是仅仅向公众描述冲突；（2）应当同等看待普通公众和专家们对于事件的认知；（3）在报道新闻的同时，要力图向公众解释这个新闻事实为什么值得他们去关注；（4）记者应该着力挖掘人们如何解决问题的相关事实，并尽可能提供建议，帮助公众参与公共生活（蔡雯，2004）。

虽然美国的政治制度、经济制度和现实社会矛盾决定了美国媒介很难真正实现"公共新闻"的理想，但是，在对美国内部事务的报道中，在沟通社会信息、化解社会矛盾、维护美国社会的稳定发展方面，美国新闻界的"公共新闻"理论及其实践的确是起到了一定的积极作用。

作为一项运动，美国公共新闻在进入 21 世纪后已基本停息下来。但作为一种理念，却借助新兴的网络博客等新的媒介形式和新的传播现象，不断得以延伸并获得进一步发展（郑保卫，2008）。

（十）新闻的透明性原则（News Transparency Principle）

比尔·科瓦奇（Bill Kovac）和汤姆·罗森斯蒂尔（Tom Rosenstein）在 2001 年出版的《新闻的十大基本原则》一书中提出了一个新原则——透明性（transparency）。该书指出，在美国新闻业中，透明性的源头可以追溯到 20 世纪 20 年代，当时的媒体将客观性作为一种指导原则，这种缺乏理智的早期客观性观念，其核心便是透明性，它认为记者可以而且应该不受任何偏见的影响。在《新闻的十大基本原则》一书中，科瓦奇和罗森斯蒂尔认为，既然谁也无法保证自己不偏不倚，索性放弃这种自我标榜，老老实实地把调查和判断过程、立场和预设向受众公开，让他们来评判、选择和监督，以方法和程序的客观来代替结果的客观，这正是新闻透明性原则的由来（比尔·科瓦奇、汤姆·罗森斯蒂尔，2010）。新闻透明性原则显示了新闻工作者对受众的尊重。它使得受众可以评判信息是否可信、获得过程是否可靠、提供信息的新闻工作者有何动机和偏见。这使得新闻透明性成为对抗信源造成的错误和欺骗的最佳保护伞。透明性还有助于新闻工作者养成为公众服务的动机，这也是可信性的关键。这本书出版以后，新闻透明性逐渐成为记者建立信誉的重要方式。

在《西方主流传媒新闻报道规范》一书中，新闻的透明性原则为西方主流传媒新闻报道规范之一，它指尽可能向受众提供有关消息来源的信息，以使受众对消息来源的情况有一个比较具体明确的认知，以便对消息来源及其提供信息的可信度能有所判断。消息来源越透明，报道的可信度就越高。美联社认为，新闻透明度是其可信性的关键（张宸，2008）。

（十一）新闻游戏化（News Gamification）

德特丁等学者（Deterding，Dixon，Khaled，& Nacke，2011）将游戏化（gamification）定义为“在非游戏的情境中使用游戏设计机制”（the use of game design elements in non-game contexts）而

当游戏化理念被运用到新闻领域，即出现了新闻游戏化概念。游戏化并非是游戏元素的简单叠加，而是对作为游戏者的用户主体的心理把控，如激励用户参与、提供及时反馈、建立社交圈等。新闻游戏化并非简单的新闻娱乐化，“其目的主要在于增强传受双方的交互效果、激发受众阅读的自主意识并且倾向主动与外界产生联结，而非单纯满足受众的猎奇心理和娱乐化需求”（顾洁、梁冰洁，2016）。伊恩·博格斯特（Ian Bogost）和西蒙·费拉里（Simon Ferrari）认为，新闻游戏本质是一种程序性修辞，是一种通过计算机程序组织新闻内容的方式（李弘江，2019）。游戏的互动性、参与性使得新闻内容的建构得到补充，推动新闻生产方式向开放与协商转型。同时新闻游戏强调参与的特性也推动新闻叙事向非线性的叙事方式演变，而新闻媒体自身的社会角色也需要重新想象（毛湛文、李弘江，2017）。从符号学角度来看，新闻游戏是纪实与虚构结合的杂交叙述。新闻从基于客观真实内容的聚合，转向虚构性技巧等异质性因素结合的“宽幅操作”；新闻叙述方式从强调文本描述的“经典叙述学”转向用户体验和参与的“互动叙述学”（李俊欣，2018）。

目前，国内新闻游戏化主要体现为对新闻信息进行游戏式的加工重组（石鑫，2017）。从类型来看，角色选择类、逃生益智类、社会管理类、事件还原类四种叙事类型为目前新闻游戏实践的主流模式（孔令媛，2018）。总体而言，新闻游戏化具有沉浸式传播、参与式互动、多符号有机融合的优点；同时由于新闻内容与游戏体裁的异质，对于部分新闻主题，应该审慎思考，规避“伦理禁区”（赵利利，2015）。这种游戏化的包装改变了新闻的叙事结构，将线性叙事转为互动叙事，闭合式结局转为开放式结局；读者身份也发生了由受众到玩家的改变，游戏的代入感增进了作为玩家的读者对新闻本身的认识与理解。但从另一个方面来看，新闻游戏也暗含着诸多“危险”。一重危险来自于新闻游戏内部，即新闻与游戏的融合边界模糊，新闻与游戏两者的地位协同存在争议，新闻本身所秉持的新闻价值、客观中立等价值取向是否会被过度的包装所侵害？另一重危险来自于新闻游戏生存的空间，商业、技术等新闻编辑室之外的力量的注入与收编，使得新闻游戏在生产、呈现、流通等多个环节无可避免地被印上权力的痕迹，值得警惕（毛湛文、李弘江，2017）。

（十二）创业新闻学（Entrepreneurial Journalism）

创业新闻学的创立者杰瑞米·开普兰（Jeremy Caplan）将创业新闻学定义为：“关于新思想、新收入、新的出版和发行模式，以及探索新闻业可赢利和可持续发展的新方法的学科。”（Ndole，2011）在宏观层面，也可将其理解为“新闻工作者和新闻专业学生进行的，以创新和进行非传统新闻实践为目的的诸多行动”（Ndole，2011）。

新传播技术的出现在冲击传统新闻行业的同时，也引发了小型媒体事业的创业行动。创业新闻学关注的就是新闻学院如何应对传统媒体的衰落，并培养能够适应当前媒介环境的新闻工作者，具体关注诸如新媒体项目启动、如何让新闻业稳定发展并维持收益等问题。由此，创业新闻学具有如下内涵：“第一，是新闻行业的创新创业活动；第二，强调赢利的正当性与合理性；第三，运用科学系统的商业原则与规则对新闻行业组织采取企业式经营与管理；第四，是对传统新闻业的破坏性创新，依托数字革命下的互联网技术与新媒体平台。”（王斌、戴梦瑜，2017）

（十三）建设性新闻（Constructive Journalism）

1. 定义

建设性新闻是一种新兴的新闻形式，主张在坚持新闻核心功能的同时将积极心理学和其他行为科学的技巧运用到新闻流程和产品中，致力于创作卓有成效的新闻报道（晏青、凯伦·麦金泰尔，2017）。建设性新闻这一概念由海格拉普（Ulrich Haggerup）在2008年发表的一篇新闻评论中正式提出（史安斌、王沛楠，2019）。丹麦媒体人凯瑟琳·戈尔登斯泰德（Katherine Gyldensted）也对该概念进行更具体的阐释，她认为建设性新闻是一种新闻与积极心理学的结合（McIntyre，2019）。建设性新闻吸收美国心理学家马丁·塞利格曼（Martin Seligman）的“习得性乐观”概念，主张在新闻报道中引入积极因素（丁继南、韩鸿）。

建设性新闻有四个分支：方案新闻、预期新闻、和平新闻和恢复性报道。方案新闻是关于人们如何应对问题的严肃报道；预期新闻可简单概括为专注于未来；和平新闻涉及国家和国际冲突，旨在思考以非暴力的方式应对冲突；恢复性报道则从建设性的视角报道冲突。现有研究表明，有五种心理学技巧适用于建设性新闻：（1）在新闻故事中唤醒积极情绪，通过让读者产生接近倾向进而激发更多的参与；（2）提建设性的采访问题，新闻采编人员更多要承担探索者的角色，努力让受访者畅所欲言；（3）新闻从业者除了提供信息，还要关注潜在方案，这样有助于推动多方对话；（4）在新闻工作中融入 PERMA 元素，即积极情感（Positive emotion）、参与融入（Engagement）、和谐关系（Relationships）、集体意义（Meaning）和行业自律（Accomplishment）；（5）考虑世界的幸福模式，不仅需要关注所有诸如冲突、灾难等消极事件，还要考虑事件带来何种进取、成长以及如何恢复等议题（晏青、凯伦·麦金泰尔，2017）。

2. 建设性新闻的应用与评价

建设性新闻强调社会参与和社会责任的精神内核，意在推动新闻业以积极的姿态介入社会进步，借由新闻报道推动社会问题的解决和化解冲突。关于建设性新闻的具体实践层出不穷，如丹麦广播电台将其纳入新闻编辑室的工作准则中，鼓励工作人员从建设性视角报道新闻；荷兰“记者网”（De Correspondent）设置“建设性新闻记者”以期提升报道质量；中国 CGTN 在涉非报道中大量采用建设性的立场进行呈现，这些具体的新闻实践均凸显出建设性新闻的问题导向以及包容多元（史安斌、王沛楠，2019），建设性新闻正逐步从一种理念走向现实。2014 年，美国“方案新闻网络”（the Solution Journalism Network）、“参与新闻项目”（Engaging News Project）两个机构联合其他 30 多个编辑部和数百名记者、制片人开展了一项联合研究，对 755 名美国成年人进行建设性新闻的反应调查。研究结果表明建设性新闻能够提升大众的效能感，增强受众与新闻机构之间的联系，促进读者参与到问题的解决过程中（杨建宇，2015）。但一些批评者认为，建设性新闻容易忽视现实生活中的残酷，不同于传统新闻对客观、中立价值观的强调，有可能会导致新闻机构失去权威和信誉。过度追求方案而忽视现实的报道并不会被视为“真正的”新闻（徐敬鸿、郭婧玉、游鑫洋、胡世明，2019）。

参考文献

1. 艾·巴·托马斯:《拉丁美洲史(第一册)》，寿进文译，商务印书馆1973年版。
2. 阿耶莱特·诺夫:《web3.0时代：信息不请自来》，载《中国经济和信息化》2011年第12期。
3. 贝尔纳·瓦耶纳:《当代新闻学》，丁雪英等译，新华出版社1986年版。
4. 比尔·科瓦奇、汤姆·罗森斯蒂尔:《新闻的十大基本原则》，刘海龙、连晓东译，北京大学出版社2010年版。
5. 陈昌凤:《中国新闻传播史：媒介社会学的视角》，北京大学出版社2007年版。
6. 陈昌凤、王雪冬:《灾难报道请恪守“最小伤害”原则》，载《青年记者》2008年第18期。
7. 陈昌凤:《中国新闻传播史：传媒社会学的视角》(第二版)，清华大学出版社2009年版。
8. 陈昌凤、王宇琦:《新闻聚合语境下新闻生产、分发渠道与内容消费的变革》，载《中国出版》2017年第12期。
9. 陈独秀:《敬告青年》，载《青年杂志》1915年第1卷。
10. 曹博林:《社交媒体：概念、发展历程、特征与未来——兼谈当下对社交媒体认识的模糊之处》，载《湖南广播电视大学学报》2011年第 3 期。
11. 常江、杨奇光:《技术变革语境下新闻价值的嬗变》，载《青年记者》2017 年第 4 期。
12. 常江:《聚合新闻: 新闻聚合服务对新闻编辑行业的影响》，载《编辑之友》2018 年第 2 期。
13. 常江:《发达国家电视国际传播策略与经验——以 BBC、RT、NHK 为例》，载《中国记者》2011 年第 10 期。
14. 曹劲松:《论拟态环境的主体建构》，载《南京社会科学》2009 年第 2 期。
15. 陈纪滢:《胡政之与大公报》，掌故月刊社 1974 年版。
16. 陈力丹:《谈谈发生新闻失实的几个环节》，载《当代劳模》1999 年第 9 期。
17. 陈力丹:《世界新闻传播史》(第三版)，上海交通大学出版社 2002 年版。
18. 陈力丹:《新闻与宣传》，载《新闻记者》2004 年第 12 期。
19. 陈力丹:《2004 年新闻传播学研究的十二个新鲜话题》，载《新闻界》2005 年第 1 期。
20. 陈力丹、费杨生:《隐匿权 · 新闻真实 · 审判公正——从水门事件中的“深喉”说开去》，载《新闻界》2005 年第 6 期。
21. 陈力丹:《试论新闻时效与社会效益》，载《当代传播》2006 年第 5 期。
22. 陈力丹、周俊:《试论“传媒假事件”》，载《北京大学学报》2006 年第 6 期。
23. 陈力丹:《世界新闻传播史》(第二版)，上海交通大学出版社 2007 年版。
24. 陈力丹:《新闻理论十讲》，复旦大学出版社 2008 年版。

25. 陈力丹、刘晓媛:《肯尼亚新闻传播业的发展历史及当代传媒格局》,载《当代传播》2010年第5期。
26. 陈力丹:《关于新闻真实的三个理论问题》,载《青年记者》2011年第5期。
27. 陈力丹、王晶:《马克思“用时间消灭空间”的思想》,载《新闻前哨》2011年第5期。
28. 陈力丹、曹文星:《客里空中国共产党新闻界的反面剧本人物》,载《新闻前哨》2011年第11期。
29. 陈力丹:《舆论学:舆论导向研究》,上海交通大学出版社2012年版。
30. 陈力丹:《关于舆论的基本概念》,载《新闻大学》2012年第5期。
31. 陈力丹:《论传媒的“二次伤害”——以“联防队员入室强奸”案的报道为例》,载《新闻与写作》2012年第1期。
32. 陈力丹:《“用时间消灭空间”——马克思恩格斯传播技术思想研究》,载《山西大学学报》2012年第3期。
33. 陈力丹、董晨宇:《政治民主对新闻传播业发展的影响——尼日利亚新闻传播史研究》,载《新闻界》2012年第10期。
34. 陈力丹:《马克思主编的第一家报纸〈莱茵报〉》,载《新闻前哨》2012年第12期。
35. 陈力丹:《马克思和恩格斯关于报刊规律的思考》,载《东南传播》2013年第10期。
36. 陈力丹:《新闻理论教程》,中国人民大学出版社2013年版。
37. 陈力丹、张建中:《新闻理论教程》,中国人民大学出版社2013年版。
38. 陈力丹、任馥荔:《新西兰新闻传播业的历史与现状》,载《新闻界》2013年第12期。
39. 陈力丹:《不能再搞“媒介审判”》,载《新闻界》2013年第22期。

40. 陈力丹、陈俊妮:《传播学纲要》(第二版),中国人民大学出版社2014年版。
41. 陈力丹、李林燕:《"标题党"用歪了新闻价值理念》,载《传媒》2014年第19期。
42. 陈力丹、王辰瑶:《外国新闻传播史纲要》(第二版),中国人民大学出版社2014年版。
43. 陈力丹:《新闻价值的实现需要真实、客观的制约》,载《新闻与写作》2015年第1期。
44. 陈力丹、董晨宇:《英国新闻传播史》,人民日报出版社2015年版。
45. 陈力丹、赵永华、陈继静、王润泽、赵云泽:《外国新闻传播史》,中国人民大学出版社2015年版。
46. 陈力丹:《世界新闻传播史》(第三版),上海交通大学出版社2016年版。
47. 陈力丹:《马克思论"有机的报纸运动"》,载《新闻界》2017年第4期。
48. 陈力丹、夏琪:《2018年中国新闻传播学研究的十个新鲜话题》,载《当代传播》2019年第1期。
49. 程力沛:《论邵飘萍的新闻思想及其现代意义》,载《编辑之友》2011年第9期。
50. 程曼丽:《中国的第一份外报——〈蜜蜂华报〉的历史坐标》,载《国际新闻界》1997年第2期。
51. 程曼丽:《中国历史上的第一份近代报纸——〈蜜蜂华报〉研究》,载《新闻记者》1998年第8期。
52. 程曼丽:《外国新闻传播史导论》,复旦大学出版社2004年版。
53. 程曼丽、乔云霞:《新闻传播学辞典》,新华出版社2012年版。

54. 程曼丽、赵晓航:《承前启后开先河——纪念北京大学新闻学研究会成立 100 周年》，载《新闻爱好者》2018 年第 9 期。
55. 陈平原:《左图右史与西学东渐: 晚清画报研究》，湖北教育出版社 2001 年版。
56. 常庆:《大众媒介论》，齐鲁书社 2012 年版。
57. 陈琼珂:《民国新闻教育的另一种设计——成舍我与北平新闻专科学校》，载《国际新闻界》2008 年第 4 期。
58. 蔡雯:《美国新闻界关于“公共新闻”的实践与争论》，载《新闻战线》2004 年第 4 期。
59. 蔡雯:《从“超级记者”到“超级团队”——西方媒体“融合新闻”的实践和理论》，载《中国记者》2007 年第 1 期。
60. 蔡雯、郭翠玲:《从“公共新闻”到“公民新闻”——试析西方国家新闻传播正在发生的变化》，载《新闻记者》2008 年第 8 期。
61. 陈阳:《框架分析: 一个亟待澄清的理论概念》，载《国际新闻界》2007 年第 4 期。
62. 曹漪那、付玉杰:《从尼葛洛庞帝“三圆交叠”说看媒介分化》，载《西南民族大学学报（人文社科版）》2009 年第 12 期。
63. 陈韵昭、吴文虎:《我们对新闻价值的基本观点》，载《复旦学报》1984 年第 3 期。
64. 段春义:《上海解放初期党管报业体系的建立》，载《上海党史与党建》2016 年第 6 期。
65. 丁淦林:《中国新闻事业史》，高等教育出版社 2007 年版。
66. 邓建国:《筛选与呈现: 信息疲劳背景下的移动内容传播新趋势——以雅虎新闻摘要与 NYT Now 为例的分析》，载《新闻记者》2015 年第 6 期。

67. 丁俊杰:《简论弥尔顿的出版自由思想》,载《现代传播》2002 年第 5 期。
68. 邓利平:《中外名记者研究》,北京大学出版社 2012 年版。
69. 丹尼尔·C. 哈林、保罗·曼奇尼:《比较媒介体制》,陈娟、展江译,中国人民大学出版社 2012 年版。
70. 段善策:《作为新闻的框架:从贝特森到梵·迪克》,载《东南传播》2010 年第 7 期。
71. 邓拓:《邓拓文集》第一卷,北京出版社 1986 年版。
72. 董天策、谢影月:《"史家办报"思想探究》,载《新闻大学》2006 年第 2 期。
73. 邓绍根:《两千年来历史上破天荒的荣誉作业——〈向导〉周报在中国共产党报刊史上的历史地位》,载《新闻与写作》2012 年第 4 期。
74. 邓绍根:《百年奠基:论徐宝璜新闻传播教育的历史贡献和遗产》,载《出版发行研究》2018 年第 10 期。
75. 大卫·斯隆:《美国传媒史》,上海人民出版社 2010 年版。
76. E. M. 罗杰斯:《传播学史》,殷晓蓉译,上海译文出版社 2018 年版。
77. 尔泰、丛林:《哈尔滨广播无线电台的诞生》,载《现代传播》1983 年第 4 期。
78. 范长江:《范长江新闻集》,新华出版社 2001 年版。
79. 范长江:《塞上行》,宁夏人民出版社 2000 年版。
80. 范东升:《公民新闻的兴起和启示》,载《国际新闻界》2006 年第 1 期。
81. 范长江:《中国的西北角》,四川大学出版社 2010 年版。
82. 范东升、周弯:《〈中国的西北角〉〈塞上行〉版本学研究初探——从〈动荡中之西北大局〉谈起》,载《新闻与传播研究》2016 年第

9 期。

83. 傅国涌：《“文人论政”：一个已中断的传统》，载《社会科学论坛》2003 年第 5 期。

84. 弗雷德里克·S. 西伯特等：《传媒的四种理论》，戴鑫、展江译，中国人民大学出版社 2007 年版。

85. 方汉奇：《中国新闻事业通史：第二卷》，中国人民大学出版社 1996 年版。

86. 方汉奇、丁淦林、黄瑚、薛飞：《中国新闻传播史》（第二版），中国人民大学出版社 2002 年版。

87. 方汉奇：《中国新闻传播史》（第三版），中国人民大学出版社 2014 年版。

88. 方洁、颜冬：《全球视野下的“数据新闻”：理念与实践》，载《国际新闻界》2013 年第 6 期。

89. 方洁：《数据新闻概论：操作理念与案例解析》，中国人民大学出版社 2015 年版。

90. 方克：《中共中央党刊史稿》，红旗出版社 1999 年版。

91. 冯雁：《英国公共广播体制的尴尬——广播电视的发展带来的冲击》，载《中国电视》2006 年第 7 期。

92. 高海波：《论戈公振的传播思想》，载《国际新闻界》2013 年第 4 期。

93. 顾洁、梁冰洁：《新闻游戏：一种新式传播理念的实践》，载《东南传播》2016 年第 7 期。

94. 郭庆光：《二十一世纪美国广播电视事业新构图——〈1996 年电信法〉的意义与问题》，载《国际新闻界》1996 年第 6 期。

95. 郭庆光：《传播学教程》（第二版），中国人民大学出版社 2011 年版。

96. 郭赫男：《关于“媒介审判”的几点思考》，载《新闻界》2004 年第

6期。
97. 洪丽:《论英国广播电视的多元化发展体制》,载《新闻界》2012年第6期。
98. 龚文庠:《解读与真实:观察跨国传播的一个角度——埃德加·斯诺诞辰百年纪念时的思考》,载《今传媒》2006年第4期。
99. 甘惜分:《新闻学大辞典》,河南人民出版社1993年版。
100. 甘惜分:《再论新闻学与历史学》,载《新闻界》1996年第2期。
101. 郭之恩:《全球新闻事业:重大议题与传媒体制》,华夏出版社2010年版。
102. 郭镇之:《对"四种理论"的反思与批判》,载《国际新闻界》1997年第1期。
103. 郭镇之:《"客观新闻学"》,载《新闻传播研究》1998年第5期。
104. 胡百精:《危机传播管理》(第三版),中国人民大学出版社2014年版。
105. 胡邦胜:《土耳其传媒生态及其特征》,载《对外传播》2016年第12期。
106. 赫伯特·阿特休尔:《权力的媒介》,黄煜等译,华夏出版社1989年版。
107. 黄昌林:《拒检运动与新闻自由》,载《成都大学学报(社会科学版)》2008年第5期。
108. 黄旦、邬晶晶、陈静静:《中国"报业集团化"话语分析:加入WTO前后——从报业和报业管理部门的角度分析》,载《新闻大学》2003年第3期。
109. 黄旦:《传者图像:新闻专业主义的建构与消解》,复旦大学出版社2005年版。

110. 哈罗德·拉斯韦尔:《社会传播的结构与功能》，何道宽译，中国传媒大学出版社 2012 年版。
111. 哈德罗·伊尼斯:《传播的偏向》，何道宽译，中国人民大学出版社 2003 年版。
112. 黄瑚:《〈遐迩贯珍〉介绍》，载《新闻大学》1985 年第 9 期。
113. 何立波:《最早的中共中央机关报〈向导〉周报》，载《党史博览》2011 年第 7 期。
114. 黄秋萍:《后真相时代新闻价值要素的变化》，载《新闻世界》2018 年第 4 期。
115. 何梓华、成美:《新闻理论教程》，高等教育出版社 2008 年版。
116. 胡泳:《后真相与政治的未来》，载《新闻与传播研究》2017 年第 4 期。
117. 黄禹铭:《邹韬奋〈生活日报〉的办报经历》，《东南传播》，2012 年第 2 期。
118. 胡翼青:《后真相时代的传播——兼论专业新闻业的当下危机》，载《西北师大学报（社会科学版）》2017 年第 6 期。
119. 蒋含平:《“苏报案”的辨正与思考》，载《新闻与传播研究》2006 年第 3 期。
120. 江苏佳、赵云泽:《人民日报 1956 年改版社论〈致读者〉》，载《新闻界》2013 年第 15 期。
121. 蒋晓丽、李玮:《从“反映论”到“对话观”——论多重语境下新闻的转向》，载《湘潭大学学报（哲学社会科学版）》2012 年第 6 期。
122. 江巍:《〈新青年〉与马克思主义在中国的早期传播》，安徽师范大学博士论文，2016 年。
123. 蒋颖:《新闻媒体公信力缺失与新闻道德建设》，载《新闻界》

2011年第2期。
124. 卡斯珀·约斯特:《新闻学原理》，王海译，中国传媒大学出版社2013年版。
125. 凯斯·R.桑斯坦:《信息乌托邦——众人如何生产知识》，毕竟悦译，法律出版社。
126. 李彬:《全球新闻传播史（公元1500—2000）》，清华大学出版社2005年版。
127. 刘春波:《舆论引导论》，武汉大学出版社2013年版。
128. 陆定一:《陆定一新闻文选》，新华出版社1987年版。
129. 刘海龙:《西方宣传概念的变迁：起源与早期的争论》，载《国际新闻界》2007年第4期。
130. 刘海龙:《西方宣传概念的变迁：从旧宣传到新宣传》，载《国际新闻界》2007年第9期。
131. 刘海龙:《大众传播理论：范式与流派》，中国人民大学出版社2008年版。
132. 罗婕:《二十世纪上半叶中国通讯事业史论》，四川大学出版社2003年版。
133. 刘景枝:《默多克新闻集团的数字化战略内容及发展路径分析》，载《才智》2012年第32期。
134. 刘京林:《新闻心理学概论》，北京广播学院出版社1999年版。
135. 李磊:《外国新闻史教材》，中国传媒大学出版社2008年版。
136. 刘丽娟、白生良:《民国早期新闻学教育形成探析》，载《东南传播》2011年第7期。
137. 刘建明:《“舆论场、宣传场与舆论机构”的种种悖论》，载《新闻爱好者》2014年第10期。

138. 李良荣:《西方新闻事业概论》，复旦大学出版社 1997 年版。
139. 李良荣:《新闻学概论》，复旦大学出版社 2000 年版。
140. 李良荣:《当代西方新闻传播业》，中国人民大学出版社 2000 年版。
141. 李良荣:《网络与新媒体概论》，高等教育出版社 2014 年版。
142. 李良荣:《从单元走向多元——中国传媒业的结构调整和结构转型》，载《新闻大学》2006 年第 2 期。
143. 廖金英:《中共中央最早的机关刊物——〈向导〉》，载《新闻前哨》2018 年第 8 期。
144. 刘敏:《西方新闻自由主义理论的发展演变》，载《知识经济》2008 年第 1 期。
145. 李沁:《"第三媒介时代"新闻价值的定位与建构》，载《当代传播》2015 年第 4 期。
146. 梁启超:《饮冰室合集：第一册》，中华书局 1963 年版。
147. 梁启超:《序》，《庸言》创刊号，1912 年 12 月 1 日。
148. 李铁锤、柯小艳:《对我国喉舌论演绎至今的传播环境分析》，载《新闻知识》2008 年第 10 期。
149. 李天纲:《简论林乐知与〈万国公报〉》，载《史林》1996 年第 3 期。
150. 李希光:《记者的新闻敏感从何而来》，载《新闻与写作》2012 年第 10 期。
151. 梁鑫、李凌彤:《梁启超新闻思想的演变及其现实意义》，载《新闻战线》2015 年第 1 期。
152. 刘新鑫、李婧、梁孙逸:《印度尼西亚大众传媒研究》，中国传媒大学出版社 2015 年版。
153. 刘笑盈:《中外新闻传播史》(第三版)，中国传媒大学出版社 2017 年版。

154. 刘小燕:《中国民营报业托拉斯道路的破灭》，载《新闻大学》2003 年第 4 期。
155. 李新颖:《中国近代报刊“文人论政”的嬗变过程》，载《学术交流》2008 年第 5 期。
156. 李习文:《论中国现实语境下的“对话新闻”》，载《国际新闻界》2010 年第 2 期。
157. 刘晓伟:《戈公振与中国古代报纸起源研究路径的形成考辨》，载《新闻与传播研究》2016 年第 4 期。
158. 陆晔:《美国新闻业“客观性法则”的历史演进》，载《新闻大学》1994 年第 1 期。
159. 陆晔、潘忠党:《成名的想象: 社会转型过程中新闻从业者的专业主义话语建构》，载《新闻学研究》2002 年第 71 期。
160. 陆晔、周睿鸣:《“液态”的新闻业: 新传播形态与新闻专业主义再思考——以澎湃新闻“东方之星”长江沉船事故报道为个案》，载《新闻与传播研究》2016 年第 7 期。
161. 李瑛:《路透社经久不衰的原因》，载《新闻爱好者》2005 年第 9 期。
162. 刘莹:《简论于右任与“竖三民”的办报理念》，河北大学硕士论文，2007 年。
163. 李延枫:《舆论监督: 概念辨析与重新认识》，载《新闻与传播研究》2017 年第 4 期。
164. 刘颖悟、汪丽:《媒介融合的概念界定与内涵解析》，载《传媒》2012 年第 1 期。
165. 卢迎新、陈羽峰:《从 5W 模式看“聚合新闻”对网络传播的嬗变》，载《新闻知识》2006 年第 3 期。
166. 李艳艳:《默多克新闻集团传统报业转型情况研究》，载《青年记者》2018 年第 12 期。
167. 刘兆明:《"融合架构"下的新闻业转型研究》, 复旦大学博士论文, 2013 年。
168. 梅尔文·门彻:《新闻报道与写作》, 展江译, 华夏出版社 2004 年版。
169. 迈克尔·埃默里、埃德温·埃默里:《美国新闻史——大众传媒媒介解释史》, 展江、殷文译, 新华出版社 1986 年版。
170. 迈克尔·舒德森:《探索新闻: 美国报业社会史》, 何颖怡译, 远流出版事业股份有限公司 1993 年版。
171. 迈克尔·舒德森:《发掘新闻——美国报业的社会史》, 陈昌凤、常江译, 北京大学出版社 2009 年版。
172. 迈克尔·埃默里、埃德温·埃默里、南希·L. 罗伯茨:《美国新闻史——大众传媒媒介解释史》, 展江、殷文译, 新华出版社 2001 年版。
173. 麦奎尔:《麦奎尔大众传播理论》(第五版), 崔保国、李琨译, 清华大学出版社 2010 年版。
174. 马克斯·韦伯:《文明的历史脚步》, 上海三联书店 1988 年版。
175. 马少华:《邹韬奋的新闻出版理论与实践》, 载《新闻前哨》2012 年第 9 期。
176. 倪桓:《从心理学角度看新闻敏感》, 载《现代传播》2001 年第 3 期。
177. 聂震宁:《韬奋精神六讲》, 人民出版社 2015 年版。
178. 毛湛文、李泓江:《"融合文化"如何影响和改造新闻业? ——基于"新闻游戏"的分析及反思》, 载《国际新闻界》2017 年第 12 期。
179. 宁树藩:《有闻必录考》, 载《新闻研究资料》1986 年第 1 期。
180. 庞金友:《网络时代"后真相"政治的动因、逻辑与应对》, 载《探索》2018 年第 3 期。

181. 彭兰:《社会化媒体、移动终端、大数据:影响新闻生产的新技术因素》,载《新闻界》2012 年第 16 期。

182. 彭兰:《网络传播概论》(第四版),中国人民大学出版社 2017 年版。

183. 潘妮妮:《日本广播协会:历史定位与当代困境》,载《日本学刊》2012 年第 3 期。

184. 潘祥辉:《论媒介制度的效率竞争与中国媒介的变迁与演化——以 1840—1949 年间新闻史为例》,载《浙江传媒学院学报》2009 年第 4 期。

185. 潘忠党、陆晔:《走向公共:新闻专业主义再出发》,载《国际新闻界》2017 年第 10 期。

186. 齐辉:《民国初年中国报人对世界报业的认知与思考——以戈公振世界报业考察活动为中心探讨》,载《国际新闻界》2011 年第 10 期。

187. 钱江:《〈人民日报〉1956 年的改版》,载《新闻研究资料》1988 年第 3 期。

188. 瞿秋白:《〈新青年〉之新宣言》,载《新青年》1923 年 6 月 15 日。

189. 钱小柏、雷群明:《韬奋与出版》,学林出版社 1983 年版。

190. 芮必峰:《西方"媒介哲学"评介》,《新闻传播研究》,1996 年第 4 期。

191. 史安斌、钱晶晶:《从"客观新闻学"到"对话新闻学"——试论西方新闻理论演进的哲学与实践基础》,载《国际新闻界》2011 年第 12 期。

192. 史安斌、杨云康:《后真相时代政治传播的理论重建和路径重构》,载《国际新闻界》2017 年第 9 期。

193. 单波:《重建新闻客观性原则》,载《现代传播》1999 年第 1 期。

194. 孙宝国、郭丹彤:《论纸莎草纸的兴衰及其历史影响》,载《史学集刊》2005 年第 3 期。

195. 孙彩芹:《框架理论发展 35 年文献综述——兼述内地框架理论发展 11 年的问题和建议》，载《国际新闻界》2010 年第 9 期。

196. 邵国松:《新闻聚合的版权问题研究》，载《南京社会科学》2015 年第 5 期。

197. 申凡、陈奕奕:《聚合新闻：由“e 化”到“易化”的跨越——试析网络新闻发展的新趋势》，载《南京邮电学院学报（社会科学版）》2005 年第 2 期。

198. 孙华:《埃德加·斯诺与中国》，载《新闻战线》2011 年第 7 期。

199. 上海报业集团官网:《旗下媒体》，http: //www.news365.com.cn/。

200. 宋军:《申报的兴衰》，上海社会科学院出版社 1996 年版。

201. 施拉姆等:《报刊的四种理论》，中国人民大学新闻系（译），新华出版社 1980 年版。

202. 塞缪尔·亨廷顿:《变化社会中的政治秩序》，上海人民出版社 2008 年版。

203. 苏宏元、陈娟:《从计算到数据新闻：计算机辅助报道的起源、发展、现状》，载《新闻与传播研究》2014 年第 10 期。

204. 孙萍、赵云泽:《中国左翼新闻记者联盟》，载《新闻前哨》2012 年第 2 期。

205. 沈谦芳:《邹韬奋传》，山东出版社 1998 年版。

206. 宋庆萍:《乱世孰能不波——民国报人程沧波研究》，暨南大学硕士论文，2012 年。

207. 石鑫:《技术驱动新闻游戏化的创新策略探析》，载《东南传播》2017 年第 2 期。

208. 沈正赋:《“政治家办报”思想的理论渊源、嬗变历程与时代内蕴》，载《现代传播（中国传媒大学学报）》2017 年第 2 期。

209. 孙志刚、吕尚彬：《〈纽约时报〉付费墙对中国报纸的启示》，载《新闻大学》2013 年第 3 期。

210. 童兵：《理论新闻传播学》，中国人民大学出版社 2000 年版。

211. 童兵：《理论新闻传播学导论》，中国人民大学出版社 2001 年版。

212. 童兵：《比较新闻传播学》，中国人民大学出版社 2002 年版。

213. 童兵、陈绚：《新闻传播学大辞典》，中国大百科全书出版社 2014 年版。

214. 童兵、林涵：《20 世纪中国新闻学与传播学 · 理论新闻学卷》，复旦大学出版社 2001 年版。

215. 谭天、张子俊：《我国社交媒体的现状、发展与趋势》，载《编辑之友》2017 年第 1 期。

216. 谭泽明：《报人史量才的儒商情怀：多重角色与核心身份》，载《南昌大学学报（人文社会科学版）》2017 年第 1 期。

217. 唐庆文、陈璇：《传播失范与媒介理论的表现方式及其解决之道》，载《媒体时代》2011 年第 12 期。

218. 温飙：《看英国广播电视体制的改革之路》，载《传媒与教育》2016 年第 1 期。

219. 王斌、戴梦瑜：《创业新闻：新闻人才培养的"破坏性"创新》，载《中国大学教学》2017 年第 3 期。

220. 王斌、李宛真：《如何戳破"过滤气泡"算法推送新闻中的认知窄化及其规避》，载《新闻与写作》2018 年第 9 期。

221. 王辰瑶：《反"客里空"运动的历史脉络与思想逻辑》，载《国际新闻界》2011 年第 5 期。

222. 沃尔特 · 李普曼：《公众舆论》，阎克文、江红译，上海人民出版社 2002 年。

223. 吴锋:《发达国家"算法新闻"的理论缘起、最新进展及行业影响》,载《编辑之友》2018 年第 5 期。

224. 吴飞:《新闻专业主义研究》,中国人民大学出版社 2009 年版。

225. 王卉:《试论"硬新闻"和"软新闻"的内涵》,载《中共四川省委省级机关党校学报》2006 年第 4 期。

226. 王海平、高洪民:《由"四级办"发展到"四级共办"——关于广播电视参与国家信息化建设的建议》,载《中国多媒体通信》2008 年第 1 期。

227. 王蕾:《美国现代报业竞争与黄色新闻浪潮》,载《新闻知识》2003 年第 1 期。

228. 王庆起:《关于新闻价值各要素划分的再思考》,载《编辑之友》2014 年第 1 期。

229. 王润泽:《中国新闻媒介史(1949 年前)》,北京大学出版社 2011 年版。

230. 王润泽、赵云泽、陈继静、余玉:《中国新闻传播史新编》,中国人民大学出版社 2015 年版。

231. 王润泽:《中国新闻传播史新编》,中国人民大学出版社 2015 年版。

232. 吴小坤:《数据新闻:理论承递、概念适用与界定维度》,载《新闻与传播研究》2017 年第 10 期。

233. 王晓梅:《1956 年〈人民日报〉改版的酝酿》,载《新闻大学》2006 年第 89 期。

234. 王晓培、常江:《新闻生产自动化伦理挑战——算法伦理分析的框架地图》,载《中国出版》2019 年第 4 期。

235. 王亦高、陈晓艳:《时新与贴近:新闻价值诸要素再探——基于北京地区的一项调研初步数据》，载《新闻知识》2019 年第 1 期。
236. 吴廷俊:《理念·制度·传统——论美国“揭黑运动”的历史经验》，载《新闻大学》2010 年第 4 期。
237. 王咏梅:《胡政之创办“国闻通讯社”》，载《国际新闻界》2008 年第 5 期。
238. 吴志良:《东西交汇看澳门》，澳门基金会 1996 年版。
239. 武志勇:《清末新闻出版法关涉报刊发行之律条浅析》，载《新闻大学》2010 年第 7 期。
240. 项德生、郑保卫:《新闻学概论》，武汉大学出版社 2000 年版。
241. 新华社新闻研究所课题组、刘光牛:《中国传媒全媒体发展研究报告》，载《科技传播》2010 年第 4 期。
242. 许诺:《〈人民日报〉改版简史: 社会结构变迁与媒介功能调适》，载《新闻战线》2019 年第 4 期。
243. 谢平:《办报办学　舍我其谁——成舍我与他的报业生涯》，载《新闻与写作》2009 年第 4 期。
244. 谢庆立:《在华外报与“中国国民性”话语生产探源——以早期〈广州记录报〉和〈中国丛报〉为例》，载《新闻记者》2017 年第 7 期。
245. 许清茂:《〈遐迩贯珍·布告篇〉始末析》，载《新闻与传播研究》2000 年第 4 期。
246. 肖伟:《新闻框架论: 传播主体的架构与被架构》，中国人民大学出版社 2016 年版。
247. 新闻自由委员会:《一个自由而负责的新闻界》，展江、王征、王涛译，中国人民大学出版社 2004 年版。
248. 夏晓虹:《梁启超文选（上）》，中国广播电视出版社 1992 年版。
249. 夏杏珍:《1956 年〈人民日报〉的改版》，载《党史文汇》2011 年第 5 期。
250. 熊一然：《约翰·弥尔顿：〈论出版自由〉》，2019 年 4 月 9 日，获取自 https: //mp.weixin.qq.com/s/nKxf_RYoqZraQGqV9EwdXQ 。
251. 萧永宏：《王韬与〈循环日报〉》，学习出版社 2015 年版。
252. 袁爱中：《新闻专业学生为何缺失新闻敏感》，载《当代传播》2004 年第 4 期。
253. 闫成胜：《日韩两国广播影视产业政策及其对我国的启示》，载《中国广播电视学刊》2012 年第 6 期。
254. 杨保军：《新闻事实论》，新华出版社 2001 年。
255. 杨保军：《新闻价值论》，中国人民大学出版社 2003 年版。
256. 杨保军：《新闻理论教程》(第三版)，中国人民大学出版社 2014 年版。
257. 叶翠娣：《日本的“瓦版”》，载《新闻大学》1982 年第 5 期。
258. 俞凡：《新记〈大公报〉再研究》，中国社会科学出版社 2016 年版。
259. 俞虹、王帆：《欧洲公共广播电视发展趋势与变革启示——从瑞士“取消收听收视费”公投说起》，载《现代传播（中国传媒大学学报）》2018 年第 6 期。
260. 约翰·洛克：《人类理解论（上）（下）》，商务印书馆 1959 年版。
261. 于海滨：《默多克新闻集团的扩张之路》，载《声屏世界》2010 年第 1 期。
262. 杨洪贵：《1989 年以来澳大利亚多元文化政策的发展评析》，载《重庆文理学院学报（社会科学版）》2006 年第 5 期。
263. 喻继军：《新闻采访与写作》，武汉大学出版社 2016 年版。
264. 杨凯：《CNN 定位策略分析》，载《电视研究》2001 年第 9 期。
265. 余秋雨：《〈点石斋画报〉：海派文化的起点——〈点石斋画报〉大

可堂版序言》，上海画报出版社 2001 年版。
266. 杨师群:《中国新闻传播史》，北京大学出版社 2007 年版。
267. 杨艳杰:《“有偿不闻”解析》，载《新闻三昧》2004 年第 3 期。
268. 易艳刚:《“后真相时代”新闻价值的标准之变——以“罗尔事件”为例》，载《青年记者》2017 年第 4 期。
269. 俞席文:《正确理解〈莱茵报〉时期马克思的新闻出版自由思想》，载《南昌大学学报（人文社科版）》1999 年第 1 期。
270. 郑保卫:《当代新闻理论》，新华出版社 2003 年版。
271. 郑保卫、樊亚平:《我国公共新闻研究的回顾与前瞻》，载《新闻记者》2008 年第 8 期。
272. 郑保卫、樊亚平、卢佩:《新时期我国新闻真实研究述评》，载《今传媒》2008 年第 1 期。
273. 郑保卫、唐远清:《试论新闻传媒的公信力》，载《新闻爱好者》2004 年第 3 期。
274. 张宸:《当代西方新闻报道规范：采编标准及案例精解》，复旦大学出版社 2008 年版。
275. 张超:《数据分析在数据新闻生产中的应用、误区与提升路径》，载《编辑之友》2019 年第 6 期。
276. 郑超然、程曼丽、王泰玄:《外国新闻传播史》，中国人民大学出版社 2000 年版。
277. 周纯婷:《辛亥前后于右任的新闻思想研究》，南昌大学硕士论文，2013 年。
278. 赵殿红:《〈蜜蜂华报〉的创办和澳门近代报业的发展》，载《暨南学报（哲学社会科学版）》2000 年第 6 期。
279. 中国共产党新闻网:《毛泽东起草的中共中央书记处关于出版〈解

放日报〉和改进新华社工作的通知》，2013年5月15日，http://dangshi.people.com.cn/n/2013/0515/c85037-21489779.html。

280. 中国记协网：《长江韬奋奖简介》，http://www.xinhuanet.com//zgjx/2014-06/13/c_133404383.htm。

281. 中国社会科学院新闻研究所：《中国共产党新闻工作文件汇编（下册）》，1980年版。

282. 中国新闻学研究会：《檄全国新闻记者》，《文艺新闻》，第51号，1932年版。

283. 中共中央文献研究室：《三中全会以来重要文献选编（下）》，2011年版。

284. 张洪军、尚金州：《邹韬奋的〈生活〉周刊与沦陷时期的东北》，载《社会科学辑刊》2014年第2期。

285. 展江：《守望公共领域》，新星出版社2016年版。

286. 张晶晶：《我国新闻法治的基本理念辨析》，载《新闻知识》2010年第7期。

287. 周建明：《清末——中国近代传播法制的开端》，载《新闻前哨》2016年第7期。

288. 曾来海：《试论民国时期报业集团化经营的理论研究》，载《国际新闻界》2011年第3期。

289. 赵利利：《新闻游戏的特点及其面临的挑战探析》，载《新闻研究导刊》2015年第24期。

290. 张丽萍：《新记〈大公报〉：从"文人论政"到"新闻专业主义"》，载《内蒙古大学学报（哲学社会科学版）》2008年第4期。

291. 张昆：《梁启超新闻思想论纲》，载《中国广播电视学刊》1991年第3期。

292. 张昆：《约翰·弥尔顿的出版自由观念（下）》，载《当代传播》2001 年第 1 期。
293. 卓南生、程曼丽：《宁树藩文集》，清华大学出版社 2017 年版。
294. 朱清河、张荣华：《“政治家办报”的历史起点与逻辑归点》，载《新闻与传播研究》2009 年第 4 期。
295. 朱清河、汪罗：《延安时期中共媒体“群众路线”实践面向与价值诉求——以〈解放日报〉为例》，载《新闻大学》2018 年第 4 期。
296. 邹倩芸：《对中国第一部新闻法出台的探讨》，载《湖南农机》2011 年第 5 期。
297. 张睿、祁晓娣：《对我国新闻媒体“喉舌论”的历史性考察》，载《宜春学院学报》2010 年第 6 期。
298. 周曙山：《中央党报沿革》，《中央日报·中央副刊》1944 年 4 月 26 日。
299. 张涛：《中华人民共和国新闻史》（第一版），经济日报出版社 1992 年。
300. 邹韬奋：《我们的灯塔》，《大众生活》，1935 年版。
301. 张涛甫：《传播格局转型与新宣传》，载《现代传播（中国传媒大学学报）》2017 年第 7 期。
302. 支庭荣、罗敏：《“后真相”时代：话语的生成、传播与反思——基于西方政治传播的视角》，载《新闻界》2018 年第 1 期。
303. 张威：《对国内有关“硬新闻”和“软新闻”的质疑》，载《国际新闻界》1998 年第 4 期。
304. 张文明：《邹韬奋新闻出版实践与思想研究》，社会科学文献出版社 2015 年版。
305. 张文明：《报刊通俗化、大众化——邹韬奋出版〈全民抗战〉战地版与通俗版浅探》，载《传播与版权》2014 年第 11 期。

306. 翟秀凤:《普遍性还是历时性: 理解数字时代的新闻专业主义》, 载《新闻界》2018 年第 4 期。
307. 曾祥敏、曹楚:《专业媒体新闻内容生产创新实践——用户生产与专业生产深度融合的路径研究》, 载《现代传播》2015 年第 11 期。
308. 赵妍:《走出"公民新闻"幻境——我国公民新闻发展现状及困境》, 载《视听》2019 年第 4 期。
309. 中央编译局:《马克思恩格斯全集》第 8 卷, 人民出版社 1961 年版。
310. 中央编译局:《马克思恩格斯全集》第 14 卷, 人民出版社 1964 年版。
311. 中央编译局:《马克思恩格斯全集》第 38 卷, 人民出版社 1972 年版。
312. 中央编译局:《马克思恩格斯全集》第 42 卷, 人民出版社 1979 年版。
313. 中央编译局:《马克思恩格斯全集》第 43 卷, 人民出版社 1982 年版。
314. 中央编译局:《马克思恩格斯全集》第 2 版第 1 卷, 人民出版社 1995 年版。
315. 中央编译局:《马克思恩格斯全集》第 1 卷, 人民出版社 1995 年版。
316. 赵永华、董翊宸:《中共中央宣传部〈为改造党报的通知〉》, 载《新闻前哨》2018 年第 3 期。
317. 陈昌凤、师文:《智能算法运用于新闻策展的技术逻辑与伦理风险》, 载《新闻界》2019 年第 1 期。
318. 陈力丹:《坚持党性, 尊重规律, 以人民为中心——习近平新闻舆论观的两个要点和一个落脚点》, 载《新闻记者》2018 年第 7 期。
319. 陈力丹:《坚持以人民为中心的工作导向》, 载《青年记者》2018 年第 19 期。
320. 陈力丹:《坚持正确舆论导向, 加强互联网内容建设——学习十九大报告关于新闻舆论工作的论述》, 载《国际新闻界》2017 年第 39 卷第 11 期。

321. 陈力丹:《将习近平“党性人民性相统一”的思想落实到新闻实践中》，载《新闻界》2018 年第 9 期。
322. 陈力丹:《将习近平“以人民为中心”的基本方略落实到新闻舆论工作中》，载《新闻与写作》2018 年第 8 期。
323. 陈力丹:《新闻从业者对职业道德的无知和淡漠令人愕然——对照〈中国新闻工作者职业道德准则〉谈近期几起新闻伦理事件》，载《新闻记者》2015 年第 8 期。
324. 仇筠茜:《新闻策展:“微媒体”环境下突发新闻报道及伦理分析——以美国马拉松爆炸案报道为例》，载《国际新闻界》2013 年第 35 卷第 9 期。
325. 丁柏铨:《深度报道：概念辨析及深度探源》，载《新闻记者》2014 年第 10 期。
326. 丁继南、韩鸿:《基于建设性新闻思想的媒介社会治理功能》，载《青年记者》2019 年第 12 期。
327. 高杨:《策展新闻视角下的中美新闻 APP 比较研究》，载《新闻界》2016 年第 12 期。
328. 阚敬侠:《新版〈准则〉的突破与特色解读——评〈中国新闻工作者职业道德准则〉(2009 年修订版)》，载《中国记者》，2010 年第 1 期。
329. 孔令媛:《新闻游戏：类型、变革与展望》，载《青年记者》，2018 年第 14 期。
330. 李泓江:《关于新闻游戏的冷思考》，载《未来传播》，2019 年第 26 卷第 4 期。
331. 李俊欣:《符号叙述学视角下的新闻游戏及其伦理反思》，载《新闻界》，2018 年第 9 期。
332. 李先知、金兼斌:《集体化共同圈：社交媒体的网络生态格局》，载

《现代传播（中国传媒大学学报）》，2013 年第 35 卷第 12 期。
333. 刘必华：《论新闻职业道德规范的有效性——从〈中国新闻工作者职业道德准则〉的新修订谈起》，载《当代传播》，2010 年第 2 期。
334. 罗坤瑾：《狂欢与规训：社交媒体时代虚假新闻传播及治理研究》，载《现代传播（中国传媒大学学报）》，2019 年第 41 卷第 2 期。
335. 毛湛文、李泓江：《"融合文化"如何影响和改造新闻业？——基于"新闻游戏"的分析及反思》，载《国际新闻界》，2017 年第 39 卷第 12 期。
336. 钱江：《〈人民日报〉1956 年的改版》，载《新闻研究资料》，1988 年第 3 期。
337. 秦新春：《北京电视台的新媒体发展之路》，载《中国广播电视学刊》2014 年第 9 期。
338. 裘正义、黄瑚：《欧美各国的新闻评议制度与新闻自律》，载《新闻战线》1996 年第 1 期。
339. 史安斌、王沛楠：《建设性新闻：历史溯源、理念演进与全球实践》，载《新闻记者》2019 年第 9 期。
340. 宋双峰：《国外媒介批评机制研究》，载《新闻记者》2006 年第 6 期。
341. 王斌、顾天成：《智媒时代新闻从业者的职业角色转型》，载《新闻与写作》2019 年第 4 期。
342. 肖燕雄、李淑华：《共同体证成及规范表述——中国新闻职业道德准则中的"阐释"》，载《国际新闻界》，2017 年第 10 期。
343. 徐敬宏、郭婧玉、游鑫洋、胡世明：《建设性新闻：概念界定、主要特征与价值启示》，载《国际新闻界》，2019 年第 41 卷第 8 期。
344. 晏青、凯伦·麦金泰尔：《建设性新闻：一种正在崛起的新闻形式——对凯伦·麦金泰尔的学术访谈》，载《编辑之友》2017 年第 8 期。

345. 杨建宇:《基于方案的新闻：一种建设性实践》，载《编辑之友》2015 年第 7 期。
346. 杨新磊、王东林:《从“四级办电视”到“四级办融媒”》，载《新闻战线》2019 年第 15 期。
347. 张志安、阴良:《新闻生产: 职业意识与社会环境的影响——以 1987“深度报道年”为个案》，载《新闻大学》2009 年第 1 期。
348. 郑保卫、刘艳婧:《与时俱进 加强规范 服务实践——对〈中国新闻工作者职业道德准则〉修订稿的评析》，载《新闻记者》2010 年第 1 期。
349. 郑保卫:《建立监督仲裁机构 强化行业自律机构——关于我国组建新闻评议会的建议与构想》，载《新闻记者》2002 年第 8 期。
350. 周俊、毛湛文:《规范的失范: 基于历年〈中国新闻工作者职业道德准则〉的实证研究》，载《国际新闻界》2013 年第 35 卷第 10 期。
351. 周俊:《试析我国现行新闻职业规范——以〈中国新闻工作者职业道德准则〉为例》，载《国际新闻界》2008 年第 8 期。
352. 周志伟、陈睿、王青:《全媒体布局立体化传播——广州日报报业集团的跨媒体融合之道》，载《新闻战线》2010 年第 6 期。
353. Nachison, A.（2001, June）. Good business or good journalism? Lessons from the bleeding edge. the World Editors' Forum, Hong Kong.
354. Bruns, A.（2011）. Gatekeeping, gatewatching, real-time feedback: new challenges for journalism. *Brazilian Journalism Research*, 7（2）.
355. Bernal, A. L.（2015）. From Phone Hacking to the Splitting of Businesses in Times of Corporate Crisis: The Case of News Corporation. *Global Media Journal*, 13（24）.

356. Dailey, L., Demo, L., & Spillman, M. (2005) . The convergence continuum: a model for studying collaboration between media newsrooms. *Atlantic Journal of Communication*, 13 (3) .

357. Sim, D. H., & Shin, S. J. (2016) . Implementation of Algorithm to Write Articles by Stock Robot. *International journal of advanced smart convergence*, 5 (4) .

358. McQuail, D. (2010) . *McQuail's Mass Communication Theory*. London: Sage Publication.

359. Dörr, K. N., & Hollnbuchner, K. (2017) . Ethical challenges of algorithmic journalism. *Digital journalism*, 5 (4) .

360. Deterding, S., Dixon, D., Khaled, R. and Nacke, L. (2011) . From Game Design Elements to Gamefulness: Defining Gamification. Proceedings of the 15th International Academic MindTrek Conference: Envisioning Future Media Environments, New York.

361. Merrill, J. C. & Lowenstein, R. L. (1979) . *Media, messages, and men: new perspectives in communication*. New York: David McKay Co., Inc.

362. Nord, D. P. (1977) . First steps toward a theory of press control. *Journalism History*, 4 (1) .

363. Ndole, Maurice Odhia · mbo (2011) . Building the 21st century journalist: Revamping journalism training to adjust to current changes in the media. Master of Arts, California State University, Fresno.

364. McIntyre, K. (2019) . Solutions journalism: The effects of including solution information in news stories about social problems. Journalism Practice, 13 (1) .